先进电动汽车
状态估计与辨识

李克强 罗禹贡 陈慧 等著

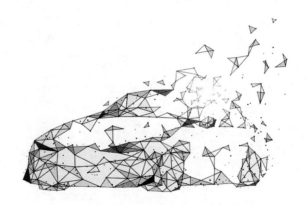

STATE ESTIMATION AND
IDENTIFICATION
OF ADVANCED ELECTRIC VEHICLES

本书聚焦于分布式驱动电动汽车关键动力学参数自适应辨识方法的研究，共分为五章，分别介绍了车辆状态观测方法导论、附着系数估计方法、质心侧偏角估计方法、纵向车速估计方法和参数自适应辨识方法的相关内容。第 1 章着重介绍了各状态参数的研究方法现状和本书提出的多源信息融合车辆状态估计与参数辨识方法体系架构，能够使读者系统了解车辆状态估计理论，并为其深入理解后面四章的研究方法奠定坚实基础；第 2 章以轮胎状态划分为起点，介绍了多种附着系数单方向和多方向融合估计方法；第 3 章和第 4 章从运动学和动力学等不同角度分别介绍了纵向车速和车辆质心侧偏角的估计方法；第 5 章补充了对这些状态估计过程中具有较大影响的参数的自适应辨识方法，如车辆质量、道路坡度、轮胎侧偏刚度等。

本书内容充分、翔实，借以仿真和实验结果，令读者能够快速掌握所述方法的适用范围及优势，适合车辆控制领域的工程师、研究生学习及应用。

图书在版编目（CIP）数据

先进电动汽车状态估计与辨识/李克强等著．—北京：机械工业出版社，2019.3

（汽车技术创新与研发系列丛书）

ISBN 978-7-111-62200-0

Ⅰ. ①先… Ⅱ. ①李… Ⅲ. ①电动汽车－研究 Ⅳ. ①U469.72

中国版本图书馆 CIP 数据核字（2019）第 043496 号

机械工业出版社（北京市百万庄大街22号 邮政编码100037）
策划编辑：杜凡如 责任编辑：杜凡如
责任校对：佟瑞鑫 责任印制：邓 敏
北京圣夫亚美印刷有限公司印刷
2019 年 6 月第 1 版第 1 次印刷
169mm×239mm・19.25 印张・2 插页・359 千字
0001—2500 册
标准书号：ISBN 978-7-111-62200-0
定价：128.00 元

凡购本书，如有缺页、倒页、脱页，由本社发行部调换

电话服务	网络服务
服务咨询热线：010-88361066	机 工 官 网：www.cmpbook.com
读者购书热线：010-68326294	机 工 官 博：weibo.com/cmp1952
	金 书 网：www.golden-book.com
封面无防伪标均为盗版	教育服务网：www.cmpedu.com

前言
PREFACE

  汽车已有百余年的技术积淀，是现代工业发展史的典型代表，经历了从机械化、电气化、信息化到如今的智能化等多次变革。ABS、ESC、TCS 已成为车辆标准配置，它们在潜移默化中保证了驾驶的安全性和便利性。这些功能能够成功应用的背后是车辆运行状态估计技术的强力支持。随着车辆智能化要求的提高，驾驶人职能更加弱化，这需要车辆能够对其运行状态拥有更为精细化的感知。汽车中驱动电机的引入为车辆状态估计提供了新的信息源。本书聚焦于分布式驱动电动汽车关键动力学参数自适应辨识方法的研究，提出了基于先进电动汽车的新型车辆运行状态估计架构。

  全书共分为五章，第 1 章（车辆状态观测方法导论）着重介绍了各状态参数的研究方法现状和本书提出的多源信息融合车辆状态估计与参数辨识方法体系架构，能够使读者系统了解车辆状态估计理论，并为其深入理解后面四章的研究方法奠定坚实基础；第 2 章以轮胎状态划分为起点，介绍了多种附着系数单方向和多方向融合估计方法；第 3 章和第 4 章从运动学和动力学等不同角度分别介绍了车辆质心侧偏角和纵向车速的估计方法；第 5 章补充了对这些状态估计过程中具有较大影响的参数的自适应辨识方法，如车辆质量、道路坡度、轮胎侧偏刚度等。

  本书内容充分、翔实，借以仿真和实验结果，令读者能够快速掌握所述方法的适用范围及优势，适合车辆控制领域的工程师、研究生学习及应用。

  本书由清华大学李克强牵头，协同罗禹贡、陈慧、边明远、赵治国、陈龙、褚文博、戴一凡、高博麟等著成。在编写过程中参考了国内外学者公开出版的相关教材及清华大学李克强教授课题组、同济大学陈慧教授课题组等多篇研究论文，在此向这些资料的著者们表示衷心的感谢。本书的编写和出版得到了国家 973 计划项目 "高性能分布式驱动电动汽车关键基础问题研究" 的支持。

  由于作者水平有限，书中缺点及错误之处在所难免，敬请读者批评指正。

目录

前言
第1章　车辆状态观测方法导论 ··· 1
　1.1　概述 ··· 2
　1.2　研究现状 ·· 3
　　1.2.1　附着系数估计方法 ·· 3
　　1.2.2　质心侧偏角估计方法 ··· 6
　　1.2.3　纵向车速估计方法 ·· 10
　　1.2.4　参数自适应估计方法 ··· 11
　1.3　本书涉及的车辆状态估计与参数辨识方法 ··· 15
　　1.3.1　所需解决的关键科学问题 ·· 15
　　1.3.2　研究方法概述 ·· 16
　　1.3.3　本书提出方法的特点 ··· 18
　参考文献 ·· 18
第2章　基于多信息与多方法融合的附着系数估计方法 ·· 24
　2.1　大滑移率或者大侧偏角条件下的单方向附着系数估计方法 ······················ 28
　　2.1.1　基于无味卡尔曼和修正Dugoff模型的单向附着系数估计方法 ········· 28
　　2.1.2　基于模型重构的路面附着系数估计方法 ······································· 34
　2.2　小滑移率或者小侧偏角条件下的单方向附着系数估计方法 ······················ 37
　　2.2.1　基于频响特性的路面附着系数辨识方法 ······································· 37
　　2.2.2　基于非线性系统可观性分析的路面附着系数估计方法 ··················· 41
　2.3　融合估计方法 ··· 47
　　2.3.1　基于误差加权的双方向估计结果融合方法 ··································· 47
　　2.3.2　基于双卡尔曼滤波技术的路面峰值附着系数融合估计方法 ············ 49
　2.4　附着系数估计方法应用实例 ··· 61
　　2.4.1　修正Dugoff轮胎模型验证 ··· 61

2.4.2　轮胎力估计验证 ··· 62
　　2.4.3　单方向运动学附着系数估计方法验证 ·· 63
　　2.4.4　基于误差加权的运动学附着系数估计方法验证 ··· 64
　　2.4.5　基于频响特性附着系数估计方法验证 ·· 65
　　2.4.6　基于非线性系统可观性分析的路面附着系数估计 ······································· 66
　　2.4.7　基于双卡尔曼滤波器的附着系数融合估计方法 ·· 74
2.5　本章小结 ·· 88
参考文献 ··· 88

第3章　基于多信息与多方法融合的质心侧偏角估计方法 ·· 90
3.1　基于运动学的质心侧偏角估计方法 ··· 92
　　3.1.1　融合 GPS 与 INS 信息的质心侧偏角估计 ··· 92
　　3.1.2　基于直接积分法的质心侧偏角估计 ·· 103
3.2　基于动力学的质心侧偏角估计方法 ··· 104
　　3.2.1　基于无味粒子滤波的车辆运动状态估计 ··· 104
　　3.2.2　基于横向动力学的质心侧偏角估计方法 ··· 113
3.3　基于动力学与运动学融合的估计方法 ·· 114
　　3.3.1　基于组合式的质心侧偏角融合估计 ··· 114
　　3.3.2　基于误差加权的质心侧偏角融合估计 ··· 116
3.4　质心侧偏角估计方法比较 ·· 120
3.5　质心侧偏角估计方法应用实例 ·· 122
　　3.5.1　基于 GPS 与 INS 信息融合的车速及质心侧偏角估计方法 ····························· 122
　　3.5.2　基于无味粒子滤波的车速及质心侧偏角估计方法 ······································· 137
　　3.5.3　误差加权融合的车速及质心侧偏角估计方法 ··· 145
　　3.5.4　基于联邦卡尔曼的质心侧偏角估计方法 ·· 149
3.6　本章小结 ·· 162
参考文献 ··· 162

第4章　基于多信息与多方法融合的纵向车速估计方法 ··· 164
4.1　运动学估计方法 ··· 166
　　4.1.1　参数自适应卡尔曼滤波纵向车速估计方法 ··· 166
　　4.1.2　融合 GPS 与 INS 信息的车速估计方法 ·· 167
　　4.1.3　基于联邦卡尔曼的多传感器信息融合的纵向车速估计方法 ·························· 168
　　4.1.4　直接加速度积分法 ··· 172
　　4.1.5　基于平均轮速法的纵向车速估计方法 ··· 173
　　4.1.6　运动学方法小结 ··· 174
4.2　动力学估计方法 ··· 174
　　4.2.1　基于轮胎纵向力的车速估计方法 ·· 174

4.2.2　直接转矩积分车速估计方法 ·················· 175
　　4.2.3　扩展卡尔曼滤波车速估计方法 ················ 175
　　4.2.4　无迹卡尔曼滤波车速估计方法 ················ 182
　　4.2.5　基于简化魔术公式的车速估计方法 ············· 193
　　4.2.6　基于车轮动力学的车速估计方法 ············· 195
　　4.2.7　动力学估计方法小结 ·················· 196
　4.3　融合估计方法 ························· 196
　　4.3.1　基于联邦卡尔曼滤波技术的纵向车速融合估计方法 ····· 196
　　4.3.2　基于自适应 UKF 滤波的两级分布式纵向车速估计方法 ··· 200
　4.4　纵向车速估计方法应用实例 ··················· 206
　　4.4.1　融合 GPS 与 INS 信息的车速估计方法 ············ 206
　　4.4.2　参数自适应卡尔曼滤波纵向车速估计方法 ·········· 207
　　4.4.3　扩展卡尔曼滤波车速估计方法 ··············· 209
　　4.4.4　无迹卡尔曼滤波车速估计方法 ··············· 210
　　4.4.5　基于联邦卡尔曼滤波技术的纵向车速融合估计方法 ····· 213
　　4.4.6　基于自适应 UKF 滤波的两级分布式纵向车速估计方法 ··· 230
　4.5　本章小结 ··························· 237
　参考文献 ····························· 238

第5章　复杂行驶环境下参数自适应辨识方法 ············ 239
　5.1　质量估计方法 ························· 241
　　5.1.1　基于高频信息提取的整车质量估计方法 ··········· 241
　　5.1.2　对纵向坡度鲁棒的基于轮胎纵向力信息的整车质量估计方法 · 244
　5.2　基于多方法融合的坡度估计方法 ················· 249
　　5.2.1　基于动力学方法的坡度估计方法 ·············· 249
　　5.2.2　基于运动学方法的坡度估计方法 ·············· 250
　　5.2.3　基于组合式融合的坡度估计方法 ·············· 250
　5.3　基于双卡尔曼滤波技术的轮胎侧偏刚度的自适应估计方法 ····· 251
　　5.3.1　估计轮胎侧偏刚度的时机 ················· 253
　　5.3.2　侧偏刚度估计结果 ··················· 254
　5.4　过程噪声参数估计 ······················· 257
　　5.4.1　最大似然估计理论简介 ················· 257
　　5.4.2　最大似然估计过程噪声 ················· 258
　　5.4.3　过程噪声估计器估计结果 ················· 262
　5.5　量测噪声参数估计 ······················· 266
　　5.5.1　小波变换简介 ····················· 267
　　5.5.2　小波变换估计量测噪声 ················· 268
　　5.5.3　量测噪声估计结果 ··················· 271

- 5.6 俯仰角和路面坡度角估计算法 …………………………………… 273
- 5.7 参数自适应估计方法应用实例 …………………………………… 276
  - 5.7.1 基于高频信息提取的质量估计算法 ………………………… 276
  - 5.7.2 基于多方法融合的纵向坡度估计算法 ……………………… 282
  - 5.7.3 横向坡度估计 ………………………………………………… 286
  - 5.7.4 过程噪声估计算法 …………………………………………… 290
  - 5.7.5 量测噪声估计方法 …………………………………………… 291
  - 5.7.6 俯仰角校正和坡度角补偿方法 ……………………………… 293
  - 5.7.7 过程噪声估计器、量测噪声估计器以及坡度角补偿模块的自适应估计方法 … 294
- 5.8 本章小结 …………………………………………………………… 296
- 参考文献 ………………………………………………………………… 296

第 1 章

车辆状态观测方法导论

1.1 概述

2009年后,我国汽车产销量已经连续多年世界第一,汽车工业已成长为我国制造业中的龙头产业和国民经济的重要支柱。但迅速增长的汽车保有量也导致我国能源紧缺、环境污染和交通安全等问题日益突出。减小或者消除燃油汽车所带来的能源和安全问题是汽车工业面临的重要课题。发展节能安全环保的电动汽车被认为是最有可能解决上述问题的方法之一。目前,电动汽车已经在全球范围内得到了政府企业和科研机构的广泛关注,我国的《汽车产业发展政策》和《汽车产业调整和振兴规划》均明确支持和鼓励发展电动汽车,"十二五"规划将新能源汽车(主要指电动汽车)产业定位为七大战略性新兴产业。《节能与新能源汽车产业发展规划(2012—2020年)》更是将推进电动汽车的产业化作为主要目标,由此可见,发展电动汽车已成为体现我国能源安全、自主创新和可持续发展战略的国家需求。

广义上说,电动汽车是以电驱动为基础的机动车辆,按照使用能源的不同,可以分为纯电动汽车、混合动力汽车、燃料电池汽车及其他采用电力驱动形式的汽车[1,2]。按照动力系统布局形式的不同,电动汽车可以划分为集中式驱动和分布式驱动两种驱动形式。集中式驱动的设计理念源自于传统车辆,是内燃机汽车最常用的形式,其动力传递需要经过离合器、变速器、传动轴、差速器、半轴等部件,最终作用于车轮。这种设计方案最大程度地保留了电动汽车与传统内燃机汽车的兼容度,是混合动力汽车的主要构型之一。但由于受到传统汽车设计理念的束缚,集中式驱动设计方案传动部件多、传动效率低、控制复杂的缺点逐渐显现。而随着电动汽车设计理念的不断深入以及电驱动系统的不断进步,纯电动汽车电力驱动机械环节少、传动链短、布置灵活的特点逐步被挖掘出来。分布式驱动形式取消了离合器、变速器、传动轴、差速器、半轴等传动部件,将驱动电机直接安装在驱动轮内或驱动轮附近。这种依据电机特点全新设计的电动汽车底盘形式为汽车结构的变革营造了极大的空间,逐步成为了研究和设计领域的热点。

相对于集中式驱动汽车,分布式驱动电动汽车具有以下几个方面的优势。第一,控制执行单元的响应快速、准确。传统内燃机汽车动力系统由内燃机、离合器、变速器、差速器、半轴、驱动轮组成,其动力传动链长,动力响应速度慢,实际的延时可以达到100ms。并且内燃机输出力矩误差相对较大,实时控制精度低。而分布式电驱动车辆驱动传动链短,电机响应速度快,可轻易实现快速准确的控制。第二,传动系统高效节能。由于取消了诸多的传动部件,分布式电驱动车辆传动效率大大提高。同时,分布式电机可以产生制动力,结合制动能量回收系统后，可以减少能源消耗。第三，整车结构紧凑，模块化设计。采用电驱动轮作为模块化的设计方案，大大简化了整车的结构。取消了复杂的传动设备后，不仅降低了故障率，而且获得了更好的车内空间利用率。第四，具有多个信息单元。分布式驱动电机可以通过电压、电流等状态特性表征其物理特性，因此分布式驱动电机既是执行单元，也是信息单元。该信息单元可以准确反馈当前的轮边速度和驱动力矩，为车辆的多信息单元融合提供了良好的基础条件。最后，具有多动力单元冗余配置的结构。分布式电驱动车辆具有多个独立可控的动力单元，可相对独立地实现各自控制功能，这种冗余配置的结构十分有助于进行失效控制及各种不稳定状况下各轮驱动力协调控制。综上可知，分布式驱动电动汽车能够很好地体现节能、安全、环保的汽车设计理念，代表着未来电动汽车发展的重要方向。

驱动形式的改变、控制执行单元的快速精确独立控制和多信息融合的特点，将会极大地改善分布式电驱动车辆的动力学控制。与传统内燃机汽车和电动汽车相比，在车辆状态参数观测和驱动力协调控制的领域内，分布式电驱动车辆将会形成巨大优势，这方面渐成研究热点。本书将就车辆状态参数观测进行深入探究。

车辆状态参数的观测是车辆动力学控制的基础，其准确度很大程度上决定了车辆动力学控制的效果[3]。由于分布式驱动电机既是快速反应的执行控制单元（可实现驱动力和制动力的快速准确调节），又是车辆的信息单元（可实时反馈当前驱动力矩和驱动轮转速信息），将该信息单元所反馈的信息应用于车辆状态参数观测中，将会进一步提升车辆状态参数观测的精度。因此，分布式电驱动车辆的出现，打破了传统车辆动力学控制系统只能依靠惯性传感器（INS）和参考轮速进行车辆参数估计的基本方式，如果再配合以全球卫星定位系统（GPS），将会形成一套新型的车辆关键参数估计理论和方法。将这种新型的状态观测系统应用于分布式电驱动车辆的动力学控制中，会大幅度改善和提高车辆动力学控制的效果[4-7]。

1.2 研究现状

1.2.1 附着系数估计方法

忽略空气阻力、坡道阻力等，车辆的运动状态主要由地面提供给轮胎的作用力保持。而针对在结构化道路上行驶的车辆，该作用力的产生机理主要与路面的附着物（冰、雪、水、混凝土、沥青等）的种类有关。该种类对应到轮胎模型中，则可表征为路面的峰值附着系数。该值定义为路面所能提供的最大平行于路面的力与路面所受法向力之比。

国内外对于路面附着系数实时估计算法已经进行了大量研究。文献[8,9]对路面峰值附着系数估计方法做了梳理，总的来说，可以分为基于路面特征的估计方法和基于轮胎效果的估计方法，如图1-1所示。

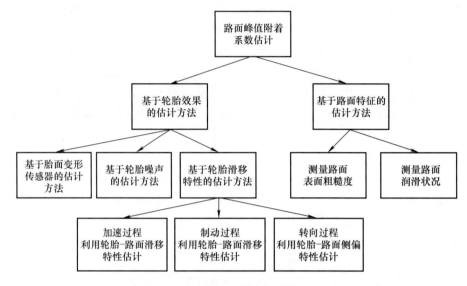

图1-1 路面峰值附着系数的估计方法

前者通过额外的传感器，如光学传感器、激光发生器或超声波传感器[10-12]直接检测路面特征，以此来确定路面类型，从而估计出对应的路面峰值附着系数。这种方法在经过大量的测试标定之后，可以获得较高的估计精度，但存在问题也较为明显，额外的传感器增加了估计系统的成本，并且在使用的过程中，对传感器的安装精度和光学环境的要求较高，可靠性受到影响。

基于轮胎效果的估计方法，是通过检测轮胎在与路面发生相互作用力之后的响应状态，包括声学状态、形变状态和运动状态等。检测声学状态的估计方法[12]依赖于声学传感器的装备与量测，检测形变状态的估计方法[13,14]依赖于对轮胎局部应力、应变的传感器量测信号，然而，由于需要尽可能准确地检测轮胎的响应，排除环境或其他因素的干扰，这些传感器在安装位置、能量供给方式以及环境噪声方面等都存在一定的困难。

基于轮胎运动状态的估计方法，是目前最常采用的估计路面峰值附着系数的方法。其实质是通过检测轮胎运动状态，如车轮转速和转向角等，估计车轮的纵向滑移率和轮胎侧偏角，再通过轮胎模型或滑移特性曲线（包括横向和纵向）来估计路面峰值附着系数，因此也称作"基于轮胎滑移特性的估计方法"，可以应用于车辆的极限加速工况、极限制动工况和极限转向工况。下面将从观测原理、轮胎模型、观测方法等不同角度阐述基于轮胎滑移特性的估计方法研究的现状与局限性。

（1）观测原理　文献中提出利用 $\mu_x - s$ 曲线斜率，结合 Kalman（卡尔曼）滤波器来估算路面附着系数的方法。该方法适用于轮胎处于较小滑移但轮胎仍处在线性区的工况，即车轮轮速与车速存在一定差异，此时滑移率能够较为准确地得到，这也就带来了该方法的局限性，即不适用正常行驶工况，轮胎力很小，相应的滑移率难以观测得到，同时该方法不能兼顾到非线性区的工况。有些学者将该方法拓展到了存在侧向力的工况，即利用 $\mu_y - \alpha$ 曲线斜率来估算路面附着系数的方法。但是轮胎侧向力和轮胎的侧偏角相比纵向力和滑移率并不能由传感器或相关计算公式直接计算得到。这两个量与附着系数本身就存在耦合关系。观测器需要同时观测多个状态量和参数，还需考虑他们的耦合关系，这样就带来了观测器模型复杂、所采用的矩阵维数多、求解速度慢等问题。进而针对其中问题，有的学者采用双 Kalman 观测器解决矩阵维数多的问题，有的则采用增加侧向力传感器估计轮胎侧向力或者 GPS 与 INS 相结合来估计质心侧偏角，以此来降低观测器模型的复杂度。因为轮胎回正力矩或者轮胎拖距与路面峰值附着系数的线性关系相比侧向力与其的关系更为显著，所以有些学者利用转向盘力矩传感器，通过转向系模型，来估计在一定侧偏角下的回正力矩，进而估计路面峰值附着系数，相比以前的 $\mu_y - \alpha$ 曲线斜率方法能够提高估计准确度。

（2）轮胎模型　观测原理部分讨论的方法大多采用的是线性化的简易轮胎模型，该种模型能够表征一定滑移率或者侧偏角下的轮胎力与附着系数的关系。当轮胎的状态处于接近抱死或者滑转时，轮胎非线性特征明显，不能用上述模型表征，这就需要引入适合较宽滑移率或侧偏角范围的轮胎模型。如果考虑纵向力和侧向力同时存在工况下的附着系数估计，则需要进一步引入更为复杂的联合滑移轮胎模型。虽然复杂模型的引入能够提高估计准确度和适用范围，但也带来了更复杂的变量间的耦合特性，使得观测器设计变得困难。

（3）观测方法　当采用简单的车辆和轮胎模型时，则可采用线性观测器（如 RLS、Kalman 等）来实现参量的观测。但是如上所述，为了提高估计的准确度和适用范围，需要引入较为复杂的轮胎模型，这样也会带来整体车辆模型的复杂，采用常规的线性观测器，不仅存在着矩阵维数灾的问题，还不能保证相应准确度的提高。现代观测理论提出了扩展卡尔曼、无味卡尔曼、无味粒子滤波等新型的观测方法。已经有一部分学者尝试用这些方法来估计附着系数，验证了其对估计准确度提高的有效性。

总结以上研究现状，目前的估计方法存在的局限性在于以下几点：
① 小滑移率和小侧偏角下不可观，这是现有方法均不能解决的难点问题。
② 轮胎模型和观测方法复杂程度与估计准确性的矛盾关系。
③ 车辆模型和轮胎模型复杂造成观测器复杂、维数灾、求解速度慢。

④ 观测成本与观测器复杂程度的矛盾关系。

大部分方法为单方向观测,适用范围局限。

1.2.2 质心侧偏角估计方法

光学传感器利用光束照到地面的反射时间来确定车辆的相对于地面的纵向车速和横向车速,从而可以计算获得车辆的质心侧偏角,但由于价格高,对安装位置精度要求高,且镜头易受雨水、油及泥土污染等原因,仍然未在实际中得到广泛应用[15]。因此,构建车辆状态估计器是目前获取车辆质心侧偏角信息的主要措施。

当假设纵向车速已知或变化缓慢的情况下,对质心侧偏角的估计可以等效为对横向车速的估计,因此,下面将二者合并在一起统称为质心侧偏角的估计方法进行综述。

综合所参考到的文献,目前质心侧偏角的估计方法主要可以分为两大类:基于运动学的估计方法和基于动力学的估计方法。

1. 运动学估计方法

运动学估计方法,主要是根据横向加速度和横摆角速度传感器信号的直接积分法(Direct Integration Method,DIM)估计质心侧偏角[16],对车辆参数、路面附着条件和驾驶操纵方式的变化都具有非常好的鲁棒性,并且在传感器信号准确的情况下,其估计结果不论在车辆的线性操纵区域还是非线性操纵区域,对实际车辆质心侧偏角的变化趋势都具有较高的估计精度[17,18]。

文献[19]给出了适用于卡尔曼滤波器的车辆运动学估计模型,该模型将车辆的横摆角速度作为已知条件,将纵横向车速作为观量测。但运动学估计方法严格依赖于传感器信息,对传感器的安装、标定和传感器的精度都有很高的要求,因此,为了增加估计方法的实用性,有必要对传感器信号进行修正。

(1) 对车身侧倾角的自适应估计补偿 横向加速度传感器信号的偏置,往往是由于车身侧倾、道路侧向坡度角、温度变化或标定误差引起的,不论多么小的传感器偏置,都最终会随着时间增长导致估计结果漂移[20]。针对这一问题,文献[21]先估计出车身侧倾角,消除了横向加速度信号中由于车身侧倾角引起的成分,在此基础上,再采用直接积分法估计出车辆质心侧偏角。

(2) 采用传感器对侧倾角的估计补偿 文献[20]则提出了一种更全面的解决方法,基于一个三轴六自由度的惯性传感器集成模块,采用运动学方程,建立 Kalman 滤波器,对横向加速度传感器中由于车身侧倾角和路面横向坡度角引起的加速度分量进行补偿,再估计出车辆的横向车速。Kalman 滤波器中的量测变量是通过轮速法获得的车辆纵向车速。但是这种方法中,需要使用车辆三个方向上的加速度和旋转角速度传感器,并且算法较为复杂,尽管能够消除由于俯仰角或侧倾角引起的传感器偏差,但是对未知的,如由于温度引起的传感器漂移或标定误差等仍然较为敏感,且无法消除。

大量的研究证明,单纯依赖运动学模型无法做到质心侧偏角的准确估计,积分累积误差是影响上述这些运动学方法的最主要因素。

2. 动力学估计方法

动力学估计方法是目前质心侧偏角估计的主要方式[22],与光学传感器量测或运动学估计方法相比,动力学估计方法对传感器的要求不高,是一种基于低成本传感器配置方案的估计方法。目前动力学估计方法主要还是基于 ESC 的标准传感器配置方案,通常包括:纵/横向加速度传感器、横摆角速度传感器、转向盘转角传感器和轮速传感器,并且为了能够在车辆稳定控制的过程中准确获取四个车轮的轮胎力,保持对车辆状态的准确估计的能力,通常还需要提供其他额外的传感器信号,例如制动主缸压力和轮缸压力[22]等。此外,虽然安装集成有传感器技术的车辆轮胎[23,24]或轮毂轴承[25],能够直接量测轮胎力,但对于量产车而言,不论从装备成本,还是使用方式考虑,目前都还不是最好的解决方案。

动力学方法的基本原理是在车辆动力学模型和轮胎模型的基础上,通过现代控制理论中的观测器技术估计质心侧偏角,因此采用不同的车辆或轮胎模型对估计结果会产生重要影响。

(1)车辆模型

1)单轨车辆模型。经典的单轨二自由度车辆模型,即自行车模型,是车辆横向动力学中最常使用的模型之一[26],模型只有前后两个车轮,轮胎载荷即为前后轴荷,并且假设车辆纵向车速不变,因此前后轴荷是固定的。在高附着系数的路面上,这样的单轨车辆模型对横向加速度 $0.4g$ 以内的转弯工况具有足够好的描述精度[27]。因此,很多动力学估计方法都是基于这种单轨二自由度车辆模型的,例如,文献[28]基于单轨车辆模型估计了质心侧偏角和横摆角速度,文献[29,30]也利用该模型估计了横向加速度、横摆角速度和轮胎侧偏角。

2)双轨车辆模型。然而,由于轮胎的侧偏刚度随轮胎载荷成非线性变化,车辆在激烈转向工况下,轴荷会在左右车轮上重新分配,使得各车轮的侧偏刚度出现不同程度的增大或减小,从而直接影响车辆的操纵稳定性。同时,由于车辆状态估计算法需要在 ESC 系统激活的工况下工作,即当 ESC 对某一车轮单独进行制动控制时,估计系统需要能够准确描述由这一控制引起的车辆状态的变化,这就要求估计用的车辆模型至少应该是四轮模型。因此,激烈转向工况下,单轨二自由度车辆模型不再能够满足估计要求,双轨四轮二自由度车辆模型得到了大量的应用。例如,文献[31]基于双轨车辆动力学模型,并采用了非线性的观测器技术,对车辆的侧偏刚度进行自适应估计。在同一横向操纵工况下,作者对比了双轨车辆模型和单轨车辆模型的准确性,指出在强非线性的转弯工况下，双轨模型已经可以相当准确地描述车辆的横向动力学响应，而单轨模型却无法达到这一要求。

在双轨二自由度模型的基础上，如果考虑车辆纵向运动及其引起的轴荷转移，就转化为一个包括纵向、侧向和横摆运动三自由度的车辆动力学模型，该模型也得到了较为广泛的应用，如文献[32,33]即采用了该模型，以四个车轮上的纵向力、前轮转角作为输入，估计车辆的横向状态参数。

在双轨二自由度模型的基础上，如果考虑了车身的侧倾运动及其引起的轴荷转移，就转化成为一个包括横向、横摆、侧倾运动三个自由度的横向动力学模型，文献[34]即给出了这样的横向动力学模型，它可以相当准确地描述车辆转弯行驶时各车轮载荷的瞬态变化，这对后面使用复杂的非线性轮胎模型提供了一个良好的基础。

也有一些研究者使用了更加复杂的四自由度车辆模型，即在双轨二自由度模型的基础上，同时考虑了车身的侧倾和纵向运动，例如文献[35,36]中，使用了这样的四自由度车辆模型估计了车辆纵、横向车速、横摆角速度和车身侧倾角等，但该模型会大大增加估计算法的运算量。

(2) 轮胎模型

1) 线性轮胎模型。估计模型中不同的轮胎模型也会对车辆状态估计产生重要影响。目前用于车辆状态估计的轮胎模型主要包括两大类：一类是线性轮胎模型，使用线性函数来描述轮胎横向力和侧偏角的变化关系，即轮胎的侧偏刚度是一个定值，不随侧偏角和轮胎载荷变化而变化；另一类是非线性轮胎模型，其侧偏特性是一个非线性的函数关系，典型的模型包括魔术轮胎公式[37]、HSRI 轮胎模型[38]、Uni–Tire 轮胎模型[39]和反正切函数轮胎模型[26,40]等。

线性轮胎模型的优势在于结构简单，观测器算法运算量小，并且在车辆横向运动并不激烈的情况下，具有较高的描述精度。例如，文献[29]在单轨二自由度车辆模型和线性轮胎模型的基础上，使用卡尔曼滤波器估计车辆的质心侧偏角。文献[41]在线性轮胎模型的基础上，给出了稳态条件下通过前轮转角计算质心侧偏角的估计方法：

$$\beta = \left[\frac{1 - ml_f v^2/(2l_r k_r l)}{1 - m(l_f k_f - l_r k_r)v^2/(2l^2 k_f k_r)}\right]\frac{l_r}{l}\delta_f \quad (1-1)$$

文献[42]则根据后轮的侧偏特性，给出了稳态条件下通过横摆角速度和横向加速度来计算质心侧偏角的方法：

$$\beta = \frac{l_r}{v_x}\dot{\psi} - \frac{ml_f}{2lk_r}a_y \quad (1-2)$$

式中，m 是整车质量；l 是轴距；l_f，l_r 是质心到前后轴距离；k_f，k_r 是前后轴的侧偏刚度；δ_f 是前轮转角；v 是车速。

然而，尽管线性动力学估计方法可以通过设计不同的观测器反馈矩阵，来降低对某些模型参数的敏感性，然而由于线性轮胎模型本身的局限性，基于线性轮胎模型的动力学估计方法，只能够在车辆的线性操纵区域内提供较为可靠的估计结果，这对于只有在极限工况下才会触发工作的车辆稳定性控制系统，显然是不够的。针对该问题，文献［18，42］，采用了线性轮胎模型+侧偏刚度自适应的解决方案，在估计车辆状态的同时，自适应计算当前时刻的轮胎侧偏刚度，然后将该值再代入线性轮胎模型，并通过观测器来估计质心侧偏角，这种方法本质上是将路面附着和轮胎载荷等因素对轮胎本身非线性特性的影响，直接通过轮胎侧偏刚度的变化结果体现出来，因此其有效性很大程度上依赖侧偏刚度自适应估计的准确性，同时这种方法描述轮胎非线性特性的能力也是有限的。

2）非线性轮胎模型。由于线性轮胎模型在质心侧偏角估计中存在的不足，更多的学者采用了基于非线性轮胎模型的估计方法，例如文献［43］使用复杂的非线性轮胎模型，通过同时估计车速、路面峰值附着系数和轮胎力，达到提高车辆状态估计精度的目的。

大量的研究表明，在极限转弯工况下，基于非线性轮胎模型的估计方法，其估计精度比线性估计方法具有更高的估计精度[44,45]。然而，基于非线性轮胎模型的估计方法也存在难以克服的问题，其依赖于大量精确的轮胎模型参数，算法结构复杂，运算量较大，并且需要对路面峰值附着系数进行自适应估计。

（3）转向系统动力学模型 文献［46，47］以线控转向系统为平台，除了采用传统车辆和轮胎模型之外，还采用了转向系统动力学模型，对质心侧偏角进行估计。该方法以横摆角速度作为量测值，首先通过转向盘力矩估计出轮胎回正力矩，然后依次再估计出前轮轮胎横向力、车轮侧偏角，最终得到车辆质心侧偏角。

然而，动力学估计方法的弊端在于：其严重依赖于估计模型及参数的精度，当有些模型参数难以准确获得，或随着时间变化时，估计结果就会与实际值产生偏差。另一方面，由于车载处理器性能和成本因素，要求估计模型应尽量简单，因此模型结构和精度就会受到限制，一些建模时未考虑的实际因素，也会导致估计结果与实际值产生偏差[48]，例如侧风引起的横向力和横摆力矩、悬架、轮胎和转向系统的迟滞、超调和振荡等高频瞬态响应对质心侧偏角的影响。

3. 多方法融合

以上质心侧偏角运动学估计方法和非线性动力学估计方法（Nonlinear Dynamic Method，NDM）的优缺点如表 1-1 所示。

从表 1-1 中可以看出，单纯使用运动学估计方法或动力学估计方法，都存在着各自难以克服的缺陷，无法满足所有的估计性能要求[49]。因此，为了能够避免由单一方法带来的不足，有学者开始尝试使用运动学和动力学联合估计的方法，也有学者尝试引入 GPS 和数字摄像头信号来矫正由于运动学或动力学估计带来的问题。

表 1-1 各方法性能对比

方法 工况	运动学估计方法 （直接积分法）	非线性动力学 估计方法
正常行驶工况适用性	O	O
激烈转弯工况适用性	O	O
对传感器偏差的鲁棒性	X	O
长时间计算稳定性	X	O
对路面附着变化的鲁棒性	O	X
对车辆参数不确定性的鲁棒性	O	X
反映高频瞬态响应的能力	O	X

注：表格中，优点用 O 表示，缺点用 X 表示。

1.2.3 纵向车速估计方法

根据基于的估计模型不同，纵向车速的估计方法也可以分为运动学估计方法和动力学估计方法[50]。

在车辆质心侧偏角的估计中，按照车辆纵向车速是否已知，大致可分为下面的两种情况：第一种情况是先根据轮速、车身纵向加速度等信息，采用运动学方法估计车辆的纵向车速，然后以此作为已知量，进一步估计质心侧偏角，此时质心侧偏角估计问题可以等效为横向车速估计问题，但这是建立在纵向车速变化缓慢，且纵向车速估计结果准确的前提下的，如果在激烈的转向运动过程中，纵向车速也发生剧烈变化，或纵向车速估计误差较大时，质心侧偏角的估计结果仍会受到较大的影响[51]。第二种是将纵向车速也作为一个待估计的状态变量，同横摆角速度、横向车速或质心侧偏角一起联合估计，这种情况下，既可以采用运动学方法，也可以采用动力学方法来估计纵向车速。

1. 运动学方法

运动学估计方法可以分为基于车轮轮速信号的轮速法估计和基于纵向加速度信号的直接积分法估计。轮速法又可以进一步分为最大（小）轮速法、斜率法和综合法等[52]。对于非全轮驱动车辆而言，在紧急加速工况时，轮速法通过采集非驱动轮轮速信号，可以提供较高的纵向车速估计精度。但是，对于紧急制动工况，或全轮驱动车辆的驱制动工况而言，由于所有车轮都存在滑移，且轮胎滚动半径存在变化，使得由轮速信号得到的车速估计误差较大。

针对该问题，文献［53］提出了针对装备有 ABS 车辆的轮速估计方法，适用于车辆 ABS 紧急制动工作时的车速估计。该方法采用自适应非线性滤波器，根据局部轮速峰值点和制动起始时的轮速的斜率（即制动减速度）进行调整。

其优势在于无需系统模型和车身加速度信号。但是在估计的初始时刻，车速估计的准确性严重依赖于参数初值的选取；同时由于车速估计结果输入给 ABS 控制器，用来计算车轮滑移率并实施控制，估计算法需要捕捉控制后的轮速局部峰值点，用于下一循环的车速估计，因而，估计算法和控制算法构成的运算闭环是否收敛有待论证。类似地，文献［54］也针对轮速信号，在制动过程中进行了纵向车速的估计的研究，但估计精度仍然不够理想。

另一方面，加速度信号的引入，从一定程度上可以矫正单纯基于轮速法的估计结果，但是由于各种干扰及加速度传感器本身的偏置误差，由加速度信号经积分后得到的车速与实际车速相差较大。基于上述问题，部分学者对纵向加速度信号偏置进行了校正方法的研究。文献［55］对轮速信号微分并通过卡尔曼滤波器进行滤波，采用车轮角加速度来修正由于车辆行驶于坡道上或温度因素引起的车身加速度传感器的偏置，该方法所用的轮速信号必须是车轮纯滚动状态下获得的。类似地，文献［56］通过一定采样时间内的平均车速变化率和平均加速度的差值来计算纵向加速度传感器的静态偏置。

在轮速法和直接积分法的基础上，文献［57－59］采用轮速信号和纵向加速度信号，并根据车辆当前行驶状态来判断哪一个信号更可信，然后通过调整权重系数的大小，对车辆的纵向车速进行融合计算。在此基础上，文献［60］额外采用转向盘转角、横摆角速度、横向加速度信号来辅助估计，通过模糊逻辑将车辆行驶的不稳定状态分为四种情况，然后再决定是进行加速度积分还是平均轮速来获得车速，不过该方法的模糊逻辑规则需要通过实车实验数据来调试。

2. 动力学方法

基于动力学的纵向车速估计方法，其核心在于对轮胎纵向驱制动力的估计，而针对轮胎纵向力的估计主要分为两大类：一类是基于半经验轮胎模型的纵向力估计，其形式类似于"轮胎模型"小节所述，此处不再重复；另一类是基于车轮动力学模型的纵向力估计，该方法需要已知车轮的驱动转矩或制动转矩，对于传统车辆的稳定性控制系统而言，即需要知道发动机输出转矩和制动器制动转矩[22]，其采用的动力学模型如式（1-3）所示：

$$F_x = c_p \frac{p_{whl}}{R} - \frac{M_{CaHalf}}{R} + \frac{J_{whl}}{R^2} \frac{dv_{whl}}{dt} \tag{1-3}$$

式中，F_x 是轮胎－路面驱制动力；c_p 是轮缸制动模型的参数，通常为一个常数；p_{whl} 是轮缸的制动压力；M_{CaHalf} 是半轴上的驱动转矩；J_{whl} 是车轮的转动惯量；v_{whl} 是轮速；R 是车轮的滚动半径。

1.2.4 参数自适应估计方法

关于车辆质心侧偏角、纵向车速等车辆状态的动力学估计方法，通常首先假设许多车辆参数，如整车质量、横摆转动惯量、质心位置、轮胎侧偏刚度等都是固定不变的，同时环境参数，如路面峰值附着系数、坡度角等也是固定不变的。

但实际上，这些参数在使用的过程中都是时变的，且有可能变化较大，例如，一个整备质量约为 1200kg 的车辆，其空载质量和满载质量往往会相差 300~400kg，或者车辆从干燥平整的沥青路面进入带有大量积水的低洼路面，路面的峰值附着系数、坡度角也都会发生变化。

因此，为了提高质心侧偏角、纵向车速等车辆状态估计的估计精度，扩大车辆状态估计的适用工况范围，就需要实时获取车辆模型和环境参数的变化信息。研究显示，实现状态估计过程中的参数自适应估计，是提高状态估计精度、使估计算法能够适应不同行驶工况和行驶环境的有效方法。最常用的自适应估计方法包括递归最小二乘算法、联合卡尔曼滤波算法和基于扩张状态观测器的方法等。

1. 自适应估计器的类型

按自适应估计器的形式不同，可以分为状态和参数集中式估计器、状态和参数分散式估计器两种。

（1）状态和参数集中式估计器　状态和参数集中式估计器，是指车辆状态量和估计模型参数在同一个观测器中，二者的估计运算是同步进行的，许多学者在这种形式的基础上，利用不同的观测器技术，对车辆或环境模型参数进行在线自适应估计。例如，文献［61］设计了低阶的横向车速估计器，并通过对路面峰值附着系数进行自适应估计，来满足不同路面条件下的估计要求。进一步地，文献［62］将车辆纵向车速和横摆角速度也扩展为估计状态，以提高车辆的质心侧偏角的估计精度，并对观测器进行了稳定性分析。

文献［63］采用无味卡尔曼滤波器（Unscented Kalman Filter），对车辆的质心侧偏角、轮胎横向力和路面峰值附着系数同时进行了观测。类似地，文献［64］使用 EKF（扩展卡尔曼滤波器）对这些状态参数量进行了估计。文献［65］基于轮胎附着模型和路面峰值附着系数的随机游走（Random Walk）模型，建立了 EKF 估计器，用于估计路面峰值附着系数、路面纵向坡度角和横向坡度角。

文献［66］基于的刷子轮胎模型，分别采用了不同的方法来设计非线性状态观测器的反馈增益，通过稳定性分析，指出当前轮侧偏角非常大、后轮侧偏角非常小时，即在严重的转向不足工况下，以及前轮侧偏角和车辆横向加速度都非常小时，观测器是不稳定的，因此，利用非线性最小二乘法对非线性状态器进行了补充，形成了图 1-2 所示的融合观测器结构，使最终路面峰值附着系数的估计结果能够平滑稳定。类似地，文献［67，68］在轮胎发生纵向滑移的工况下，对轮胎-路面摩擦模型中参数自适应的稳定性和收敛性进行了研究。

状态和参数集中式估计器的主要问题在于估计器的阶数较高，而且估计模型往往都是非线性的，使得估计器在计算雅克比矩阵的时候运算量过大；同时，由于参数估计实时都在进行，因此整个估计器的闭环稳定性会受到参数自适应估计结果不确定性的影响。

（2）状态和参数分散式估计器

针对集中式估计器的这些弊端，Wan 和 Nelson[69] 提出

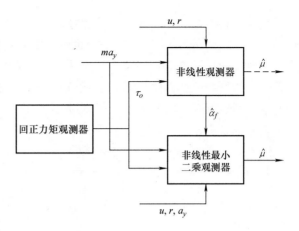

图1-2 文献［66］中的路面峰值附着
系数融合估计器结构

了一种状态和参数分散式的估计器——双卡尔曼滤波器（Dual Extended Kalman Filter, DEKF），这是一种类似于解靴带式（Boot-Strapping）的数据处理结构，采用两个 EKF 对车辆状态及模型参数并行估计，在估计的过程中，进行数据交互，具体可以分四步：参数预测、状态预测、状态校正和参数校正。相对于集中式估计器而言，这种结构最大的优势在于，一旦参数的辨识结果良好，就可以关闭参数估计的滤波器，从而使得参数不确定性对车辆状态估计的影响降到最小，而且每个估计器的阶数都不会太高，有利于雅克比矩阵的计算。文献［70，71］应用双卡尔曼滤波器（DEKF）技术，对车辆的横纵向车速、横向加速度、横摆角速度、车身侧倾角及侧倾角速度、俯仰角及俯仰角速度、四轮轮胎侧偏角、四轮纵向滑移率、四轮轮胎载荷、整车质量和质心位置同时进行了观测。

2. 自适应估计参数

从自适应估计参数的重要性讲，对车辆质心侧偏角估计结果影响最大的参数包括：路面坡度角、轮胎侧偏刚度、车辆质心位置、整车质量等。下面分别对这些参数的自适应估计方法进行综述。

（1）轮胎侧偏刚度 轮胎侧偏刚度在质心侧偏角估计中也起着重要作用，然而，轮胎侧偏刚度的变化，是路面峰值附着系数、轮胎纵向滑移率和轮胎载荷等多种因素引起的，因此在非线性动力学模型中，一般对路面峰值附着系数、轮胎载荷进行自适应估计后，就同时起到了对侧偏刚度自适应估计的效果。但在采用线性轮胎模型的质心侧偏角估计方法中，轮胎侧偏刚度一般是一个固定值，因此对轮胎侧偏刚度的自适应估计可以有效提高极限工况下质心侧偏角的估计精度[17,38]。

文献［17］给出了侧偏刚度实时估计算法的一般流程。首先建立状态观测器，对质心侧偏角进行估计，然后依次计算出轮胎侧偏角和轮胎横向力，并将计算结果，通过递归最小二乘算法实时计算出当前时刻的轮胎侧偏刚度，并用于下一时刻质心侧偏角的估计。如式（1-4）所示，根据单轨模型推导出的动力学关系，通过纵向横向加速度、横摆角速度等直接量测的信号，近似估算出轮胎横向力的大小，进而用于轮胎侧偏刚度和轮胎模型中其他参数的自适应计算。

$$\begin{cases} F_{yf} = \dfrac{J_z\ddot{\psi} + l_r m a_y \cos\beta + l_r m \dot{v} \sin\beta}{(l_f + l_r)\cos\delta_f} \\ F_{yr} = \dfrac{-J_z\ddot{\psi} + l_f m a_y \cos\beta + l_f m \dot{v} \sin\beta}{(l_f + l_r)\cos\delta_f} \end{cases} \quad (1\text{-}4)$$

式中，J_z 是质心处绕 z 轴转动惯量。

文献［43，72］也采用递推最小二乘算法，以横向加速度、转向盘转角、横摆角速度和车速作为输入量，对轮胎的前后侧偏刚度进行了在线估计。

文献［73］给出了一种在车速不变的条件下，根据侧偏刚度的定义进行实时估计的方法，并考虑了直线行驶时计算式分母为 0 的问题。

此外，也有学者通过额外的 GPS 信号，对车辆模型中的线性轮胎刚度进行自适应估计，以提高车辆状态估计的准确性[74,75]。

（2）坡度角　除了路面峰值附着系数和侧偏刚度外，路面的纵向和横向坡度角也是影响估计结果的重要因素[76-78]。这里提到的路面纵向坡度角是指沿着车辆纵轴线方向的路面起伏角度，路面横向坡度角是指垂直于车辆纵轴线方向的路面倾斜角度。

对路面坡度角的估计，有学者将坡度角作为一个扰动输入，并通过扩张状态观测器的方法来获取。例如，文献［79］在已知横摆角速度和质心侧偏角的前提下，首先通过观测器估计出系统参数变化而带来的扰动，然后通过正交投影算法，将路面坡度引起的扰动部分，从总的扰动中提取出来，从而估计路面横向坡度角。文献［80］在使用 EKF 估计质心侧偏角的同时，使用了一个线性的扰动观测器来估计路面横向坡度角。

也有学者采用递推形式的最小二乘算法在线估计路面坡度角，为了克服长时间后的数据饱和问题，通常会引入遗忘因子。例如，文献［81］采用带多重遗忘因子的递推最小二乘算法，对路面坡度角和整车质量进行了辨识，由于在行驶过程中，质量和坡度这两个参数各自的变化速率不同，因此作者在传统的最小二乘算法的基础上又做了进一步改进，以确保估计系统的稳定性和收敛性。

与前述方法不同，针对纵向坡度角的估计，文献［82］在使用基于动力学估计方法的基础上，增加了基于 GPS 信号的估计方法，将采集到的车辆纵向车速和垂向速度信号作为观测器的校正量，最后在不同工况下，将两种方法的估计结果进行融合,以提高最终路面纵向坡度角的估计精度和平滑程度。

(3) 其他参数 也有学者对车辆模型的其他参数进行了自适应估计,如车身质量、质心位置和车身横摆转动惯量的变化等。

例如,文献[83]采用迭代扩展卡尔曼滤波器(Identifying Extended Kalman Filter,IEKF)对车辆模型参数的辨识进行了仿真研究,这里的 IEKF 是一种扩张状态的扩展卡尔曼滤波器,将估计模型的参数通过扩张状态的方法,设计成状态估计量,与原车辆状态一起进行估计。在此基础上,文献[84]通过实车实验数据对车辆的参数进行了辨识;随后,文献[85,86]进一步地使用实车实验数据,将轮胎模型参数和车辆模型参数一起,通过 IEKF 进行了辨识,在设计 IEKF 时,作者通过调节参数量的估计误差协方差矩阵,使得其估计值的变化速度略慢于车辆状态量的变化速度,以确保估计系统的稳定性。

文献[87]则是在假设前后侧偏刚度已知的条件下,对转向行驶过程中的质心到前轴的距离进行了估计:

$$\frac{l_\mathrm{f}}{l} = \frac{1 + \dfrac{k_\mathrm{f}}{ma_y}\left(\dfrac{l\gamma}{v} + \delta_\mathrm{f}\right)}{\dfrac{k_\mathrm{f}}{k_\mathrm{r}} + 1} \tag{1-5}$$

式中,l_f 是质心距前轴的距离;k_f、k_r 分别是前后轴的侧偏刚度;γ 是车辆横摆角速度;l 是轴距。

同时估计车辆状态及参数,会使得观测器的运算量增加,因此,文献[88,89]在稳定性控制系统标准传感器配置下,设计了车辆状态及参数估计器,并通过简化模型等方法来降低估计算法的运算量。

1.3 本书涉及的车辆状态估计与参数辨识方法

本书将介绍高性能分布式驱动电动汽车多源信息融合的车辆状态估计与参数辨识方法。

1.3.1 所需解决的关键科学问题

本书拟解决的关键科学问题是基于复杂工况的非线性时变系统自适应参数估计理论与方法,揭示影响分布式驱动电动汽车状态参数估计及轮胎路面附着特征参数辨识优劣的机理,研究行驶工况及车辆参数变化与估计及辨识优劣之间定量关系的分析理论。该科学问题的解决有助于建立综合性能最优的分布式驱动电动汽车估计与参数辨识方法。高性能分布式驱动电动汽车是一个复杂的非线性时变系统,其运行的道路交通环境更是复杂多变。而目前广泛应用于传统内燃机车辆参数估计的方法大都是基于简化的线性时不变系统进行研究，再加以非线性修正和时变补偿。同时针对复杂多变的道路交通环境，通常采用基于大量匹配数据库的多工况切换估计系统状态参数的方法。如何构建车辆非线性时变系统的数学模型，对复杂工况下车辆状态参数变化特性进行准确的数学描述，并针对该参数变化特性选择合适的自适应理论与方法，最终建立复杂道路交通环境下针对车辆动力学参数估计的非线性时变系统自适应参数估计理论与方法，解决目前研究的理论瓶颈，将是本书研究的重点。

1.3.2 研究方法概述

本书针对分布式驱动电动汽车这一新的研究对象，以车辆状态参数估计为核心研究内容，以提高估计精度和扩大适用范围为研究目的，以充分利用分布式驱动电动汽车轮毂电机转矩信息为研究手段，从运动学估计和动力学估计的融合方法着手，应用非线性系统辨识方法，对车辆状态参数估计问题进行深入研究，分别设计了质心侧偏角融合估计器、纵向车速融合估计器和路面峰值附着系数融合估计器，构建了车辆状态及参数估计系统，如图 1-3 所示。

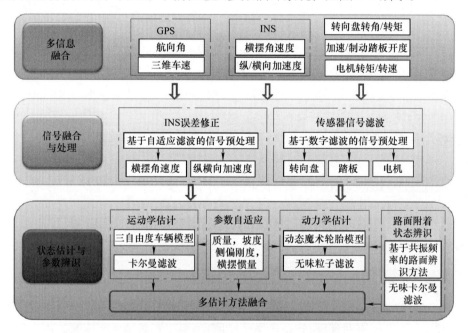

图 1-3　基于多信息与多方法融合的状态参数估计系统

具体分为以下四部分介绍：

1. 多传感器信息融合

首先阐述了不同传感器系统所对应的不同量测坐标系间的转换关系，建立了 GPS 与 INS 的误差模型，分析 INS 和 GPS 具有互补性质的误差特性。在此基础上，利用 GPS 量测误差不会随时间产生累积效应，采用卡尔曼滤波算法对横摆角速度传感器以及纵向与横向加速度传感器的偏差进行估计，并利用 INS 的短期高精度性特征对 GPS 量测噪声的协方差矩阵进行自适应估计。

2. 车速及质心侧偏角状态观测器

本书采用了运动学和动力学多方法融合式的车速及质心侧偏角观测器。所设计的状态观测器结构如图 1-4 所示。

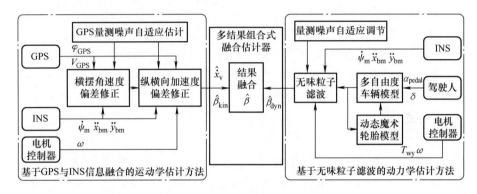

图 1-4 状态观测器结构示意图

运动学估计方法中，结合多传感器融合处理后的 INS 和 GPS 信息，并综合考虑电机控制器提供的轮速信号 ω，估计出车辆的纵向速度 $\hat{\dot{x}}_v$ 及质心侧偏角 $\hat{\beta}_{kin}$。

动力学估计方法以驾驶人对加速踏板以及转向盘的操作 α_{pedal} 和转角 δ 作为输入，通过多自由度车辆模型和动态魔术轮胎模型建立状态递推方程，利用电机控制器提供的各轮转矩 T_{wy}、转速 ω 信号和 INS 提供的纵横向加速度信号建立量测方程，搭建无味粒子滤波器，并通过对量测噪声的自适应调节提高无味粒子滤波器的估计精度，得到动力学方法的质心侧偏角估计结果 $\hat{\beta}_{dyn}$。

为了能够充分利用运动学估计方法和动力学估计方法的优势，避免它们的劣势，扩大工况应用范围，采用了基于组合式融合方法的信息融合规则。从频域的角度，将车辆姿态对转向输入的动态响应工况分为高频响应部分和低频响应部分，在低频范围内，基于动力学方法的估计结果对最终估计结果起主要作用，此时，估计结果对传感器偏置误差和路面横向坡度角是鲁棒的。在高频响应阶段，运动学方法的估计结果起主要作用，此时，估计结果对模型误差的鲁棒性加强，并且对质心侧偏角的动态变化估计更准确。

3. 参数自适应观测器

对整车质量和轮胎侧偏刚度进行实时估计以校准估计器中模型参数，还针对过程噪声方差矩阵 Q 和量测噪声方差矩阵 R 进行估计和自适应调整，对路面坡度角和车身俯仰角对加速度计造成的影响估计出来并进行补偿。

4. 路面附着系数观测器

搭建简单且精度高的轮胎模型，通过模块化估计各轮胎的纵/侧/垂向力、侧偏角、滑移率，最后采用非线性无味卡尔曼滤波器实现附着系数的估计；通过引入该观测系统非线性可观性矩阵指数概念，来定量评价附着系数的可观性；当在小滑移率和小侧偏角条件下附着系数不可观时，采用频域观测方法，首先推导出电机车轮系统频响函数，通过分析路面附着系数对该函数的影响规律，利用合适的自回归参数辨识方法，实现在不估计滑移率和侧偏角的前提下的附着系数估计；为进一步提高单方向估计方法在复合工况下的适用性，本书提出了利用误差融合的思想，将分别利用纵侧向信息估计得到的两个附着系数估计结果通过加权融合，得到精度更高的结果。

1.3.3 本书提出方法的特点

1）对目前车辆状态估计的研究现状进行分析，指出制约车辆状态估计精度的主要原因在于估计方法单一，局限性较大，因此，本书采用多方法融合估计的思想，充分利用各种估计方法的优势和适用范围，提高了融合估计结果的准确性，扩大了融合估计结果的工况适用性，具体体现在：①采用组合式融合技术，充分利用车载传感器信息，融合运动学和动力学方法估计质心侧偏角，提高了质心侧偏角的估计精度。②采用联邦卡尔曼滤波技术，融合多种运动学和动力学方法估计纵向车速，并设计信息冗余、工况互补的融合规则，扩大了纵向车速估计的适用工况范围。③在双卡尔曼滤波器的基础上，采用了多方法、多信息的融合技术，扩大了路面峰值附着系数估计的适用工况范围，从而大大提高了车辆状态估计对路面附着条件的自适应能力。

2）充分利用四轮电机转矩信息的优势，估计整车质量及路面坡度，使得车辆状态估计结果更准确，自适应性更强，具体体现在以下两个方面：①应用四轮电机转矩信息，提取其高频信息估计整车质量，提高了车辆模型参数的准确度，进而提高了状态参数估计结果的准确性。②应用四轮电机转矩信息，估计轮胎力，并结合运动学估计方法，提高了道路坡度估计精度。

参 考 文 献

[1] 陈清泉，孙逢春，祝嘉光. 现代电动汽车技术 [M]. 北京：北京理工大学出版社，2002.

[2] CHAN C C. The State of the Art of Elctric and Hybrid Vehicles [C]. Proceedings of the IEEE，2002，90（2）：247 - 275.

[3] 余卓平,高晓杰. 车辆行驶过程中的状态估计问题综述 [J]. 机械工程学报,2009,45 (5):20-33.

[4] CHARLSON C R. Estimation with Application for Automobile Dead Reckoning and Control [D]. USA:Stanford University,2004.

[5] BEVLY D M, GERDES J C, WILSON C. The Use of GPS Based Velocity Measurment for Measurment of Sideslip and Wheel Slip [J]. Vehicle System Dynamics,2002,38 (2):127-147.

[6] RYU J. State and Parameter Estimation for Vehicle Dynamics Control Using GPS [D]. USA:Stanford University,2004.

[7] SCHOEPFLIN T N, DAILEY D J. Dynamic Camera Calibration of Roadside Traffic Management Cameras for Vehicle Speed Estimation [J]. IEEE Transactions on Intelligent Transportation System,2003,4 (2):90-98.

[8] HAVARD F G, LARS I, TOR A J. Nonlinear Vehicle Side-Slip Estimation with Friction Adaptation [J]. Automatica,2008,44 (3):611-622.

[9] QI C, ALESSANDRO C V, ALI C. A New Nonlinear Observer Using Unscented Kalman Filter to Estimate Sideslip Angle, Lateral Tire Road Forces and Tire Road Friction Coefficient [C]. 2011 IEEE Intelligent Vehicles Symposium (IV) Baden-Baden, Germany,2011.

[10] WENZEL T A, BURNHAM K J, BLUNDELL M V, et al. Kalman Filter as a Virtual Sensor Applied to Automotive Stability Systems [J]. Transactions of the Institute of Measurement and Control,2007,29 (2):95-105.

[11] SUISSA, ZOMOTOR Z, BOTTIGER F. Method for Determining Variables Characterizing Vehicle Handling [P]. US Patent 5557520,1994, fild Jul. 29,1994; issued Sep. 17,1996.

[12] AHN C, PENG H, TSENG H E. Estimation of Road Friction for Enhanced Active Safety Systems: Dynamic Approach [C]. 2009 American Control Conference Hyatt Regency Riverfront, St. Louis, MO, USA,2009.

[13] WAN E A, NELSON A T. Neural Dual Extended Kalman Filtering: Applications in Speech Enhancement and Monaural Blind Signal Separation [C]. Proceedings of the 1997 IEEE Workshop on Neural Networks for Signal Processing VII.

[14] WENZEL T A, BURNHAM K J, BLUNDELL M V, et al. Dual Extended Kalman Filter for Vehicle State and Parameter Esimation [J]. Vehicle System Dynamics,2006,44 (2):153-171.

[15] BE K W, KOBAYASHI K Z, CHEOK K C. Absolute Speed Measurement of Automobile from Noisy Acceleration and Erroneous Wheel Speed Information [C]. SAE 1992-92-0644.

[16] KOIBUCHI K, YAMAMOTO M, FUKUDA Y, INAGAKI S. Vehicle Stability Control in Limit Cornering by Active Brake [C]. SAE Technical Paper 1996-96-0487.

[17] TSENG H E, MADAU D, ASHRAFI B, et al. Technical Challenges in the Development of Vehicle Stability Control system [C]. Proc. IEEE Int. Conf. Control Appl.,1999:1660-1666.

[18] VON VIETINGHOFF, HIEMER M, KIENCKE U. Nonlinear Observer Design for Lateral Vehicle Dynamics [C]. Proc. IFAC World Congress, Prague, Czech Republic,2005.

[19] HAC A, MELINDA, SIMPSON D. Estimation of Vehicle Sideslip Angle and Yaw Rate [C]. SAE 2000-01-0696.

[20] KLIER W. REIM A, STAPEL D. Robust Estimation of Vehicle Sideslip Angle-An Approach

w/o Vehicle and Tire Models [C]. SAE 2008 - 01 - 0582.

[21] HAC A, NICHOLS D, SYGNAROWICZ D. Estimation of Vehicle Roll Angle and Side Slip for Crash Sensing [C]. SAE 2010 - 01 - 0592.

[22] VAN ZANTEN A T. Bosch ESP Systems: 5 Years of Experience [C]. SAE 2000 - 01 - 1633.

[23] GOBBI M, MASTINU, G. Wheels with Integrated Sensors for Measuring Tyre Forces and Moments [C]. Proceedings of the 7th International Symposium on Advanced Vehicle Control A VEC' 04, HAN University, Arnhem, 2004.

[24] TUONONEN A J. Vehicle Lateral State Estimation Based on Measured Tyre Forces [J]. Sensors, 2009.

[25] KANGHYUN, SEHOON N, FUJIMOTO O, et al. Vehicle State Estimation for Advanced Vehicle Motion Control Using Novel Lateral Tire Force Sensors. American Control Conference (ACC), 2011.

[26] KEENCKE U, NIELSEN L. Automotive Control System: For Engine, Driveline, and Vehicle [M]. Springer, 2000.

[27] MITSCHKE M. Dyanamik der Kraftfahrzeuge, B and C, Fahrverhalten [M]. Springer Verlag, 1990.

[28] BOLZERN P, CHELI F, FALCIOLA G, et al. Estimation of the Non - linear Suspension Tyre Cornering Forces from Experimental Road Test Data [J]. Vehilce System Dynamics, 1999.

[29] VENHOVENS P J, NAAB K. Vehicle Dynamics Estimation Using Kalman Filters [J]. Vehicle System Dynamics, 1999, 32 (2): 171 - 184.

[30] ZURBIER J, BREMMER P. State Estimation for Integrated Vehicle Dynamics Control [C]. Proc. AVEC 6th Int. Symp. Adv. Vehicle Control, Hiroshima, Japan, 2002.

[31] HIEMER M, VON VIETINGHOFF A, KIENCKE U, et al. Determination of the Vehicle Body Slip Angle with Non - linar Observer Strategies [C]. Proc. SAE World Congress, Detroit, MI., 2005.

[32] CHUMSAMUTR R, FUJIOKA T, ABE M. Sensitivity Analysis of Side - slip Angle Observer Based on a Tire Model [J]. Vehicle System Dynamics, 2006, 44 (7): 513 - 527.

[33] FUKADA Y. Slip - angle Estimation for Vehicle Stability Control [J]. Vehicle System Dynamics, 1999, 32 (4): 375 - 388.

[34] SEGEL L. Theoretical Prediction and Experimental Substantiation of the Response of the Automobiel to Steering Control [J]. Procceedings of the automobile division of the institute of mechanical engineers, 1956.

[35] HUH K, KIM J, YI K. Monitoring System Design for Estimating the Lateral Tyre Force [J]. Procedings of the Institution of Mechanical Engineers, Part D: Journal of Automobile Engineering, 2003.

[36] SATRIA M, BEST C M. Comparison Between Kalman Filter and Robust Filter for Vehicle Handling Dynamics State Estimation [C]. SAE 2002 - 01 - 1185.

[37] PACEJKA H B, BAKKER E. The Magic Formula Tyre Model [C]. Proc. 1st International Colloquium on Tyre Models for Vehicle Dynamics Analysis, DELFT, Netherlands, 1991.

[38] TIELKING T, MITAL K. A Comparative Evaluation of Five Traction Tire Models [R]. High-

way Satety Research Insitute, University of Michigan.

[39] GUO K, LEI R. A Unified Semi-empirical Tire Model with Higer Accuracy and Less Parameters [C]. Proceedings of SAE International Congress and Exposition. Detroit, Michigan, SAE 1999-01-0785.

[40] NAGAI M, YAMANAKA S, HIRANO Y. Integrated Control Law of Active Rear Steering Control [C]. Proc. 3rd International Symposium on Advanced Vehicel Control, 1996.

[41] CHUMSAMUTR R, FUJIOKA T, ABE M. Sensitivity Analysis of Side-slip Angle Observer Based on a Tire Model [J]. Vehicle System Dynamics, 44 (7): 513-527.

[42] BEST M C, GORDON T J, DIXON P J. An Extended Adaptive Kalman Filter for Real Time State Estimation of Vehicle Handling Dynamics [J]. Vehicle Dynamics Systems, 2000, 34 (1): 57-75.

[43] RAY L R. Nonlinear Tire Force Estimation and Road Friction Identification: Simulation and Experiments [J]. Automatica, 1997, 33 (10): 1819-1833.

[44] STEPHANT J, CHARARA A. Observavility Matrix and Parameter Identification: Application to Vehicle Tire Cornering Stiffness [C]. Proceedings of the ECC-CDC, Sevilla, Spain, 2005.

[45] STEPHANT J, CHARARA A, MEIZEL D. Vehicle Sideslip Angle Observers [C]. Proceedings of the European Control Conference (ECC2003), Cambridge, UK, 2003.

[46] YIH P, RYU J, GERDES J C. Vehicles State Estimation Using Steering Torque [C]. American Control Conference, 2004.

[47] YIH P. Steer-by-wire: Implication for Vehicle Handling and Safety [D]. Palo Alto: Stanford University, 2004.

[48] PIYABONGKARN D, RAJAMANI R, GROGG J A, et al. Development and Experimental Evaluation of a Slip Angle Estimator for Vehicle Stability Control [J]. IEEE Transcations on Control Systems Technology, 2009, 17 (1): 131-133.

[49] FARRELY J, WELLSTEAD P. Esimtation of Vehicle Lateral Velocity [C]. Proceeding of the 1996 IEEE International Conference on Control Application, 1996.

[50] SASAKI H, NISHIMAKI T. A Side-slip Angle Estimation Using Neural Network for a Wheeled Vehicle [C]. SAE 2000-01-0695.

[51] UNGOREN Y, PENG H, TSENG H E. A Study on Lateral Speed Estimation Methods [J]. Int. J. Veh. Auton. Syst., 2004, 2 (1/2): 126-144.

[52] PEARSON J D. Dynamic Decomposition Techniques in Optimization Methods of Large-scale System [M]. McGraw-Hill, 1971.

[53] SPEYER J L. Computation and Transmission Requirements for a Decentralized Linear-quadratic-Gaussian Control Problem [J]. IEEE Trans. On Automatic Contrl, 1979, 24 (2): 266-269.

[54] BIERMAN G J, BELZER M R. A Decentralized Square Root Information filter/smoother [C]. Proc. of 24th IEEE conf. on Decsion and Control, Ft. Lauderdate, FL, 1985.

[55] CARLSON N A. Federated Filter for Fault-Tolerant Integrated Navigation Systems [C]. Proc. of IEEE PLANS'88, Orlando, FL 1988.

[56] CARLSON N A. Federated Kalman Filter Simulation Results [J]. Journal of the Institute of

Navigation, 1994, 41 (3): 110 – 119.

[57] GAO Y, et al. Comparison of Centralized and Federated Filters [J]. Navigation, 1992, 40 (1): 69 – 86.

[58] AOKI Y, UCHIDA T, HORI Y. Experimental Demonstration of Body Slip Angle Control based on a Novel Linear Observer for Electric Vehicle [C]. IECON2005 Proc (The 31st Annual Conf. of the IEEE Industrial Electronics Society Proceedings), 2005.

[59] YU Z P, GAO X J. Review of Vehicle State Estimation Problem Under Driving Situation [J]. Chinese Journal of Mechanical Engineering, 2009, 45 (5): 20 – 33.

[60] KIM H H, RYU J. Sideslip Angle Estimation Considering Short – duration longitudinal Velocity Variation [J]. International Journal of Automotive Technology, 2011, 12 (4): 545 – 553.

[61] SATRIA M, BEST M C. Comparison Between Kalman Filter and Robust Filter for Vehicle Handling Dynamics State Estimation [C]. SAE 2002 – 01 – 1185.

[62] CHUL K, UCHANSKI M, HEDRICK J. Vehicle Speed Estimation Using Accelerometer and Wheel Speed Measurements [C]. SAE 2002 – 01 – 2229.

[63] DAISS A, KNIECKE U. Estimation of Vehicle Speed Fuzzy – estimation in Comparison with Kalman – filtering [C]. Proceedings of the 4th IEEE Conference on Control Applications, Albany, New York, 1995.

[64] GUSTAFSSON F, AHLQVIST S, FORSSELL U, et al. Sensor Fusion for Accurate Computation of Yaw Rate and Absolute Velocity [C]. SAE 2001 – 01 – 1064.

[65] KOBAYASHI K, CHEOK K, WATANABE K. Estimation of Absolute Vehicle Speed Using Fuzzy Logic Rule – based Kalman Filter [C]. Proceeding of the American Control Conference, Seattle, 1995.

[66] DAISS A, KIENCKE U. Estimation of Vehicle Speed Fuzzy – estimation in Comparison with Kalman – filtering [C]. Proceedings of the 4th IEEE Conference on Control Applications, 1995.

[67] 边明远. 汽车防滑控制系统（ABS/ASR）道路识别技术及车身速度算法研究 [D]. 北京：北京理工大学, 2003.

[68] BACHMANN T. The Importance of the Integration of Road, Tyre, and Vehicle Technologies [C]. FISITA World Congress, Montreal, Canada, 2011.

[69] WENZEL T A, BURNHAM K J, BLUNDELL M V, et al. Dual extended Kalman filter for vehicle state and parameter estimation [J]. Vehicle System Dynamics, 2006, 44 (2): 153 – 171.

[70] 高博麟, 陈慧, 陈威, 等. 汽车质心侧偏角融合估计方法 [J]. 汽车工程. 2013, 38 (8): 716 – 722.

[71] 胡丹. 基于双扩展卡尔曼滤波的汽车状态及路面附着系数估计算法研究 [D]. 长春：吉林大学, 2009.

[72] ARNDT M, DING E L, MASSEL T. Identification of Cornering Stiffness During Lane Change Maneuvers [C]. Proceedings of the 2004 IEEE International Conference on Control Applications, 2004.

[73] SIENEL W. Estimation of the Tire Cornering Stiffness and its Application to Active Car Steering [C]. Proceedings of the 36th Conference on Decision and Control, 1997.

[74] BEVLY D M, RYU J, GERDES J C. Integrating INS Sensors with GPS Measurements for Continuous Estimation of Vehicle Sideslip, Roll, and Tire Cornering Stiffness [J]. IEEE Trans. Intell. Transport. Syst., 2006, 7 (4): 483 – 493.

[75] BEVLY D M, SHERIDAN R, GERES J C. Integrating INS Sensors with GPS Velocity Measurments for Continuous Estimation of Vehicle Sideslip and Tire Cornering Stiffness [C]. American Conrol Conference, 2001.

[76] UNGOREN A, Y, PENG H, TSENG H E. A Study on Lateral Speed Estimation Methods [J]. Int. J. Veh. Auton. Syst., 2004, 2 (1/2): 126 – 144.

[77] TSENG H E. Dynamic Estimation of Road Bank Angle [J]. Vehicle System Dynamics, 2001, 36 (4): 307 – 328.

[78] LINGMAN P, SCHMIDTBAUER B. Road Slope and Vehicle Mass Estimation using Kalman Filtering [J]. Vehicle System Dynamics, 2002, 37: 12 – 23.

[79] HAHN J, RAJAMANI R, YOU S. Road Bank Angle Estimation Using Disturbance Observer [C]. 7th International Symposium on Advanced Vehicle Control, 2002.

[80] SENTOUH C, SEBSADJI Y, MAMMAR S, et al. Road Bank Angle and Faults Estimation Using Unknown Input Proportional – integral Observer [C]. Proc. Eur. Contr. Conf., Kos, Greece, 2007.

[81] VAHIDI A, STEFANOPOULOU A, PENG H. Recursive Least Squares with Forgetting for On-line Estimation of Vehicle Mass and Road Grade: Theory and Experiments [J]. Vehicle System Dynamics, 2005, 43 (1): 31 – 55.

[82] SAHLHOLM P, JOHANSSON K H. Road Grade Estimation for Look – ahead Vehicle Control [C]. 17th IFAC world congress, Seoul, Korea, 2008.

[83] BEST M C. Parametric Identification of Vehicle Handling Using an Extended Kalman Filter [J]. International Journal of Vehicle Autonomous Systems, 2007, 5 (3/4): 256 – 273.

[84] BEST M C, NEWTON A P, TUPLIN S. The Identifying Extended Kalman Filter: Parametric System Identification of a Vehicle Handling Model [C]. Proc. Instn. Mech. Engrs, Part K: J. Multi – body Dynamics, 2007, 221 (1): 87 – 98.

[85] BEST M C, NEWTON A P. Vehicle Tyre and Handling Model Identification using an Extended Kalman Filter [C]. Proceedings of the 9th International Symposium on Advanced Vehicle Control (AVEC), Kobe, Japan, 6th – 9th October, 2008.

[86] BEST M C. Identifying Tyre Models Directly From Vehicle Test Data Using an Extended Kalman filter [J]. Vehicle System Dynamics, 2010, 48 (2): 171 – 187.

[87] MASSEL T, DING E L, ARNDT M. Estimation of vehicle loading state [C]. Proceedings of the 2004 IEEE International Conference on Control Applications, 2004.

[88] LIU C, PENG H. A State and Parameter Identification Scheme for linearly Parameterized Systems [J]. ASME Journal of Dynamic Systems Measurement and Control, 120 (4): 524 – 528.

[89] IMSLAND L, JOHANSEN T A, FOSSEN T I, et al. Vehicle Velocity Estimation Using Nonlinear Observers [J]. Automatica, 2006, 42 (12): 2091 – 2103.

第 2 章

基于多信息与多方法融合的附着系数估计方法

主要符号对照表

符号	说明	符号	说明
F_x	轮胎纵向力	$\hat{F}_{y2-Kalman}$	右前转向轮的滤波器侧向力估计值
s	滑移率	W_k、V_k	白噪声
α	轮胎侧偏角	X	侧向力滤波器中的状态量
λ	Dugoff 模型中的切换条件,或拉布拉斯算子	Z	侧向力滤波器中的量测量
C_s	轮胎纵向刚度	A	状态系数矩阵
C_α	轮胎侧偏刚度	H	量测系数矩阵
G_s	修正 Dugoff 模型中的纵向修正函数	θ_1,θ_2	左前轮和右前轮转角
G_α	修正 Dugoff 模型中的侧向修正函数	F_y^D	车轮瞬态侧向力
F_y	轮胎侧向力	$\hat{F}_{yi}$	各车轮的侧向力
$\mu_{\max}$	路面附着系数	$\dot{F}_y^D$	F_y^D 关于时间的导数
F_z	轮胎垂向力	τ_y	时间常数
$\omega(k)$	k 时刻轮速信号	F_y^S	车轮稳态侧向力
$\omega(k-1)$	$k-1$ 时刻轮速信号	r_y	轮胎的侧向松弛长度
J_i	第 i 个车轮转动惯量	x_i	无味卡尔曼观测器中的状态量
R_i	第 i 个车轮滚动半径	y_i	无味卡尔曼观测器中的量测量
T	采样步长	a_{1i},a_{2i},a_{3i},a_{4i},a_{5i}	由修正 Dugoff 模型推导出的系数
T_i	$k-1$ 时刻第 i 个电机驱动转矩		
$\hat{F}_{xi}$	第 i 个车轮的瞬态纵向力	μ_x	利用附着系数
$\dot{\omega}_i$	第 i 个车轮角加速度	B、C、D	分别为刚度因子、形状因子和峰值因子
F_x^D	车轮瞬态纵向力		
$\dot{F}_x^D$	F_x^D 关于时间的导数	S_{xm}	最佳车轮滑移率
τ_x	时间常数	σ	路面特征因子
F_x^S	车轮稳态纵向力	u	车轮载荷系数,$u=F_z/F_s$
r_x	轮胎的纵向松弛长度	F_s	轮胎的标定载荷
v_x	轮胎纵向速度	T_d	驱动力矩
$\hat{F}_{z1}$	左前转向轮垂向力	T_b	制动力矩
$\hat{F}_{z2}$	右前转向轮垂向力	i_q	为电机电流
l_r	质心到后轴距离	K	电机转矩和电流间的比例常数
l	轴距	T_0	恒定转矩
m	整车质量	$T_1\sin(2\pi ft)$	高频转矩,其中 T_1 为转矩振幅,f 为高频转矩的频率,t 为某一时刻
g	重力加速度		
h	质心高度	aT_1	合并后高频信号的振幅
B	前轴轮距	ϕ	合并后高频信号的初始相位
a_x	纵向加速度	k_s	轮胎纵向刚度
a_y	侧向加速度	$O(x_{aug},u)$	可观性矩阵
$\hat{F}_{y1-Kalman}$	左前转向轮的滤波器侧向力估计值	μ	路面峰值附着系数

（续）

μ_x^{ij}	某车轮纵向峰值附着系数	$n_{m,k+1}^{\mu-LF1}$	$k+1$ 时刻路面峰值附着系数子滤波器 i 的量测噪声序列
$\hat{\mu}_{x,k}^{utz}$	k 时刻，路面纵向利用附着系数		
$\hat{\mu}_{x,k}^{ij,LFi}$	k 时刻附着系数子滤波器 i 关于某车轮纵向峰值附着系数的估计值	$w_k^{\mu-LFi}$	k 时刻路面峰值附着系数子滤波器 i 的信息分配系数
$\hat{\mu}_{y,k}^{ij,LFi}$	k 时刻附着系数子滤波器 i 关于某车轮横向峰值附着系数的估计值	$w_k^{\mu-MF}$	k 时刻路面峰值附着系数主滤波器的信息分配系数
$\hat{\mu}_{k/k+1}^{ij,LFi}$	$k/k+1$ 时刻附着系数子滤波器 i 在关于某车轮峰值附着系数的估计值	$\hat{X}_k^s$	表示 k 时刻车辆状态估计结果
		$\hat{X}_{k/k+1}^s$	k 时刻的车辆状态先验估计结果
$\hat{\mu}_{k/k+1}^{g}$	$k/k+1$ 时刻路面峰值附着系数的融合估计值	$\hat{X}_k^p$	k 时刻模型参数估计结果
$n_{p,k}^{\mu-LF1}$	k 时刻路面峰值附着系数子滤波器 i 的过程噪声序列	k_f	前轴等效侧偏刚度，N/rad
		k_r	后轴等效侧偏刚度，N/rad

针对研究现状的局限性，本书探讨在不使用额外传感器的条件下，结合分布式电驱动车辆电机转矩精确可控可知的特点，提出图 2-1 所示的基于多信息与多方法融合的附着系数估计研究路线。

图 2-1　附着系数估计现状与本书研究路线关系

该技术路线主要包括：

① 搭建简单且精度高的轮胎模型，通过模块化估计各参量，最后采用无味卡尔曼滤波器实现附着系数的估计。

② 针对小滑移率和小侧偏角下不可观的问题，创新性地采用频域观测方法，首先推导出电机车轮系统频响函数，通过分析路面附着系数对该函数的影响规律，利用合适的自回归参数辨识方法，实现在不估计滑移率和侧偏角的前提下的附着系数估计。

③ 通过引入该观测系统非线性可观性矩阵指数概念，来定量评价附着系数的可观性，以作为两种单方向估计方法的切换条件。

④ 为进一步提高单方向估计方法在复合工况下的适用性，本书提出了利用误差融合的思想和双卡尔曼滤波技术，将分别利用纵侧向信息估计得到的两个附着系数估计结果通过加权融合，得到精度更高的结果。

2.1 大滑移率或者大侧偏角条件下的单方向附着系数估计方法

2.1.1 基于无味卡尔曼和修正 Dugoff 模型的单向附着系数估计方法

1. 修正 Dugoff 轮胎模型

作为附着系数估计的基础，所使用的轮胎模型需要满足以下几点要求：

① 为了能够采用简单的观测方法，要能够保持形式的简单。
② 但为了提高精度又需要有较高的准确度。
③ 其里面能够显含与附着系数相关的变量。
④ 能够适用多种工况。

多种要求相互制约，很难同时满足。本书选取可同时满足第①、③、④点要求的 Dugoff 轮胎模型作为基础，针对其在大滑移率或大侧偏角下准确度低的缺点，尝试对其修正。

（1）修正纵向 Dugoff 轮胎模型　Dugoff 轮胎模型自身存在两个缺点：没有峰值点，而且最大值小于 MF 模型最大值；随着滑移率增大，两种模型的纵向力差距增大[1]。鉴于这两点，通过对已有轮胎数据进行拟合，分析出其造成 Dugoff 轮胎模型具有准确度差的原因，尝试了对纵向 Dugoff 轮胎模型进行修正。修正过程中，仅利用原有模型的参数，引入修正系数 G_s，修正后，模型形式简单，便于求解，各滑移率条件下精确度高[2]。经过修正后的模型形式如下所示：

$$F_x = C_s \frac{s}{1+s} f(\lambda) G_s$$

$$\lambda = \frac{\mu_{max} F_z (1+s)}{2\sqrt{(C_s s)^2 + (C_\alpha \tan\alpha)^2}} \quad (2\text{-}1)$$

$$G_s = (1.15 - 0.75\mu_{max})s^2 - (1.63 - 0.75\mu_{max})s + 1.27$$

$$f(\lambda) = \begin{cases} \lambda(2-\lambda) & (\lambda \leq 1) \\ 1 & (\lambda > 1) \end{cases}$$

最后修正结果与魔术公式轮胎模型的对比如图 2-2a 所示。

（2）修正侧向 Dugoff 轮胎模型　类比于对纵向 Dugoff 轮胎模型的修正过程，对侧向 Dugoff 轮胎模型进行修正。侧向 Dugoff 轮胎模型自身存在两个缺点：没有峰值点，而且最大值小于 MF 模型最大值；随着侧偏角增大，两种模型的侧向

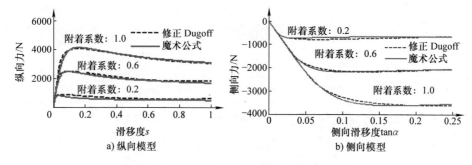

图 2-2 修正后 Dugoff 模型与 MF 模型对比

力差距增大。鉴于这两点，通过对已有轮胎数据进行拟合，分析出其造成 Dugoff 轮胎模型具有准确度差的原因，尝试了对侧向 Dugoff 轮胎模型进行了修正。修正过程中，仅利用原有模型的参数，引入修正系数 G_α，修正后，模型形式简单，便于求解，各侧偏角条件下精确度高。经过修正后的模型形式如下所示：

$$\begin{cases} F_y = C_\alpha \dfrac{\tan\alpha}{1+s} f(\lambda) G_\alpha \\ \lambda = \dfrac{\mu_{\max} F_z (1+s)}{2\sqrt{(C_s s)^2 + (C_\alpha \tan\alpha)^2}} \\ G_\alpha = (-1.6 + \mu_{\max}) \tan\alpha + 1.155 \\ f(\lambda) = \begin{cases} \lambda(2-\lambda) & (\lambda \leq 1) \\ 1 & (\lambda > 1) \end{cases} \end{cases} \quad (2\text{-}2)$$

最后修正结果与魔术公式轮胎模型的对比如图 2-2b 所示。

通过图 2-2 可以看出，修正后的 Dugoff 模型在不同侧偏角、不同垂直载荷、不同路面情况、不同滑移率等情况下均能保持与魔术公式较好的一致性。修正后的侧向 Dugoff 轮胎模型结合修正后的纵向 Dugoff 轮胎模型对之后纵向侧向联合估计的路面峰值附着系数识别提供了理论基础[3]。

2. 基于车辆模型的轮胎力估计方法

为了实现轮胎力与轮胎侧偏角、滑移率的解耦观测，结合分布式电驱动车辆的轮胎驱动转矩精确可知的特点，本书提出一种仅依靠车辆状态观测的轮胎力估算方法[4]，如图 2-3 所示。它首先采集车辆状态信号，利用车辆动力学方程实时估计轮胎的纵向力和垂向力；然后将估计的各轮的纵向力连同纵向加速度信号、侧向加速度信号、横摆角速度信号、转向盘转角信号传给车辆控制器中的卡尔曼侧向力观测器，得到两前轮的侧向力估计值和后轴侧向力估计值；最后结合瞬态轮胎模型，得到最终的侧向力估计值。本方法的优点是：仅采用线性卡尔曼滤波器,保证了计算的实时性;不需要获知轮胎与路面的信息,使得该方法具有对不同路面、轮胎的鲁棒性。

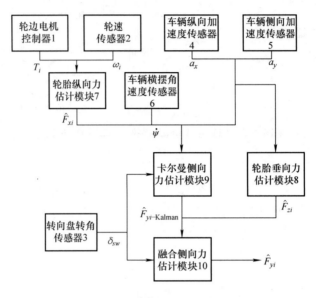

图 2-3　轮胎力估计框架

估算过程如下:

(1) 纵向力估计

1) 瞬态纵向力估计。在车辆运行过程中,整车控制器取某两个相邻的采样时刻 $k-1$ 和 k,分别从所述轮边电机控制器接收各电机在时刻 $k-1$ 的需求驱动力矩 T_i,从所述轮速传感器接收两个时刻的实时轮速信号 $\omega(k-1)$ 和 $\omega(k)$,发送到所述基于纵向动力学的轮胎纵向力估计模块;轮胎纵向力估计模块根据实时采集到的各信号,计算出各车轮的纵向力 $\hat{F}_{xi}$。

$$\dot{\omega}_i = \frac{\omega_i(k) - \omega_i(k-1)}{T} \tag{2-3}$$

$$\hat{F}_{xi} = \frac{T_i - J_i \dot{\omega}_i}{R_i} \tag{2-4}$$

式中,T_i 是 $k-1$ 时刻各电机驱动力矩;J_i 是车轮转动惯量;R_i 是车轮滚动半径;T 是采样步长。

2) 稳态纵向力估计。根据瞬态轮胎模型估计稳态纵向力。

$$\tau_x \dot{F}_x^D + F_x^D = F_x^S$$

$$\tau_x = \frac{r_x}{v_x} \tag{2-5}$$

式中，F_x^D 是车轮瞬态纵向力；即各车轮的纵向力 $\hat{F}_{xi}$；$\dot{F}_x^D$ 是 F_x^D 关于时间的导数；τ_x 是时间常数；F_x^S 是车轮稳态纵向力；r_x 是轮胎的纵向松弛长度[5]。

（2）垂向力估计　整车控制器取从车辆质心位置处的纵向加速度传感器接收实时的纵向加速度信号，从车辆质心位置处的侧向加速度传感器接收实时的侧向加速度信号，发送到轮胎垂向力估计模块；轮胎垂向力估计模块根据实时采集到的各信号，计算出各车轮的垂向力 $\hat{F}_{zi}$。

$$\begin{bmatrix} \hat{F}_{z1} \\ \hat{F}_{z2} \end{bmatrix} = \begin{bmatrix} l_r \\ l_r \end{bmatrix}\frac{mg}{2l} - \begin{bmatrix} 1 \\ 1 \end{bmatrix}\frac{ma_x h}{2l} + \begin{bmatrix} -l_r \\ l_r \end{bmatrix}\frac{ma_y h}{lB} \tag{2-6}$$

式中，$\hat{F}_{z1}$ 是左前转向轮垂向力；$\hat{F}_{z2}$ 是右前转向轮垂向力；l_r 是质心到后轴距离；l 是轴距；m 是车质量；g 是重力加速度；h 是质心高度；B 是前轴轮距。

（3）侧向力估计

1）瞬态侧向力估计。将纵向加速度信号、侧向加速度信号、转向盘转角信号、横摆角速度信号和所述轮胎纵向力估计模块估计的纵向力 $\hat{F}_{xi}$ 发送到卡尔曼侧向力估计模块；卡尔曼侧向力估计模块估计出单轮侧向力，其中包括左前转向轮的侧向力 $\hat{F}_{y1-\text{Kalman}}$、右前转向轮的侧向力 $\hat{F}_{y2-\text{Kalman}}$。

状态方程为 $X_k = AX_{k-1} + W_k$；

量测方程为 $Z_k = HX_k + V_k$；

状态量为 $X = [F_{y1}, F_{y2}, F_{y6}, F_{x1}, F_{x2}, F_{x3}, F_{x4}]^T$；

量量测为 $Z = [ma_x, ma_y, I_z\ddot{\psi}, F_{x1}, F_{x2}, F_{x3}, F_{x4}]^T$；（$I_z$ 是横摆转动惯量）

其中，W_k、V_k 为白噪声（均值为零的高斯随机噪声信号），状态系数矩阵 $A = I$，I 为单位矩阵。

量测系数矩阵 H 为

$$H = \begin{bmatrix} -\sin\theta_1 & -\sin\theta_2 & 0 & \cos\theta_1 & \cos\theta_2 & 1 & 1 \\ \cos\theta_1 & \cos\theta_2 & 1 & \sin\theta_1 & \sin\theta_2 & 0 & 0 \\ l_f\cos\theta_1 + \frac{B}{2}\sin\theta_1 & l_f\cos\theta_2 - \frac{B}{2}\sin\theta_2 & -l_r & l_f\sin\theta_1 - \frac{B}{2}\cos\theta_1 & l_f\sin\theta_2 + \frac{B}{2}\cos\theta_2 & \frac{B}{2} & -\frac{B}{2} \\ 0 & 0 & 0 & 1 & 0 & 0 & 0 \\ 0 & 0 & 0 & 0 & 1 & 0 & 0 \\ 0 & 0 & 0 & 0 & 0 & 1 & 0 \\ 0 & 0 & 0 & 0 & 0 & 0 & 1 \end{bmatrix}$$

l_r 是质心到后轴距离，l_f 是质心到前轴距离，B 是前轴轮距。

量测系数矩阵 H 是由车辆模型的纵向动力学方程、横向动力学方程、横摆动力学方程换算得到的。

2）稳态侧向力估计。根据瞬态轮胎模型估计稳态侧向力。

$$\tau_y \dot{F}_y^D + F_y^D = F_y^S$$

$$\tau_y = \frac{r_y}{v_x} \tag{2-7}$$

式中，F_y^D 是车轮瞬态侧向力，即各车轮的侧向力 $\hat{F}_{yi}$；$\dot{F}_y^D$ 是 F_y^D 关于时间的导数；τ_y 是时间常数；F_y^S 是车轮稳态侧向力；r_y 是轮胎的侧向松弛长度[6]。

3. 无味卡尔曼附着系数估计方法

由于轮胎侧偏角、滑移率以及各方向的力均能够单独地观测得到，这样就可以使得附着系数观测器的复杂度大大简化。又因为修正的 Dugoff 轮胎模型，能够把轮胎的纵侧向力表征为附着系数等的显性函数，那么我们只需建立一维的观测器就可观测得到附着系数。但由于轮胎和车辆模型本身的强非线性特征，本书选取无味卡尔曼滤波方法来提高整体的估计准确度。这样就可以同时达到适用范围广、计算量小、较高准确度的多重要求。

具体的无味卡尔曼观测器建立过程[7,8]如下：

① 选取状态量和观量测，如下：

$$x_i = \mu_{\max i}$$

$$y_i = F_{xi} \tag{2-8}$$

② 将二者关系表述为非线性系统，如下：

$$x_i(k+1) = x_i(k) + w_i(k)$$

$$y_i(k) = \begin{cases} a_{1i}(k)x_i^3(k) + a_{2i}(k)x_i^2(k) + a_{3i}(k)x_i(k) + v_i(k) & \lambda_i(k) < 1 \\ a_{4i}(k)x_i(k) + a_{5i}(k) + v_i(k) & \lambda_i(k) \geq 1 \end{cases} \tag{2-9}$$

$$\lambda_i(k) = \frac{x_i(k)F_{zi}(k) \cdot [1 + s_i(k)]}{2\sqrt{[C_s s_i(k)]^2 + [C_\alpha \tan\alpha_i(k)]^2}}$$

③ 均值和方差的初始化。

$$\hat{x}_i(0) = 1$$

$$P_i(0) = 0 \tag{2-10}$$

④ 无迹变换。

$$\hat{x}_i^{(1)}(k-1) = \hat{x}_i^+(k-1) + \sqrt{P_i^+(k-1)}$$

$$\hat{x}_i^{(2)}(k-1) = \hat{x}_i^+(k-1) - \sqrt{P_i^+(k-1)} \tag{2-11}$$

⑤ 时间更新。利用非线性方程进行非线性变换：

$$\hat{x}_i^{(1)}(k) = \hat{x}_i^{(1)}(k-1)$$

$$\hat{x}_i^{(2)}(k) = \hat{x}_i^{(2)}(k-1) \tag{2-12}$$

加权得到的预测的状态向量：
$$\hat{x}_i^-(k) = \hat{x}_i^{(1)}(k) + \hat{x}_i^{(2)}(k) \qquad (2\text{-}13)$$

加权得到的预测的协方差矩阵：
$$P_i^-(k) = \frac{1}{2}\{[\hat{x}_i^{(1)}(k) - \hat{x}_i^-(k)]^2 + [\hat{x}_i^{(2)}(k) - \hat{x}_i^-(k)]^2\} + Q_i(k-1)$$
$$(2\text{-}14)$$

利用非线性方程进行非线性变换：

先计算 $\lambda_i(k) = \dfrac{\hat{x}_i^-(k) F_{zi}(k)[1 + s_i(k)]}{2\sqrt{[C_s s_i(k)]^2 + [C_\alpha \tan\alpha_i(k)]^2}}$。

根据 $\lambda_i(k)$ 计算

$$\hat{y}_i^{(1)}(k) = \begin{cases} a_{1i}(k)[x_i^{(1)}(k)]^3 + a_{2i}(k)[x_i^{(1)}(k)]^2 + a_{3i}(k)x_i^{(1)}(k) + v_i(k) & \lambda_i(k) < 1 \\ a_{4i}(k)x_i^{(1)}(k)^3 + a_{5i}(k) + v_i(k) & \lambda_i(k) \geq 1 \end{cases}$$

$$\hat{y}_i^{(2)}(k) = \begin{cases} a_{1i}(k)[x_i^{(2)}(k)]^3 + a_{2i}(k)[x_i^{(2)}(k)]^2 + a_{3i}(k)x_i^{(2)}(k) + v_i(k) & \lambda_i(k) < 1 \\ a_{4i}(k)x_i^{(2)}(k)^3 + a_{5i}(k) + v_i(k) & \lambda_i(k) \geq 1 \end{cases}$$

$$(2\text{-}15)$$

加权得到系统的预测值：
$$\hat{y}_i(k) = \frac{1}{2}[\hat{y}_i^{(1)}(k) + \hat{y}_i^{(2)}(k)] \qquad (2\text{-}16)$$

⑥ 量测更新。后验估计的协方差矩阵：
$$P_{y-i}(k) = \frac{1}{2}\{[\hat{y}_i^{(1)}(k) - \hat{y}_i(k)]^2 + [\hat{y}_i^{(2)}(k) - \hat{y}_i(k)]^2\} + R_i(k) \quad (2\text{-}17)$$

先验估计的协方差矩阵：
$$P_{xy-i}(k) = \frac{1}{2}\{[\hat{y}_i^{(1)}(k) - \hat{y}_i(k)][\hat{x}_i^{(1)}(k) - \hat{x}_i^-(k)] + [\hat{y}_i^{(2)}(k) - \hat{y}_i(k)]$$
$$[\hat{x}_i^{(2)}(k) - \hat{x}_i^-(k)]\} \qquad (2\text{-}18)$$

滤波增益矩阵：
$$K_i(k) = P_{xy-i}(k) P_{y-i}^{-1}(k) \qquad (2\text{-}19)$$

状态更新后的滤波值：
$$\hat{x}_i^+(k) = \hat{x}_i^-(k) + K_i(k)(y_i(k) - \hat{y}_i(k)) \qquad (2\text{-}20)$$

状态更新后的后验方差矩阵：
$$P_i^+(k) = P_i^-(k) - K_i^2(k) P_{y-i}(k) \qquad (2\text{-}21)$$

到此为止，UKF 滤波器建立完毕。滤波器输出的滤波值 $\hat{x}_i^+(k)$ 即为各轮处

的附着系数估计值 $\hat{\mu}_{maxi}(k)$。

2.1.2 基于模型重构的路面附着系数估计方法

1. 简化轮胎模型

为了能够实现快速精确地识别路面，首先要选择一种精度高且形式简单的轮胎模型。本书采用简化三角函数模型形式[9]，如下式：

$$\mu_x = D\sin(C\arctan(BS)) \tag{2-22}$$

与魔术公式轮胎模型一样，此模型中 B、C、D 分别为刚度因子、形状因子和峰值因子，它们共同确定 $\mu_x - S$ 曲线的形状和特征。峰值因子 D 是在一定工况下纵向附着系数的最大值 μ_{max}，相应的车轮滑移率即为最佳车轮滑移率 S_{xm}。该模型引入路面特征因子 σ 概念，来表征不同路面工况的差异，并据此对常见路面情况进行划分归类。常见路面特征因子 σ 见表2-1。

表2-1 常见路面特征因子 σ 值

路面种类	σ	路面种类	σ
干沥青路面	0.0	压实雪路	0.7
湿沥青路面	0.1	干燥冰面	1.0
湿润土路	0.2	积水路面	1.2
松散雪路	0.6		

文献[9]通过综合前人的研究成果以及对实验数据的分析拟合，总结出各种道路工况及行驶条件下峰值附着系数 μ_{max}、最佳车轮滑移率 S_{xm} 和形状因子 C 的拟合公式如下：

$$\mu_{max} = 0.92 \times 0.13^\sigma + 0.002e^\sigma(64 - v_x) - 0.04\sqrt{u} \tag{2-23}$$

$$S_{xm} = 0.15\sigma^3 - 0.48\sigma^2 + 0.26\sigma + 0.17 + 0.1\lg(64/v_x) \tag{2-24}$$

$$C = -0.2\sigma + 1.5 - 0.002(40 - v_x) \tag{2-25}$$

式中，v_x 是车轮轮心纵向速度；u 是车轮载荷系数，$u = F_z/F_s$，F_s 为轮胎的标定载荷，F_z 为轮胎垂直载荷；σ 是路面特征因子。

该模型引入路面特征因子概念，避免了其他模型中针对一种路况就需要一个拟合公式的弊端，采用一个公式就可以对多种路面附着情况进行模拟，提高了模型的通用性，适用于表征轮胎在各种路面下的纯纵向滑移条件的力学特性，能实时捕捉道路附着系数随车辆行驶状态以及行驶环境等信息变化。因此本书采用该简化轮胎模型对附着系数进行预测。简化三角函数模型与魔术公式模型的拟合效果如图2-4所示。

由式（2-23）可知，若要求解路面峰值附着系数，需要知道实时车速、车

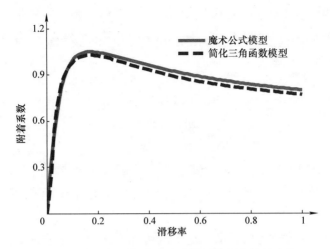

图 2-4　简化模型与魔术公式模型的拟合结果比较

轮载荷以及路面特征因子。分布式驱动电动汽车安装有车速传感器，能较容易快速获得车速，再由动力学分析即可获得车轮的垂直载荷。但可以看出仍有一参数未知。下面将具体介绍路面特征因子的实时估计方法，进而估计路面峰值附着系数。

2. 模型重构估算方法[10,11]

要识别路面状况，即求出路面特征因子，需对简化轮胎模型进行进一步分析。

当纵向附着系数取到极大值 μ_{max} 时，对应的滑移率为最佳滑移率 S_{xm}，通过对式（2-22）~式（2-25）分析得：

当 μ_x 达到最大值 μ_{max} 时，μ_{max} 等于 D。B 与 C 关系如式（2-26）所示。

$$C\arctan(BS_{xm}) = \frac{\pi}{2} \tag{2-26}$$

将 B 用 C 和 S_{xm} 表示，得

$$B = \frac{1}{S_{xm}}\tan\frac{\pi}{2C} \tag{2-27}$$

将式（2-24）和（2-25）代入式（2-27），用 σ 和 v_x 表示，即

$$B = \frac{\tan\dfrac{\pi}{2[-0.2\sigma + 1.5 - 0.002(40 - v_x)]}}{0.15\sigma^3 - 0.48\sigma^2 + 0.26\sigma + 0.17 + 0.1\lg(64/v_x)} \tag{2-28}$$

到此，式（2-22）中的 B、C、D 三个因子均可用车速、车轮载荷以及路面特征因子表示。如果可以实时获得车轮瞬态纵向附着系数 μ_x 和瞬态纵向滑移率 S，那么通过解式（2-22）即可确定路面特征因子。

车轮滚动半径在载荷变化不大的情况下可以认为是一固定值。所以利用分布式驱动电动汽车上安装的传感器提供的车速和轮速信号，结合式（2-29）就可以求出此时瞬态纵向滑移率 S。

$$S = \frac{|v_x - R\omega|}{\max|v_x, R\omega|} \quad (2\text{-}29)$$

$$\hat{\mu}_x = \frac{F_x}{F_z} = \frac{(T_d - T_b - J\dot{\omega})/R}{F_z} \quad (2\text{-}30)$$

式中，J 是车轮的转动惯量；ω 是车轮的角速度；T_d 是驱动力矩；T_b 是制动力矩；F_x 是地面对轮胎的纵向作用力；R 是轮胎滚动半径；m 是整车质量；g 是重力加速度。

轮边电机的驱动力矩和制动力矩精确可知。通过对轮速信号进行微分可得到车轮角加速度 $\dot{\omega}$。考虑轴荷转移，以前轮为例，轮胎对地面的垂直作用力可由式（2-31）求得。

$$F_z = \frac{m(gL_r - \dot{v}_x h_c)}{2L} \quad (2\text{-}31)$$

式中，车辆纵向加速度 $\dot{v}_x$ 通过对速度信号进行微分得到；L、h_c 和 L_r 分别是轴距、质心高度和质心到后轴的距离。在忽略空气阻力和滚动阻力条件下，不考虑坡度阻力，利用式（2-30）和式（2-31），可求得车轮瞬态纵向附着系数 μ_x。

综上所述，将式（2-25）和式（2-28）代入式（2-22）后，式（2-22）变成一个未知数为路面特征因子的复杂的非线性方程。但是，这种办法在控制器中直接实现是很复杂的，而且计算量也较大。所以在本书中，尝试用模型重构的方法实现该非线性方程的求解。

模型重构估算方法示意如图 2-5 所示。首先，结合式（2-23）和式（2-25）和式（2-28），利用瞬态纵向滑移率 S、纵向车速 v_x 和垂直载荷 F_z 计算得到在一系列路面特征因子 $\{\sigma_1, \sigma_2, \cdots, \sigma_n\}$ 下的三个因子向量 $\boldsymbol{B}$、$\boldsymbol{C}$、$\boldsymbol{D}$。然后计算出在多种路面特征因子下的参考值向量 $\boldsymbol{\mu}_x$。将 $\boldsymbol{\mu}_x$ 与 μ_x 作差，得到一系列的误差值，这些值表征真实路面条件和定义的道路条件的差异。找到误差值向量中绝对值最小的元素。该元素所对应的路面特征因子值 $\hat{\sigma}$ 即为该时刻所在路面的路面特征因子估计值。结合式（2-23）、式（2-25）和式（2-28），式（2-22）中的三个因子值 $\hat{B}$、$\hat{C}$、$\hat{D}$ 也相应被估计得到。到此，瞬时车轮与地面间附着系数-滑移率曲线可被重新构造得到，而该曲线中有唯一确定的峰值，即在当前的驾驶情况最大的轮胎路面的摩擦系数。为简化求解曲线峰值的过程，可用估计的峰值因子 $\hat{D}$ 来代替路面峰值附着系数 $\hat{\mu}_{\max}$。

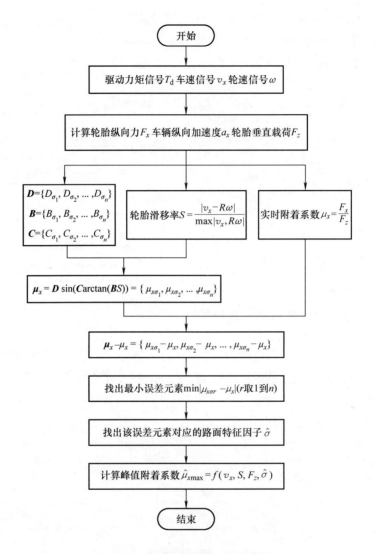

图 2-5　模型重构估算方法示意图

2.2　小滑移率或者小侧偏角条件下的单方向附着系数估计方法

2.2.1　基于频响特性的路面附着系数辨识方法

本书提出一种基于电机与车轮耦合特性的路面附着系数估计方法（图2-6），适用于电动车辆行驶过程中路面附着系数的实时监测。鉴于电机与车轮耦合特性中侧向耦合特性尚未公开发表，为了保护其版权，本书中仅介绍纵向耦合特性。它建立轮胎纵向刚度与电动轮共振频率之间的关系，在利用电机转矩获取的共振频率基础上求解出轮胎纵向刚度，然后再利用轮胎纵向刚度与路面附着系数的关系，实现路面附着系数估计。本方法仅采用电机电流与轮速信号，不需要车速与轮胎纵向力信息，不需要计算轮胎纵向滑移率，使得该方法应用方便；利用频域信息进行估计，使得该方法具有对轮速噪声与误差不敏感的特性，也说明了该方法的准确性。

1. 轮胎纵向刚度与电动轮共振频率之间的关系

在建立轮胎纵向刚度与车轮共振频率之间的关系时，是按照如下方法实现的：

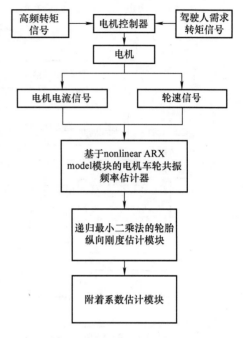

图2-6 基于频响特性的路面附着系数辨识方法示意图

1）建立单轮动力学模型

$$I\dot{\omega} = T_d - F_x^D R \tag{2-32}$$

式中，I是车轮转动惯量；ω是车轮转速；$\dot{\omega}$是ω关于时间的导数；T_d是电机输出转矩；F_x^D是车轮瞬态纵向力；R是车轮滚动半径。

2）建立稳态轮胎模型

$$F_x^S = k_s S + F_{x0}$$

$$s = \begin{cases} \dfrac{R\omega - v}{v} (\text{制动}) \\ \dfrac{R\omega - v}{R\omega} (\text{驱动}) \end{cases} \tag{2-33}$$

式中，F_x^S是车轮稳态纵向力；k_s是车轮纵向刚度；S是滑移率，不同情况取不同值；F_{x0}是滑移率为零时的纵向力；v是车辆纵向速度；ω是车轮转速；R是车轮滚动半径。

3）建立瞬态轮胎模型

$$\tau \dot{F}_x^D + F_x^D = F_x^S$$

$$\tau = \frac{r_x}{v} \tag{2-34}$$

式中，F_x^D 是车轮瞬态纵向力；$\dot{F}_x^D$ 是 F_x^D 关于时间的导数；τ 是时间常数；F_x^S 是车轮稳态纵向力；r_x 是轮胎的纵向松弛长度。

4）建立简化电机模型

$$T_d = K i_q \tag{2-35}$$

式中，i_q 是电机电流；K 是比例常数，通过实验测得或由电机厂商提供；T_d 是电机输出转矩。

5）在上述几种车辆模型和简化电机模型的基础上，假设电机转矩由两部分组成，分为恒定部分与高频部分，如下所示：

$$T_d = T_0 + T_1 \sin(2\pi f t) \tag{2-36}$$

式中，T_0 是恒定转矩，认为是一个相对恒定的值；而 $T_1 \sin(2\pi f t)$ 是高频转矩，其中 T_1 为转矩振幅，f 为高频转矩的频率，t 表示某一时刻。

6）结合式（2-32），将式（2-36）代入到式（2-32）中，单轮动力学模型可表示为

$$I\dot{\omega} = T_0 + T_1 \sin(2\pi f t) - F_x^D R \tag{2-37}$$

将式（2-37）两端同时对时间求导，得到式（2-38）：

$$I\ddot{\omega} = 2\pi f T_1 \cos(2\pi f t) - \dot{F}_x^D R \tag{2-38}$$

再将式（2-38）乘以时间常数 τ，然后与式（2-37）求和，得出式（2-39）：

$$I\tau\ddot{\omega} + I\dot{\omega} = T_0 + T_1 \sin(2\pi f t) - F_x^D R + 2\pi f \tau T_1 \cos(2\pi f t) - \tau \dot{F}_x^D R \tag{2-39}$$

$$= T_0 + T_1 \sin(2\pi f t) - F_x^S R + 2\pi f \tau T_1 \cos(2\pi f t)$$

结合式（2-33）、（2-34）和三角函数公式，式（2-39）可简化为式（2-40）：

$$I\tau\ddot{\omega} + I\dot{\omega} = T_0 + a T_1 \sin(2\pi f t + \phi) - (k_s s + F_{x0}) R$$

$$a = \sqrt{1 + (2\pi f \tau)^2}, \phi = \arctan(2\pi f \tau) \tag{2-40}$$

式中，aT_1 是合并后高频信号的振幅，ϕ 是合并后高频信号的初始相位。

对于驱动工况，考虑其滑移率定义，式（2-40）可以表示为式（2-41）：

$$I\tau\ddot{\omega} + I\dot{\omega} = T_0 + a T_1 \sin(2\pi f t + \phi) - k_s R \frac{R\omega - v}{R\omega} - F_{x0} R \tag{2-41}$$

进一步对式（2-41）两端求导，可得式（2-42）：

$$I\tau\dddot{\omega} + I\ddot{\omega} = a 2\pi f T_1 \cos(2\pi f t + \phi) + k_s R \frac{\dot{v}R\omega - R\dot{\omega}v}{(R\omega)^2} \tag{2-42}$$

假设 $R\omega \approx v$，由于车辆的惯性远大于车轮的惯性，所以车辆的加速度相比车轮的角加速度可以忽略，$\dot{v} \approx 0$，式（2-42）可进一步简化为式（2-43）：

$$I\tau\dddot{\omega} + I\ddot{\omega} = 2\pi f a T_1 \cos(2\pi f t + \phi) - \frac{k_s R^2}{v}\dot{\omega} \tag{2-43}$$

令：

$$T_2 = T_1 \cos(2\pi f t + \phi) \tag{2-44}$$

式（2-43）可表示为式（2-45）：

$$I\tau\dddot{\omega} + I\ddot{\omega} + \frac{k_s R^2}{v}\dot{\omega} = 2\pi f a T_2 \tag{2-45}$$

对式（2-45）两端作拉普拉斯变换，得到式（2-46）：

$$I\tau\lambda^3\omega(\lambda) + I\lambda^2\omega(\lambda) + \frac{k_s R^2}{v}\lambda\omega(\lambda) = 2\pi f a T_2(\lambda) \tag{2-46}$$

式中，λ 是拉普拉斯算子。

这样就得到了电机转矩到轮速的传递函数，即式（2-47）：

$$\frac{T_2(\lambda)}{\omega(\lambda)} = \frac{I\tau\lambda^3 + I\lambda^2 + \frac{k_s R^2}{v}\lambda}{2\pi f \sqrt{1+(2\pi f \tau)^2}} \tag{2-47}$$

结合式（2-35）和式（2-47），可以进一步得到电机电流到轮速的传递函数，即式（2-48）：

$$\frac{i_q(\lambda)}{\omega(\lambda)} = \frac{I\tau\lambda^3 + I\lambda^2 + \frac{k_s R^2}{v}\lambda}{2\pi f K \sqrt{1+(2\pi f \tau)^2}} \tag{2-48}$$

令 $\lambda = j2\pi f$，其中 j 表示虚部，合并同类项，求模即可得到电机电流到轮速的幅频函数，即式（2-49）：

$$\begin{aligned}\frac{A(i_q)}{A(\omega)} &= \left|\frac{i_q(j2\pi f)}{\omega(j2\pi f)}\right| \\ &= \frac{\left|-I(2\pi f)^2 + j\left(\frac{k_s R^2}{v}2\pi f - I\tau(2\pi f)^3\right)\right|}{2\pi f K \sqrt{1+(2\pi f \tau)^2}} \\ &= \frac{\left|-I(2\pi f) + j\left(\frac{k_s R^2 - I\tau_x(2\pi f)^2}{v}\right)\right|}{K\sqrt{1+(2\pi f \tau)^2}}\end{aligned} \tag{2-49}$$

作如下近似：$\sqrt{1+(2\pi f \tau)^2} \approx 2\pi f \tau$，当电机车轮系统发生共振时，即有式（2-50）：

$$\begin{aligned}\min\left[\frac{A(i_q)}{A(\omega)}\right] &= \min\left[\frac{\left|-I(2\pi f)+j\left(\frac{k_s R^2 - I\tau_x(2\pi f)^2}{v}\right)\right|}{K\sqrt{1+(2\pi f\tau)^2}}\right] \\ &\approx \min\left[\frac{\left|-I(2\pi f)+j\left(\frac{k_s R^2 - I\tau_x(2\pi f)^2}{v}\right)\right|}{K2\pi f\tau}\right] \\ &= \min\left[\left|\frac{-I}{K\tau}+j\left(\frac{k_s R^2/2\pi f - I\tau_x(2\pi f)}{\tau v K}\right)\right|\right]\end{aligned} \tag{2-50}$$

应用求极值的方法，得到其最小值对应的频率，即共振频率，见式（2-51）。

$$f_0 \approx \frac{R}{2\pi}\sqrt{\frac{k_s}{Ir_x}} \tag{2-51}$$

2. 基于非线性自回归模型附着系数辨识方法

然后在整车控制器获取实时的轮速信号 ω 和电机的电流信号 i_q 基础上，利用 MATLAB 中的 nonlinear ARX model 模块，输出二阶系统模型传递函数（式（2-52））的系数 a_1，a_2，a_3，然后利用式（2-53）找到两个解 $\lambda_i(i=1,2)$：

$$G(\lambda) = a_1\lambda^2 + a_2\lambda + a_3 \tag{2-52}$$

式中，λ 是拉布拉斯算子；a_1、a_2、a_3 是系数。

再按照式（2-53）、（2-54）、（2-55）计算共振频率 f_0[12]：

$$f_0 = \frac{\sqrt{d_i^2 - c_i^2}}{2\pi} \tag{2-53}$$

式中，

$$c_i = \frac{\ln(\operatorname{Re}(\lambda_i)^2 + \operatorname{Im}(\lambda_i)^2)}{2\Delta T} \tag{2-54}$$

$$d_i = -\frac{1}{2\Delta T}\frac{\operatorname{Im}(\lambda_i)}{\operatorname{Re}(\lambda_i)} \tag{2-55}$$

上述 ΔT 为采样时间，Re、Im 分别表示数学计算中的实部和虚部。

将式（2-53）取得的 f_0 代入到式（2-51）中，在式（2-51）的基础上估计轮胎纵向刚度 k_s。

在任意时刻，将得到的轮胎纵向刚度输入到路面附着系数估计模块中，计算得到路面附着系数：

$$\mu_{\max}(t) = a_{\mu_{\max}}k_s(t) + b_{\mu_{\max}} \quad [13] \tag{2-56}$$

式中的系数 $a_{\mu_{\max}}$ 和 $b_{\mu_{\max}}$，根据实验数据确定，采用数据拟合的方法得到。

2.2.2 基于非线性系统可观性分析的路面附着系数估计方法

1. 非线性系统可观性概念

非线性系统的局部可观性的含义[14]是，可以根据系统的输入和输出，将某个时刻系统的状态在其邻域中区分出来。与线性系统的可观性不同，非线性系统的可观性和系统的输入在状态空间中的轨迹有关。非线性系统的局部可观性是状态观测器正常工作的前提条件。

非线性系统的局部可观性可以通过计算可观性矩阵的秩来判断。对于给出的非线性系统，其可观性矩阵定义为

$$O(\boldsymbol{x}_{aug},\boldsymbol{u}) = \begin{bmatrix} \dfrac{\partial L_f^0 h_1}{\partial x_1} \cdots \dfrac{\partial L_f^0 h_1}{\partial x_n} \\ \vdots \quad\quad \vdots \\ \dfrac{\partial L_f^0 h_m}{\partial x_1} \cdots \dfrac{\partial L_f^0 h_m}{\partial x_n} \\ \vdots \quad\quad \vdots \\ \dfrac{\partial L_f^{n-1} h_1}{\partial x_1} \cdots \dfrac{\partial L_f^{n-1} h_1}{\partial x_n} \\ \vdots \quad\quad \vdots \\ \dfrac{\partial L_f^{n-1} h_m}{\partial x_1} \cdots \dfrac{\partial L_f^{n-1} h_m}{\partial x_n} \end{bmatrix} \quad (2\text{-}57)$$

这是一个尺寸为 $mn \times n$ 的矩阵，其中的 Lie 导数（Lie Derivative）定义为

$$L_f^0 h_j = h_j$$
$$L_f h_j = \sum_{i=1}^n f_i \frac{\partial h_j}{\partial x_i},\ L_f^k h_j = L_f(L_f^{k-1} h_j) \quad (2\text{-}58)$$

如果可观性矩阵 O 在状态空间的某点 $\boldsymbol{x}^0$ 处满秩，则系统在 $\boldsymbol{x}^0$ 处局部可观。此外，可以用可观性矩阵 O 求逆意义下的条件数的大小来判断系统可观性的强弱。矩阵求逆意义下的条件数是该矩阵的最大奇异值和最小奇异值之比，条件数越大，则矩阵可逆性越差，系统在该点的局部可观性越弱。

显然，如果可观性矩阵不满秩，则其条件数为无穷大，系统不可观。当某个被估计参数的估计误差协方差矩阵发生 windup（饱和）时，说明这个参数的变化无法反映到系统输出上，此时可观性矩阵对应于这个参数的列上的各元素将近似全为零，可观性矩阵条件数过大，导致系统不可观。因此，系统在某一轨迹上发生 windup 是系统在这一轨迹上不可观的充分（不必要）条件。

导致不可观的另一种可能是，虽然参数的变化可以反映到系统输出上，但同时估计某些状态和参数时，根据单一时刻的传感器信息无法唯一确定这些状态和参数的值。例如，同时估计横向车速、横摆角速度和轮胎侧偏刚度，传感器信号为横向加速度和横摆角速度，则横向车速和轮胎侧偏刚度的多个组合都可以计算得到同样的横向加速度值。这种情况下，如果系统状态处于不断变化的动态过程中，则可以结合多个时刻的传感器信息，估计出上述状态和参数，但如果系统处于稳态下，则相当于求解不定方程，出现激励不足（Lack of Excitation）的情况，导致系统不可观。

通过求出系统在不同状态空间轨迹上的可观性矩阵的条件数，就可以比较在这些轨迹上系统局部可观性的强弱。

2. 可观性与轮胎工作点之间的关系

给出的 Dugoff 轮胎模型中，λ 是一个决定轮胎是否工作在轮胎侧向力曲线的线性区的参数：当 $\lambda > 1$ 时，$N(\lambda) = 1$，$F_{y0} = -C_\alpha \tan\alpha$，轮胎工作在线性区；当 $\lambda \leqslant 1$ 时，$N(\lambda) = \lambda(2-\lambda)$，$F_y = -\lambda(2-\lambda)C_\alpha \tan\alpha$，轮胎工作在非线性区，如图 2-7 所示。

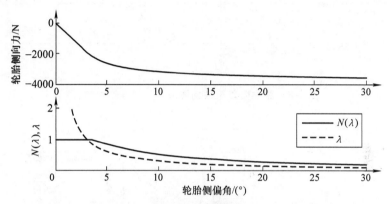

图 2-7 Dugoff 轮胎模型的轮胎侧向力曲线与其内部参数

显然，当轮胎工作在线性区时，路面附着系数并不参与计算轮胎侧向力，系统的状态方程和量测方程对路面附着系数的偏导数为零。其结果就是，在计算可观性矩阵时，如果前轴和/或后轴轮胎工作在线性区，可观性矩阵的最后两列（即与 μ_f、μ_r 对应的那两列）可能会有一列或者两列的元素全为零，导致可观性矩阵不满秩，条件数趋于无穷大，系统可观性弱。

当轮胎工作在非线性区时，将 F_{y0} 对 μ 进行求导

$$\frac{\mathrm{d}F_{y0}}{\mathrm{d}\mu} = -C_\alpha \tan\alpha \frac{\mathrm{d}N(\lambda)}{\mathrm{d}\mu} = -C_\alpha \tan\alpha \frac{\mathrm{d}N(\lambda)}{\mathrm{d}\lambda} \frac{\mathrm{d}\lambda}{\mathrm{d}\mu}$$
$$= -C_\alpha \tan\alpha (2-2\lambda) \frac{k_\mu F_z}{2C_\alpha |\tan\alpha|} = -(1-\lambda)k_\mu F_z \mathrm{Sign}(\alpha)$$
(2-59)

由于轮胎工作在非线性区时 $\lambda \leqslant 1$，因此 λ 越小，F_{y0} 对 μ 导数的绝对值越大，状态方程和量测方程对路面附着系数的偏导数也越大，有利于降低可观性矩阵的条件数，提高系统的可观性。图 2-8 和图 2-9 分别给出了路面附着系数初值为 1.0 和 0.6 时根据车辆状态估计值计算的各轮胎 λ 的时间历程。从图 2-9 中看到，路面附着系数初值为 0.6 时，在系统可观性较好的 13~16s 内，四个车轮的 λ 均远小于 1。

λ 的大小也同样解释了 DEKF 修正作用的强弱。当 $\lambda > 1$ 时，由于系统的状态方程和量测方程对路面附着系数的偏导数为零，计算的卡尔曼增益 K_k^w 就会趋近于零，即使残差 ε 不为零，路面附着系数的估计值也不能得到修正。图 2-10

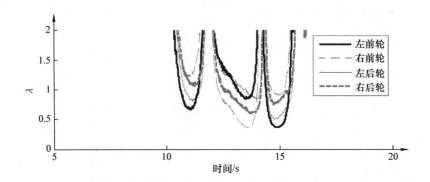

图 2-8　路面附着系数初值为 1.0 时各轮胎的 λ

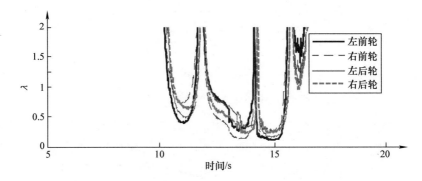

图 2-9　路面附着系数初值为 0.6 时各轮胎的 λ

和图 2-11 给出了路面附着系数初值不同时卡尔曼增益矩阵各元素的大小,从图中可以看出,系统可观性好时(图 2-11 中 13~16s),卡尔曼增益矩阵各元素比系统可观性弱时大得多。

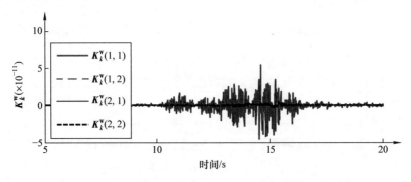

图 2-10　路面附着系数初值为 1.0 时卡尔曼增益矩阵的各元素

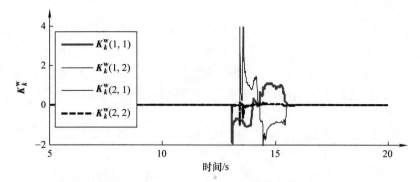

图 2-11 路面附着系数初值为 0.6 时卡尔曼增益矩阵的各元素

最后，系统可观性也和 windup 现象之间存在联系。图 2-12 和图 2-13 给出了路面附着系数初值不同时路面附着系数估计误差协方差矩阵 $\boldsymbol{P}_{wk}$ 的主对角线上元素的时间历程。当系统可观性弱时，$\boldsymbol{P}_{wk}$ 出现 windup 现象。

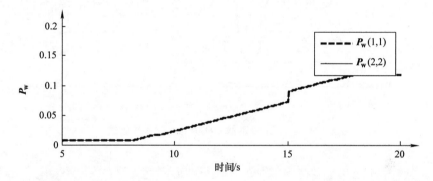

图 2-12 路面附着系数初值为 1.0 时路面附着系数估计误差协方差矩阵的主对角线上元素

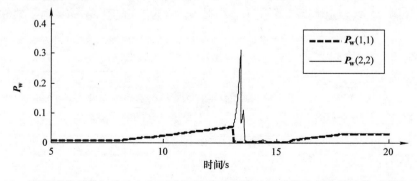

图 2-13 路面附着系数初值为 0.6 时路面附着系数估计误差协方差矩阵的主对角线上元素

3. 利用可观性原理改进路面附着系数估计算法

根据之前的结论，为了使得将状态和参数估计系统在状态空间中沿着一条可观性较好的轨迹运动，应该使得 λ 总是不大于 1。

在 λ 的表达式中，α、C_α 和 F_z 都是由车辆状态决定的。为了让 $\lambda \leq 1$，只能通过适当降低路面附着系数的估计值来实现。制定路面附着系数估计值的调整策略时，应注意以下两点：

1) 调整不应过于激进，以防止 DEKF 对路面附着系数估计值的修正受到干扰。

2) 路面附着系数估计值比实际值低可能导致质心侧偏角被高估，这可能导致车辆的稳定性控制系统的误动作，因此在降低路面附着系数的估计值时要有所保留。

也就是说，虽然将路面附着系数估计得较低有利于使 λ 变得更小和使系统可观性更好，但是限于其他因素的约束，路面附着系数不能估计得太低。在实践中发现，只要使得 λ 的值在 1 附近，就可以顺利地对路面附着系数进行估计了。

采用以下策略对路面附着系数的估计值进行调整。在每个轮胎侧偏角大于 1°且单个车轮纵向力不超过 500N 的时刻：

$$\mu^- = \mu_{estimated} - \mu_{increment};$$

$$\lambda^- = \frac{k_\mu (\mu^- - \mu_{buffer}) F_z}{2 C_\alpha |\tan\alpha|};$$

如果 $\lambda^- > 1$，那么 $\mu_{estimated} = \mu^-$。

这种策略的思路是，在当前时刻，如果路面附着系数的估计值 $\mu_{estimated}$ 在降低（$\mu_{increment} + \mu_{buffer}$）后，仍然使得 $\lambda > 1$，那么就可以将路面附着系数的估计值更新为 $\mu_{estimated,new} = \mu_{estimated,old} - (\mu_{increment} + \mu_{buffer})$。其中，$\mu_{increment}$ 的大小决定路面附着系数估计值降低的速度，而 μ_{buffer} 则用来防止路面附着系数估计值过低。可以想象，当 $\lambda > 1$ 时，$\mu_{estimated}$ 会随时间不断降低，直至 $\lambda = 1$ 为止。路面附着系数估计值的调整策略作为对 DEKF 的补充，和后者共同工作。

将这种策略用于路面附着系数为 0.4 的双移线工况下估计路面附着系数，$\mu_{increment}$ 取为 0.01，μ_{buffer} 取为 0.1。路面附着系数和车辆状态的估计结果如图 2-14 和图 2-15 所示。从图 2-14 中可以看到，路面附着系数的估计结果在第一次车道变换时就开始在调整策略的作用下迅速降低，同时使系统可观性矩阵的条件数迅速降低，如图 2-16 所示。从图 2-15 中可以看到，由于路面附着系数的估计值收敛迅速，横向车速的估计精度也非常高。

路面附着系数估计器在航程中全时运行。在路面附着系数估计器中，使用了一种路面附着系数估计值的调整策略，对标准的 DEKF 算法进行了改进。

第 2 章 基于多信息与多方法融合的附着系数估计方法

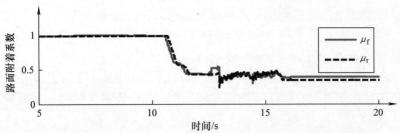

图 2-14 用改进的算法在某双移线工况下估计路面附着系数的结果

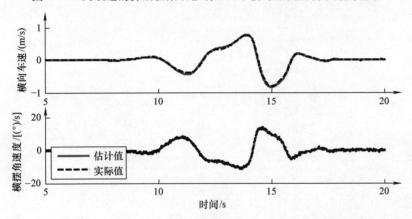

图 2-15 用改进的算法在某双移线工况下估计车辆状态的结果

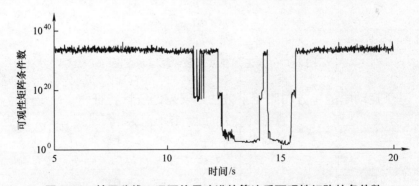

图 2-16 某双移线工况下使用改进的算法后可观性矩阵的条件数

2.3 融合估计方法

2.3.1 基于误差加权的双方向估计结果融合方法

1. 误差融合原理[15]

设 x_1 与 x_2 分别为不同传感器对同一物理量的量测结果，σ_1 与 σ_2 分别为其

量测结果的标准差。设对不同传感器量测结果的融合值表示为

$$\hat{x} = wx_1 + (1-w)x_2 \quad (2\text{-}60)$$

其中 $0 \leq w \leq 1$，则 $\hat{x}$ 的方差可表示为

$$\hat{\sigma}^2 = w^2\sigma_1^2 + (1-w)^2\sigma_2^2 + 2w(1-w)\mathrm{E}[(x_1 - \mathrm{E}x_1)(x_2 - \mathrm{E}x_2)] \quad (2\text{-}61)$$

当量测结果 x_1 与 x_2 相互独立时，两者的协方差为零，则式（2-61）可表示为

$$\hat{\sigma}^2 = w^2\sigma_1^2 + (1-w)^2\sigma_2^2 \quad (2\text{-}62)$$

误差加权结果融合原理如图 2-17 所示。

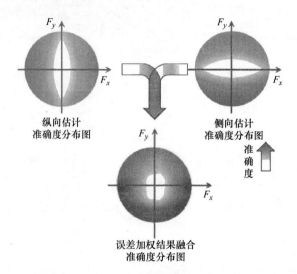

图 2-17　误差加权结果融合原理示意图

2. 基于运动学的单方向附着系数估计误差的统计特征

在单移线、双移线，紧急制动、大加速、加速出弯等典型工况下，选取不同附着系数路面和不同车速，对侧向附着系数和纵向附着系数估计值的方均根误差 σ_{kin} 与 σ_{dyn} 分别进行统计。统计出对应不同侧偏角和不同滑移率的侧向附着系数和纵向附着系数估计误差，如式（2-63）与式（2-64）所示。

$$\sigma_x = f_x(\alpha, s) \quad (2\text{-}63)$$

$$\sigma_y = f_y(\alpha, s) \quad (2\text{-}64)$$

参考式（2-62），代入 $w = \dfrac{\sigma_y^2}{\sigma_x^2 + \sigma_y^2}$，则融合后的质心侧偏角估计误差的方差为

$$\hat{\sigma}^2 = \dfrac{\sigma_x^2 \sigma_y^2}{\sigma_x^2 + \sigma_y^2} \quad (2\text{-}65)$$

由式（2-65）可得：

$$\hat{\sigma}^2 \leq \min(\sigma_x^2, \sigma_y^2) \tag{2-66}$$

即融合后量测结果的方差小于纵向估计和侧向估计各自的方差，表明基于误差加权的融合结果精度高于两单方向估计结果各自的精度。

2.3.2 基于双卡尔曼滤波技术的路面峰值附着系数融合估计方法

本节基于双卡尔曼滤波技术构建了路面峰值附着系数融合估计器，并设计了主滤波器中的信息分配规则；随后，对质心侧偏角融合估计器、纵向车速融合估计器和路面峰值附着系数融合估计器组成的车辆状态及参数估计系统进行了一系列的仿真验证，仿真实验结果表明了车辆状态及参数估计系统的有效性、估计结果的准确性及其对路面附着条件的自适应性。

1. 双卡尔曼滤波器结构及原理

双卡尔曼滤波器[16]是一种基于最大后验概率预测理论的平行估计（Dual Estimation）方法，最早是由 Wan 和 Nelson 在 2001 年提出来的，随后，Wenzel T A[17]等人将该方法应用于车辆状态及参数的估计中。典型的双卡尔曼滤波器的车辆状态及参数估计器的结构如图 2-18 所示。

图中，$\hat{X}_k^s$ 表示 k 时刻车辆状态估计结果，$\hat{X}_{k/k+1}^s$ 表示 k 时刻的车辆状态先验估计结果，$\hat{X}_k^p$ 表示 k 时刻模型参数估计结果，$\hat{X}_{k/k+1}^p$ 表示 k 时刻的模型参数先验估计结果。

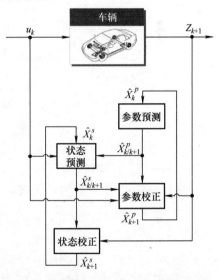

图 2-18 典型的双卡尔曼滤波器结构框图

其具体的数值传递过程可以分为参数预测、状态预测、参数校正和状态校正四大部分。细心观察可以发现，双卡尔曼滤波器的实质是将车辆状态估计的卡尔曼滤波算法和模型参数估计的卡尔曼滤波算法交织在一起，用模型参数的先验估计结果去支撑车辆状态先验估计结果，进一步地，利用车辆状态的先验估计结果计算输出变量，与量测信号比较后，分别校正车辆状态和模型参数，得到最终的车辆状态估计结果和模型参数估计结果。其具体过程如式（2-67）~式（2-70）所示。

参数预测：

$$\hat{X}_{k/k+1}^p = \hat{X}_k^p$$
$$P_{k/k+1}^p = P_k^p + Q^p \quad (2\text{-}67)$$

状态预测：

$$\hat{X}_{k/k+1}^s = f(\hat{X}_k^s, u_k, \hat{X}_{k/k+1}^p)$$
$$P_{k/k+1}^s = A_k^s P_k^s (A_k^s)^{\mathrm{T}} + Q^s \quad (2\text{-}68)$$

状态校正：

$$K_{k+1}^s = P_{k/k+1}^s (H_{k+1}^s)^{\mathrm{T}} [H_{k+1}^s P_{k/k+1}^s (H_{k+1}^s)^{\mathrm{T}} + R^s]^{\mathrm{T}}$$
$$\hat{X}_{k+1}^s = \hat{X}_{k/k+1}^s + K_{k+1}^s [Z_{k+1}^s - h(\hat{X}_{k/k+1}^s, \hat{X}_{k/k+1}^p)] \quad (2\text{-}69)$$
$$P_{k+1}^s = (I - K_{k+1}^s H_{k+1}^s) P_{k/k+1}^s$$

参数校正：

$$K_{k+1}^p = P_{k/k+1}^p (H_{k+1}^p)^{\mathrm{T}} [H_{k+1}^p P_{k/k+1}^p (H_{k+1}^p)^{\mathrm{T}} + R^p]^{\mathrm{T}}$$
$$\hat{X}_{k+1}^p = \hat{X}_{k/k+1}^p + K_{k+1}^p [Z_{k+1}^p - h(\hat{X}_{k/k+1}^s, \hat{X}_{k/k+1}^p)] \quad (2\text{-}70)$$
$$P_{k+1}^p = (I - K_{k+1}^p H_{k+1}^p) P_{k/k+1}^s$$

式（2-67）~式（2-70）中，上角标 s 表示状态观测器中的运算变量，上角标 p 表示参数观测器中的运算变量。

根据双卡尔曼滤波器结构框图和公式可知，参数估计器只能依附于车辆状态观测器，并与之形成状态参数的交互作用，形成相互预测和相互校正的效果。

2. 路面峰值附着系数估计器架构

由于路面峰值附着系数是一个车辆动力学系统中的参数，因此，建立双卡尔曼滤波器，对路面峰值附着系数进行自适应估计，只能基于纵向车速融合估计器和质心侧偏角融合估计器中含有车辆动力学模型的子滤波器。它们分别是基于简化魔术公式的 V_x-LF2、基于车轮动力学模型的 V_x-LF3 和基于车辆横向动力学模型的 V_y-LF1。充分利用这些子滤波器对路面峰值附着系数进行估计，尤其是利用 V_x-LF3 估计路面峰值附着系数，才能充分发挥分布式驱动电动汽车具有轮毂电机转矩精确实时可知的优势。

因此，采用双卡尔曼滤波器（Dual Kalman filter）技术，分别建立了路面峰值附着系数的子滤波器 μ-LF1、μ-LF2 和 μ-LF3，它们分别与 V_x-LF2、V_x-LF3 和 V_y-LF1 组成三个双卡尔曼子滤波器，结合一个主滤波器 μ-MF，构建了如图 2-19 所示的路面峰值附着系数融合估计器。

图 2-19 中，μ-LF1 引入 V_x-LF2 的先验估计结果 $\hat{X}_{k/k+1}^{s,v_x\text{-}LF2}$，用于路面纵向峰值系数的先验估计 $\hat{\mu}_{x,k/k+1}^{LF1}$；$\mu$-LF2 引入 V_x-LF3 的先验估计结果 $\hat{X}_{k/k+1}^{s,v_x\text{-}LF3}$ 中车轮纵向力部分 $\hat{F}_{x,k/k+1}^{ij,v_x\text{-}LF3}$，用于路面纵向峰值系数的先验估计 $\hat{\mu}_{x,k/k+1}^{LF2}$；$\mu$-LF3

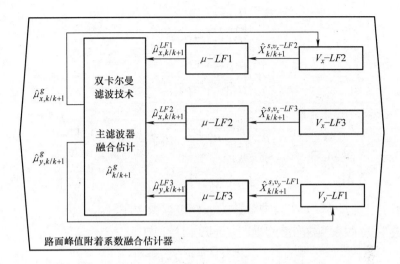

图 2-19　路面峰值附着系数融合估计器结构

引入 $V_y - LF1$ 的先验估计结果 $\hat{X}_{k/k+1}^{s,v_y-LF1}$，用于路面横向峰值系数的先验估计 $\hat{\mu}_{y,k/k+1}^{LF3}$。

然后，三个子滤波器把先验估计结果送入主滤波器中。主滤波器先将它们全部折算为标准的路面峰值附着系数值；再根据当前车辆行驶工况，按照事先制定好的信息分配规则，计算得到路面峰值附着系数的全局融合估计结果 $\hat{\mu}_{k/k+1}^g$。

接下来，根据双卡尔曼滤波技术，主滤波器将融合后的路面峰值附着系数估计结果 $\hat{\mu}_{k/k+1}^g$，再分别折算成纵向和横向峰值附着系数，反馈给 $V_x - LF2$ 和 $V_y - LF1$，用于下一工作循环的状态估计，形成数值的闭环计算。

针对子滤波器 $\mu - LF1$、$\mu - LF2$ 和 $\mu - LF3$ 的建立过程，下面分别详细阐述。

（1）基于 $V_x - LF2$ 的子滤波器 $\mu - LF1$　由于 $V_x - LF2$ 是基于简化魔术公式轮胎模型的子滤波器，其利用轮胎纵向附着特性，对轮胎纵向力进行估计。路面纵向峰值附着系数是简化魔术公式轮胎模型中必不可少的参数，然而实际车辆行驶过程中，路面附着的变化是随机且未知的，很难建立准确的描述路面附着条件变化的模型，因此通常假设路面纵向峰值附着系数是一个缓慢变化的参数，采用随机游走模型对其进行建模，即

$$\dot{\mu}_{x,k} \approx 0 \tag{2-71}$$

式（2-71）即为 $\mu - LF1$ 的估计用模型，根据双卡尔曼滤波原理，结合 $V_x - LF2$，$\mu - LF1$ 的状态方程为

$$\begin{cases} \hat{\mu}_{x,k+1}^{fl,LF1} = \hat{\mu}_{x,k}^{fl,LF1} \\ \hat{\mu}_{x,k+1}^{fr,LF1} = \hat{\mu}_{x,k}^{fr,LF1} \\ \hat{\mu}_{x,k+1}^{rl,LF1} = \hat{\mu}_{x,k}^{rl,LF1} \\ \hat{\mu}_{x,k+1}^{rr,LF1} = \hat{\mu}_{x,k}^{rr,LF1} \end{cases} \quad (2\text{-}72)$$

该子滤波器的状态向量为

$$\hat{X}_k^{\mu-LF1} = [\hat{\mu}_{x,k}^{fl,LF1} \quad \hat{\mu}_{x,k}^{fr,LF1} \quad \hat{\mu}_{x,k}^{rl,LF1} \quad \hat{\mu}_{x,k}^{rr,LF1}]^T \quad (2\text{-}73)$$

建立该子滤波器的状态空间方程：

$$\hat{X}_{k+1}^{\mu-LF1} = \hat{X}_k^{\mu-LF1} + n_{p,k}^{\mu-LF1} \quad (2\text{-}74)$$

式中，$n_{p,k}^{\mu-LF1}$ 是 $\mu-LF1$ 中模型参数的估计过程噪声序列。

量测变量为传感器测得的纵向加速度信号，即

$$Z_{k+1}^{\mu-LF1} = a_{x,k+1} \quad (2\text{-}75)$$

观测器的输出方程为

$$Y_{k/k+1}^{\mu-LF1} = \frac{1}{m}\sum_{i,j}\hat{F}_{x,k/k+1}^{ij,v_x-LF2} + n_{m,k+1}^{\mu-LF1} \quad (2\text{-}76)$$

式中，$\hat{F}_{x,k/k+1}^{ij,v_x-LF2}$ 是 V_x-LF2 对各车轮纵向力的估计结果，$n_{m,k+1}^{\mu-LF1}$ 为量测变量的量测噪声序列，且由于均采用同一个纵向加速度传感器信号作为量测变量，因此，$n_{m,k+1}^{\mu-LF1} = n_{m,k+1}^{v_x-LF1}$。

由式（2-74）和式（2-76），得到状态方程在 k 时刻的雅克比矩阵和输出方程在 $k+1$ 时刻的雅克比矩阵为

$$A_k^{\mu-LF1} = \begin{bmatrix} 1 & 0 & 0 & 0 \\ 0 & 1 & 0 & 0 \\ 0 & 0 & 1 & 0 \\ 0 & 0 & 0 & 1 \end{bmatrix} \quad (2\text{-}77)$$

$$H_{k+1}^{\mu-LF1} = \frac{\partial Y_{k+1}^{\mu-LF1}}{\partial \hat{X}}\bigg|_{\hat{X}=\hat{X}_{k/k+1}^{\mu-LF1}} \quad (2\text{-}78)$$

从式（2-72）可知，随机游走模型认为下一时刻的路面峰值附着系数始终与上一时刻相同，因此，模型本身的计算结果对估计结果不提供任何有效信息，而只起滤波作用，对估计结果而言，其唯一的有效信息源仅来自于式（2-74）的校正信号，因此，这将导致在估计的过程中，$\hat{\mu}_x$ 的估计结果收敛速度缓慢，相对于真实值会产生明显的滞后问题。

（2）基于 V_x-LF3 的子滤波器 $\mu-LF2$ V_x-LF3 是基于车轮动力学模型的子滤波器，其利用分布式驱动电动汽车轮毂电机转矩和转速，对轮胎纵向力进

行估计；同时，根据轮胎纵向附着特性可知，不论在何种路面条件下，轮胎纵向附着特性处于强非线性阶段时，轮胎的利用附着系数与路面纵向峰值附着系数都是近似相等的，因此，基于利用附着系数的定义公式，构建路面纵向附着系数子滤波器1，其估计模型为

$$\hat{\mu}_{x,k} \approx \hat{\mu}_{x,k}^{utz} = \frac{\hat{F}_{x,k}^{ij,v_x-LF3}}{\hat{F}_{z,k}^{ij}} \tag{2-79}$$

基于式（2-79），子滤波器的状态方程为

$$\begin{cases} \hat{\mu}_{x,k+1}^{fl,LF2} = \hat{\mu}_{x,k}^{fl,LF2} + \tau\left(\dfrac{\hat{F}_{x,k}^{fl,v_x-LF3}}{\hat{F}_{z,k}^{fl}} - \hat{\mu}_{x,k}^{fl,LF2}\right) \\ \hat{\mu}_{x,k+1}^{fr,LF2} = \hat{\mu}_{x,k}^{fr,LF2} + \tau\left(\dfrac{\hat{F}_{x,k}^{fr,v_x-LF3}}{\hat{F}_{z,k}^{fr}} - \hat{\mu}_{x,k}^{fr,LF2}\right) \\ \hat{\mu}_{x,k+1}^{rl,LF2} = \hat{\mu}_{x,k}^{rl,LF2} + \tau\left(\dfrac{\hat{F}_{x,k}^{rl,v_x-LF3}}{\hat{F}_{z,k}^{rl}} - \hat{\mu}_{x,k}^{rl,LF2}\right) \\ \hat{\mu}_{x,k+1}^{rr,LF2} = \hat{\mu}_{x,k}^{rr,LF2} + \tau\left(\dfrac{\hat{F}_{x,k}^{rr,v_x-LF3}}{\hat{F}_{z,k}^{rr}} - \hat{\mu}_{x,k}^{rr,LF2}\right) \end{cases} \tag{2-80}$$

式中，τ是离散低通滤波器的滤波参数，使得$\hat{\mu}_{x,k+1}^{ij,LF2}$的估计值更平滑。

该子滤波器的状态向量为

$$\hat{X}_k^{\mu-LF2} = [\hat{\mu}_{x,k}^{fl,LF2} \quad \hat{\mu}_{x,k}^{fr,LF2} \quad \hat{\mu}_{x,k}^{rl,LF2} \quad \hat{\mu}_{x,k}^{rr,LF2}]^T \tag{2-81}$$

该子滤波器的输入变量为：$u_k^{\mu-LF2} = \begin{bmatrix} \hat{F}_{x,k}^{fl} & \hat{F}_{x,k}^{fr} & \hat{F}_{x,k}^{rl} & \hat{F}_{x,k}^{rr} \\ \hat{F}_{z,k}^{fl} & \hat{F}_{z,k}^{fr} & \hat{F}_{z,k}^{rl} & \hat{F}_{z,k}^{rr} \end{bmatrix}^T$

建立该子滤波器的状态空间方程：

$$\hat{X}_{k+1}^{\mu-LF2} = A_k^{\mu-LF2}\hat{X}_k^{\mu-LF2} + B_k^{\mu-LF2}u_k^{\mu-LF2} + n_{p,k}^{\mu-LF2} \tag{2-82}$$

式中，$n_{p,k}^{\mu-LF2}$认为是白噪声。

校正量：纵向加速度。子滤波器的校正方程为

$$a_{x,k+1} = \hat{\mu}_{x,k/k+1}^{ij,LF2}g \tag{2-83}$$

量测变量为传感器测得的纵向加速度信号，即

$$Z_{k+1}^{\mu-LF2} = [a_{x,k+1} \quad a_{x,k+1} \quad a_{x,k+1} \quad a_{x,k+1}]^T \tag{2-84}$$

子滤波器的输出方程为

$$Y_{k/k+1}^{\mu-LF2} = [\hat{\mu}_{x,k/k+1}^{fl,LF2}g \quad \hat{\mu}_{x,k/k+1}^{fr,LF2}g \quad \hat{\mu}_{x,k/k+1}^{rl,LF2}g \quad \hat{\mu}_{x,k/k+1}^{rr,LF2}g]^T + n_{m,k+1}^{\mu-LF2} \tag{2-85}$$

式中，$n_{m,k+1}^{\mu-LF2}$认为是白噪声。

由式（2-80）和式（2-85），得到状态方程在 k 时刻的雅克比矩阵和输出方程在 $k+1$ 时刻的雅克比矩阵为

$$A_k^{\mu-LF2} = \begin{bmatrix} 1-\tau & 0 & 0 & 0 \\ 0 & 1-\tau & 0 & 0 \\ 0 & 0 & 1-\tau & 0 \\ 0 & 0 & 0 & 1-\tau \end{bmatrix} \tag{2-86}$$

$$H_{k+1}^{\mu-LF2} = \begin{bmatrix} g & 0 & 0 & 0 \\ 0 & g & 0 & 0 \\ 0 & 0 & g & 0 \\ 0 & 0 & 0 & g \end{bmatrix} \tag{2-87}$$

（3）基于 V_y-LF1 的子滤波器 $\mu-LF3$ 与 $\mu-LF1$ 类似，$\mu-LF3$ 需要结合 V_y-LF1 构建状态方程，V_y-LF1 是基于简化魔术公式轮胎模型和双轨三自由度车辆模型的子滤波器，同样采用随机游走模型对路面峰值附着系数进行建模，即

$$\dot{\mu}_{y,k} \approx 0 \tag{2-88}$$

式（2-88）即为 $\mu-LF3$ 的估计用模型，根据双卡尔曼滤波原理，结合 V_y-LF1，$\mu-LF3$ 的状态方程为

$$\begin{cases} \hat{\mu}_{y,k+1}^{fl,LF3} = \hat{\mu}_{y,k}^{fl,LF3} \\ \hat{\mu}_{y,k+1}^{fr,LF3} = \hat{\mu}_{y,k}^{fr,LF3} \\ \hat{\mu}_{y,k+1}^{rl,LF3} = \hat{\mu}_{y,k}^{rl,LF3} \\ \hat{\mu}_{y,k+1}^{rr,LF3} = \hat{\mu}_{y,k}^{rr,LF3} \end{cases} \tag{2-89}$$

该子滤波器的状态向量为

$$\hat{X}_k^{\mu-LF3} = \begin{bmatrix} \hat{\mu}_{y,k}^{fl,LF3} & \hat{\mu}_{y,k}^{fr,LF3} & \hat{\mu}_{y,k}^{rl,LF3} & \hat{\mu}_{y,k}^{rr,LF3} \end{bmatrix}^T \tag{2-90}$$

建立该子滤波器的状态空间方程：

$$\hat{X}_{k+1}^{\mu-LF3} = \hat{X}_k^{\mu-LF3} + n_{p,k}^{\mu-LF3} \tag{2-91}$$

式中，$n_{p,k}^{\mu-LF3}$ 是 $\mu-LF3$ 中模型参数的估计过程噪声序列。

量测变量为传感器测得的横向加速度信号和横摆角速度信号，即

$$Z_{k+1}^{\mu-LF3} = \begin{bmatrix} a_{y,k+1} \\ \gamma_{k+1} \end{bmatrix} \tag{2-92}$$

观测器的输出方程为

$$Y_{k/k+1}^{\mu-LF3} = \begin{bmatrix} \dfrac{1}{m}\sum_{i,j} \hat{F}_{y,k/k+1}^{ij,v_y-LF1} \\ \hat{\gamma}_{k+1} \end{bmatrix} + n_{m,k+1}^{\mu-LF3} \tag{2-93}$$

式中，$n_{m,k+1}^{\mu-LF3}$ 为量测变量的量测噪声序列，且由于均采用同样的横向加速度传感器和横摆角速度传感器信号作为量测变量，因此，认为 $n_{m,k+1}^{\mu-LF3} = n_{m,k+1}^{v_y-LF1}$。

横摆加速度估计结果 $\hat{\gamma}_{k+1} = \hat{\gamma}_k + \dfrac{T}{I_z} \sum \hat{M}_{z,k/k+1}^{v_y-LF1}$，$\sum \hat{M}_{z,k/k+1}^{v_y-LF1}$ 为车辆在 $k+1$ 时刻受到的横摆力矩之和，且

$$\sum \hat{M}_{z,k/k+1}^{v_y-LF1} = (\hat{F}_{y,k/k+1}^{fl,v_y-LF1} + \hat{F}_{y,k/k+1}^{fr,v_y-LF1})\cos\delta_k^f l_f -$$
$$(\hat{F}_{y,k/k+1}^{rl,v_y-LF1} + \hat{F}_{y,k/k+1}^{rr,v_y-LF1})l_r +$$
$$(\hat{F}_{x,k+1}^{fr} + \hat{F}_{x,k+1}^{rr} - \hat{F}_{x,k+1}^{fl} - \hat{F}_{x,k+1}^{rl})\dfrac{B}{2} \quad (2\text{-}94)$$

由式（2-91）和式（2-93），得到状态方程在 k 时刻的雅克比矩阵和输出方程在 $k+1$ 时刻的雅克比矩阵为

$$A_k^{\mu-LF3} = \begin{bmatrix} 1 & 0 & 0 & 0 \\ 0 & 1 & 0 & 0 \\ 0 & 0 & 1 & 0 \\ 0 & 0 & 0 & 1 \end{bmatrix} \quad (2\text{-}95)$$

$$H_{k+1}^{\mu-LF3} = \dfrac{\partial Y_{k+1}^{\mu-LF3}}{\partial \hat{X}} \bigg|_{\hat{X} = \hat{x}_{k/k+1}^{\mu-LF3}} \quad (2\text{-}96)$$

与 $\mu - LF1$ 类似的，从式（2-89）可知，$\mu - LF3$ 的估计模型亦为随机游走模型，因此，模型本身的计算结果对估计结果不提供任何有效信息，而只起滤波作用，对估计结果而言，其唯一的有效信息源仅来自式（2-92）的校正信号，因此，也同样会导致在估计的过程中，$\hat{\mu}_y$ 的估计结果收敛速度缓慢，相对于真实值会产生明显的滞后问题。

（4）路面峰值附着系数融合主滤波器　由于 $V_x - LF2$、$V_x - LF3$ 和 $V_y - LF1$ 分别在不同的工况下有效，相应地，依附于它们所建立的 $\mu - LF1$、$\mu - LF2$ 和 $\mu - LF3$ 也只会在对应的工况下有效工作。因此扩大可以对路面峰值附着系数估计的行驶工况范围，使得质心侧偏角融合估计器工作时，能够调用到更加准确的路面信息，是设计路面峰值附着系数融合估计器的核心思想。基于这一思想，设计了路面峰值附着系数融合估计器的主滤波器。

如前所述，各路面峰值附着系数子滤波器的局部估计值被引入主滤波器，与主滤波器内上一工作循环的路面峰值附着系数值一起，根据全局融合规则，得到路面峰值附着系数的融合估计值。再将融合估计值分别返回到 $V_x - LF2$ 中和 $V_y - LF1$ 中，以重置子滤波器中的路面峰值附着系数估计值。

因此，主滤波器主要完成两项工作：

1）判断当前车辆行驶工况，根据信息分配规则，分配各子滤波器和主滤波

器的信息分配系数。

2）根据信息分配系数，对子滤波器的各局部估计结果进行融合，得到全局融合的估计结果。

（5）信息分配规则 首先，主滤波器和各子滤波器的信息分配系数之和满足以下关系：

$$w_k^{\mu-MF} + \sum_{i=1}^{3} w_k^{\mu-LFi} = 1 \qquad (2\text{-}97)$$

其中，$w_k^{\mu-MF}$ 和 $w_k^{\mu-LFi}$（$i=1$，2，3）是根据信息分配原则来确定的。

在路面峰值附着系数融合估计器中，主滤波器 $\mu-MF$ 不断存储上一工作循环的路面峰值附着系数的融合估计结果；三个路面峰值附着系数子滤波器中分别依附于三个不同的车辆状态估计子滤波器，在不同的工况下它们都有着各自特定的工况，总结这些工况，如表2-2所示。

表2-2 路面峰值附着系数估计滤波器适用工况对比表

项目工况 滤波器名称	主滤波器 $\mu-MF$	子滤波器		
		$\mu-LF1$ (V_x-LF2)	$\mu-LF2$ (V_x-LF3)	$\mu-LF3$ (V_y-LF1)
正常行驶工况	O	X	X	X
驱动滑转工况	X	O	O	X
紧急制动不抱死工况	X	O	O	X
紧急制动抱死工况	X	O	O	X
极限转弯工况	X	X	X	O

注：X表示不适用，O表示适用。

$\mu-LF1$ 依附于 V_x-LF2，其实质是基于轮胎纵向滑移特性曲线。在不同路面条件下，轮胎初始纵向滑移刚度差别很小，即在小滑移率的普通直线行驶工况下，很难通过轮胎的纵向滑移特性来区分不同的路面纵向峰值附着系数。因此，$\mu-LF1$ 此时无法准确估计当前的路面纵向峰值附着系数，只有在轮胎出现滑转或者滑移时，$\mu-LF1$ 的估计效果才会可靠。

$\mu-LF2$ 依附于 V_x-LF3，采用了路面利用附着系数的定义式作为估计模型，只有在轮胎纵向滑移率达到峰值附着率时，其路面纵向峰值附着系数的估计值才是近似准确的，否则，其估计的纵向利用附着系数不能准确表征纵向峰值附着系数。由于采用了 V_x-LF3 的纵向力估计结果，因此，$\mu-LF2$ 也仅适用于轮胎极限滑转或非抱死的滑移工况；另一方面，尽可能利用基于 V_x-LF3 的 $\mu-LF2$，也能够最大程度地发挥分布式驱动电动汽车的优势。

$\mu - LF3$ 依附于 $V_y - LF1$，基于轮胎横向侧偏特性曲线。类似地，可以发现，不同路面条件下轮胎初始横向侧偏刚度几乎相等。因此，在轮胎小侧偏角的普通转向工况下，$\mu - LF3$ 的估计值也无法表征路面横向峰值附着系数，只有在轮胎侧偏角较大的激烈转弯工况下，$\mu - LF3$ 的估计结果才较为准确。

主滤波器则不断存储上一工作循环的路面峰值附着系数的融合估计结果，使得车辆在普通行驶工况中，$V_x - LF2$ 和 $V_y - LF1$ 可以一直使用上一时刻的融合估计结果来表征当前行驶的路面条件，以备极限工况下的估计需求，同时也可以确保它们估计结果的稳定性。

显然，如何准确地、可靠地判断当前车辆的转弯工况，是制定全局信息分配规则的核心问题。一个理想的判断方法是：实时判断轮胎当前工况下的附着状态，并以此来作为判断当前车辆转弯工况激烈程度的指标。

因此，采用线性二自由度车辆模型质心侧偏角计算结果与转向运动学模型质心侧偏角计算结果的差值 $\Delta\beta$ 来表征当前车辆转弯工况的激烈程度。

采用线性轮胎的二自由度模型，当前轮转角较小时存在式（2-98）：

$$\begin{cases} (k_f + k_r)\beta + \dfrac{1}{v_x}(l_f k_f - l_r k_r)\gamma - k_f \delta_f = ma_y & (a) \\ (l_f k_f - l_r k_r)\beta + \dfrac{1}{v_x}(l_f^2 k_f + l_r^2 k_r)\gamma - l_f k_f \delta_f = I_z \dot{\gamma} & (b) \end{cases} \quad (2\text{-}98)$$

将（a）和（b）中的横摆角速度 γ 消去，有：

$$\frac{ma_y + k_f \delta_f - (k_f + k_r)\beta}{l_f k_f - l_r k_r} = \frac{I_z \dot{\gamma} + l_f k_f \delta_f - (l_f k_f - l_r k_r)\beta}{l_f^2 k_f + l_r^2 k_r}$$

整理多项式，可以得到：

$$\beta = \frac{l_r \delta_f}{l_f + l_r} + \frac{(l_f^2 k_f + l_r^2 k_r)ma_y - (l_f k_f - l_r k_r)I_z \dot{\gamma}}{(l_f + l_r)^2 k_f k_r} \quad (2\text{-}99)$$

并且定义：

$$\Delta\beta = \frac{(l_f^2 k_f + l_r^2 k_r)ma_y - (l_f k_f - l_r k_r)I_z \dot{\gamma}}{(l_f + l_r)^2 k_f k_r} \quad (2\text{-}100)$$

式（2-99）中，等号右边多项式中的第一部分 $\dfrac{l_r \delta_f}{l_f + l_r}$，是转向运动学模型对质心侧偏角的计算结果，即采用纯刚性轮胎（侧偏刚度为无穷大）的二自由度车辆模型对质心侧偏角的计算结果。

因此，等式右边多项式中的第二部分，体现了线性二自由度动力学模型和运动学模型之间的差别，即转向运动学模型相对于线性二自由度车辆模型的质心侧偏角计算误差 $\Delta\beta$。随着转弯工况越来越剧烈，横向加速度逐渐增加，$\Delta\beta$ 越来越大，因此，$\Delta\beta$ 可以用来表征车辆转向工况的激烈程度。

进一步地，由于现代汽车的底盘设计特点，往往会使车辆具有接近中性转向，略微偏不足转向的操纵特性，根据文献［18］，对于线性二自由度模型而言，即有 $l_f k_f \approx l_r k_r$，因此，在式（2-100）的分子中，与第一项 $(l_f^2 k_f + l_r^2 k_r) ma_y$ 相比，$(l_f k_f - l_r k_r) I_z \dot{\gamma}$ 的数量级近似可以忽略不计，于是，式（2-100）可以简化为：

$$\Delta\beta \approx \frac{(l_f^2 k_f + l_r^2 k_r) ma_y}{(l_f + l_r)^2 k_f k_r} \tag{2-101}$$

式（2-101）中，a_y 为横向加速度传感器的实时量测结果，其他参数均为车辆模型参数。

由于线性二自由度车辆模型在横向加速度 $a_y \leq 4\text{m/s}^2$ 的转弯工况下的计算结果是准确的，因此将 $a_y = 4\text{m/s}^2$ 和仿真车辆参数代入式（2-101）中，可得阈值 $\Delta\beta_{th} \approx 2.71°$。当 $|\Delta\beta|$ 的计算结果大于阈值 $\Delta\beta_{th}$ 时，即定义此时车辆已经处于较为激烈的转弯工况，路面峰值系数主滤波器将权重完全切换给 $\mu-LF3$，此时，$w_k^{\mu-LF3} = 1$，$w_k^{\mu-MF} + w_k^{\mu-LF1} + w_k^{\mu-LF2} = 0$，以确保 $\mu-LF3$ 的估计结果对最终融合估计结果起主要贡献作用。另一方面，由于 $\mu-LF1$ 和 $\mu-LF2$ 仅适用于非激烈转向行驶工况，且为了保证切换时融合估计结果能够平滑过渡，选择从 $\Delta\beta_{th} \approx 0.01°$ 开始切换子滤波器的估计结果，当 $\Delta\beta_{th} \leq 0.01$ 时，$w_k^{\mu-LF3} = 0$，$w_k^{\mu-MF} + w_k^{\mu-LF1} + w_k^{\mu-LF2} = 1$。

于是，构建路面峰值附着系数融合估计的全局信息分配规则，如图2-20所示。

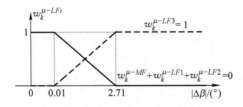

图2-20 路面峰值附着系数融合估计全局信息分配规则

进一步地，为了在非激烈转向工况下，充分利用 $\mu-LF1$ 和 $\mu-LF2$ 子滤波器对路面峰值附着系数进行估计，扩大融合估计器的工作范围，建立了如图2-21的局部信息分配规则。

图2-21中，与纵向车速融合估计器中的信息分配规则类似，按照车辆纵向行驶分为四种工况：

1）紧急制动抱死工况，此时，纵向滑移率接近100%，此时基于 V_x-LF2 的 $\mu-LF1$ 起主要作用，因此，$w_k^{\mu-LF1} = 1$，$w_k^{\mu-LF2} = 0$，$w_k^{\mu-LF3} = 0$，$w_k^{\mu-MF} = 0$。

第 2 章 基于多信息与多方法融合的附着系数估计方法

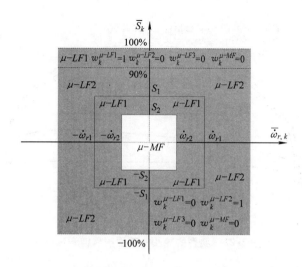

图 2-21 路面峰值附着系数融合估计局部信息分配规则

2)紧急驱动和紧急制动非抱死工况,此时,轮胎纵向滑移率的绝对值大于 10%,已经超过了峰值附着率,因此,基于 $V_x - LF3$ 的 $\mu - LF2$ 可以估计出路面的峰值附着系数,因此,$w_k^{\mu-LF1}=0$,$w_k^{\mu-LF2}=1$,$w_k^{\mu-LF3}=0$,$w_k^{\mu-MF}=0$。

3)较为紧急的驱动和制动抱死工况,此时,轮胎纵向滑移率的绝对值在 5%到 10%之间,部分路面条件下还未达到峰值附着率,因此,$\mu - LF2$ 无法准确估计出路面的峰值附着系数,而此时,由于工况较为剧烈,$\mu - LF1$ 可以有效估计路面峰值附着系数,因此,$w_k^{\mu-LF1}=1$,$w_k^{\mu-LF2}=0$,$w_k^{\mu-LF3}=0$,$w_k^{\mu-MF}=0$。

4)普通行驶工况,此时车轮旋转加速度和滑移率均较小,所有子滤波器的路面峰值附着系数估计结果可能均无法收敛到真值,此时,应当保持之前最近一次激烈工况下,路面峰值附着系数的融合估计结果,作为 $V_x - LF2$ 和 $V_y - LF1$ 在下一次激烈工况下能够使用的初始值,因此,$\mu - MF$ 起主要作用,$w_k^{\mu-LF1}=0$,$w_k^{\mu-LF2}=0$,$w_k^{\mu-LF3}=0$,$w_k^{\mu-MF}=1$。

确定了各子滤波器估计结果的信息分配系数后,主滤波器做融合估计,融合各子滤波器的路面峰值附着系数。但是,由于 $\mu - LF1$ 和 $\mu - LF2$ 的先验估计结果是路面纵向峰值附着系数 $\hat{\mu}_{x,k/k+1}^{LF1}$ 和 $\hat{\mu}_{x,k/k+1}^{LF2}$,$\mu - LF3$ 的先验估计结果是路面横向峰值附着系数 $\hat{\mu}_{y,k/k+1}^{LF3}$。根据图 2-22 所示的轮胎-路面附着椭圆中可知,同样的轮胎载荷,同样的路面条件,轮胎在 x 轴方向的峰值附着系数 $\hat{\mu}_{x,k/k+1}^{LFi}$ 和 y 轴方向的峰值附着系数 $\hat{\mu}_{y,k/k+1}^{LFi}$ 是不相同的,因此,主滤波器在进行融合之前,需要先将 $\hat{\mu}_{x,k/k+1}^{LFi}$ 和 $\hat{\mu}_{y,k/k+1}^{LFi}$ 全部折算为标称路面峰值附着系数值 $\hat{\mu}_{k/k+1}^{LFi}$。

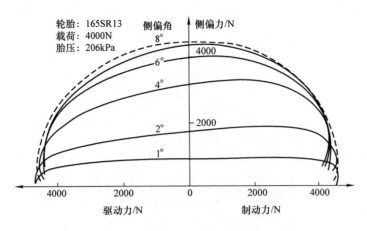

图 2-22 典型的轮胎-路面附着椭圆示例

在 veDYNA 仿真车辆模型中，路面纵向峰值附着系数 $\hat{\mu}_{x,k/k+1}^{LFi}$ 与标称路面峰值附着系数值 $\hat{\mu}_{k/k+1}^{LFi}$ 近似相等，可以认为

$$\hat{\mu}_{x,k/k+1}^{LFi} \approx \hat{\mu}_{k/k+1}^{LFi} \tag{2-102}$$

在 veDYNA 仿真车辆模型中，路面横向峰值附着系数 $\hat{\mu}_{y,k/k+1}^{LFi}$ 与标称路面峰值附着系数值 $\hat{\mu}_{k/k+1}^{LFi}$ 之间存在如表 2-3 所示的映射关系。

表 2-3 $\hat{\mu}_{y,k/k+1}^{LFi}$ 与 $\hat{\mu}_{k/k+1}^{LFi}$ 的映射关系

$\hat{\mu}_{k/k+1}^{LFi}$	1	0.8	0.6	0.4
$\hat{\mu}_{y,k/k+1}^{LFi}$	0.91	0.73	0.56	0.38

根据表 2-3，采用最小二乘线性拟合的方法，建立 $\hat{\mu}_{y,k/k+1}^{LFi}$ 与 $\hat{\mu}_{k/k+1}^{LFi}$ 的函数关系，有

$$\begin{cases} \hat{\mu}_{k/k+1}^{LFi} = 1.156\hat{\mu}_{y,k/k+1}^{LFi} - 0.006 & (a) \\ \hat{\mu}_{y,k/k+1}^{LFi} = 0.865\hat{\mu}_{k/k+1}^{LFi} + 0.037 & (b) \end{cases} \tag{2-103}$$

通过式（2-102）和式（2-103）中的（a）式，就可以计算获得各子滤波器的标称路面峰值附着系数先验估计值，再代入式（2-104），计算得到标称路面峰值附着系数的融合估计值 $\hat{\mu}_{k/k+1}^{g}$。

$$\hat{\mu}_{k/k+1}^{g} = w_{k}^{\mu-MF}\hat{\mu}_{k-1/k}^{g} + \sum_{i=1}^{3}\left[w_{k}^{\mu-LFi}\hat{\mu}_{k/k+1}^{LFi}\right] \tag{2-104}$$

然后，主滤波器再根据式（2-102）和式（2-103）中的（b）式，反推出融合后的路面纵向峰值附着系数 $\hat{\mu}_{x,k/k+1}^{g}$ 和横向峰值附着系数 $\hat{\mu}_{y,k/k+1}^{g}$，并将

$\hat{\mu}^g_{x,k/k+1}$ 反馈回 $V_x - LF2$ 和 $V_x - LF3$，将 $\hat{\mu}^g_{y,k/k+1}$ 反馈回 $V_y - LF1$，用于 $k+1$ 时刻的状态估计。

由于采用不同类型和型号轮胎，其轮胎实验数据的拟合结果会有很大差别，因此，实际使用中，需要首先根据车辆选用轮胎的实验数据，标定式（2-102）和式（2-103）中的参数，然后方可应用于路面峰值附着系数融合估计器。

2.4 附着系数估计方法应用实例

2.4.1 修正 Dugoff 轮胎模型验证

利用建立的 Matlab/Simulink 与 CarSim 的联合仿真平台，对提出的修正 Dugoff 模型的准确度进行验证。分别选取加速/制动工况、正弦转向和双移线工况。将 CarSim 软件中利用魔术公式模型计算得到的轮胎纵/侧向力作为参考值，并与本书提出模型的计算结果进行对比。

图 2-23 显示出了在直线先加速然后匀速最后制动的操作工况下的车轮滑移率情况。轮胎纵向力的对比结果见图 2-24。从其中可看出，本书所提出的模型的计算结果与参考值很接近。

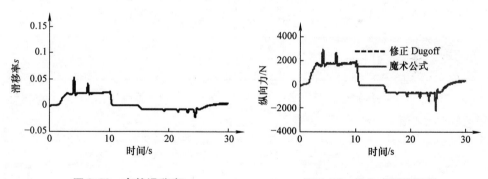

图 2-23　车轮滑移率　　　　图 2-24　纵向力对比结果

在正弦转向工况下的侧偏角如图 2-25 所示。此时的轮胎侧向力的对比结果如图 2-26 所示。可以发现，两种侧向力结果较为接近。同理，图 2-27 和图 2-28 给出了在双移线工况下的车轮侧偏角和侧向力对比结果，除去在侧偏角很大时存在着可接受的误差。

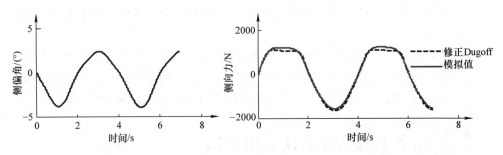

图 2-25　正弦转向下的车轮侧偏角　　　　图 2-26　正弦工况下的侧向力对比结果

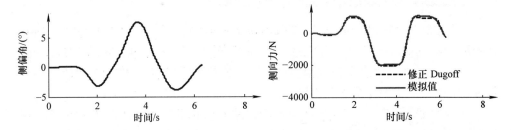

图 2-27　双移线工况下的车轮侧偏角　　　图 2-28　双移线工况下侧向力对比结果

仿真结果表明提出的修正 Dugoff 轮胎模型在不同工况下、不同的方向上均能获得较高的准确度，证明了其在路面附着系数估计应用的合理性。

2.4.2　轮胎力估计验证

为了验证提出的侧向力估计方法的鲁棒性，选择不同路面、纵向车速、轮胎模型下的正弦转向和双移线工况。图 2-29 示例了其中两种情况的估计值与参考值的对比结果。

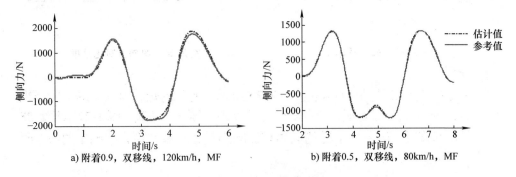

图 2-29　侧向力估计结果

图 2-29 的对比结果显示，本书提出的基于车辆模型的侧向力估计方法能够

较准确地估计出侧向力值,并且能够适应不同附着系数和操作工况。其他工况下的估计误差如表2-4所示。

表 2-4 侧向力估计误差

附着系数	转向操作	车速/(km/h)	轮胎类型	估计误差/N	附着系数	转向操作	车速/(km/h)	轮胎类型	估计误差/N
0.9	正弦	120	MF	200	0.5	双移线	120	MF	130
0.9	正弦	80	MF	100	0.5	双移线	80	MF	60
0.9	正弦	50	MF	80	0.5	双移线	50	MF	30
0.9	双移线	120	MF	200	0.2	正弦	50	MF	50
0.9	双移线	80	MF	30	0.2	双移线	50	MF	30
0.9	双移线	50	MF	100	0.9	双移线	120	Delft	220
0.5	正弦	50	MF	100	0.9	双移线	120	IM	200

通过表2-4可以看出,该估计方法在各种情况下均能保持准确度达90%以上,说明其具有对路面情况、轮胎参数、操作工况的鲁棒性。

2.4.3 单方向运动学附着系数估计方法验证

为验证单方向运动学附着系数估计方法,利用实验平台车辆分别在均一高附路面上做紧急转向实验,在均一低附路面上进行起步实验。

图2-30给出了在均一高附路面下的估计结果。从前后轴的利用附着系数曲线的峰值点可以推断出,当时的路面峰值附着系数约为0.94。选0.94作为该路面的附着系数参考值。通过本书提出的单侧向UKF附着系数估计方法的估计结果如图2-30中的虚线和点画线所示,在0.3s后收敛于参考值附近。

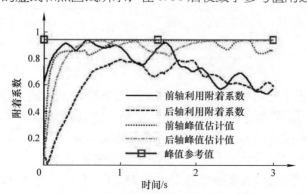

图 2-30 高附路面附着系数估计结果

同理,在低附路面的估计结果如图2-31所示。从利用附着系数曲线可推断出参考值为0.102。经过0.6s后,单纵向UKF附着系数估计值收敛于0.095~0.108。

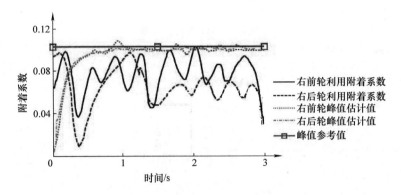

图 2-31　低附路面附着系数估计结果

2.4.4　基于误差加权的运动学附着系数估计方法验证

通过电机转矩 PID 控制器使得滑移率能够保持随时间的线性变化，并且固定转向盘转角，这样以验证提出的基于误差加权的运动学附着系数估计方法在复合工况下的适用性。估计的侧偏角和滑移率如图 2-32 所示。

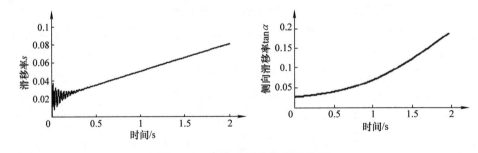

图 2-32　估计的侧偏角和滑移率

图 2-33 列出了分别在中低高附着路面和阶跃路面的不同方法的附着系数估计结果。其中点画线为误差加权融合估计结果，黑色实线为纵向 UKF 估计结果，虚线为侧向 UKF 估计结果，蓝色实线为参考值。

图 2-33a～c 中三种均一路面的附着系数参考值分别为 0.70、0.50、0.20，而相应融合估计值的浮动范围为 0.18～0.24、0.47～0.54、0.65～0.72。在估计误差方面，融合方法相比两种单方向的 UKF 估计能够获得更高的准确性。图 2-33d 中 1.3s 时刻，路面附着系数从 0.2 阶跃到 0.6。估计值仅用 0.02s 即收敛于参考值，这显示出本方法在估计过程大为简化的优势。

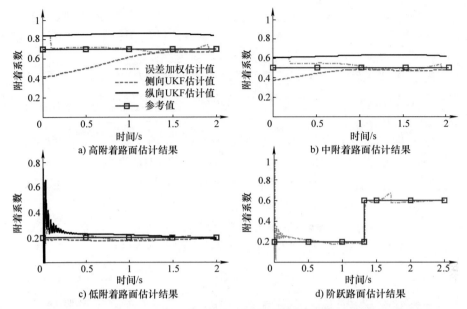

图 2-33 各路面下的估计结果

2.4.5 基于频响特性附着系数估计方法验证

图 2-34a 对比了基于斜率的 Kalman 估计方法和本书提出的基于共振频率的估计方法在三种情况下的估计结果。在这三种情况下基于共振频率的估计方法均

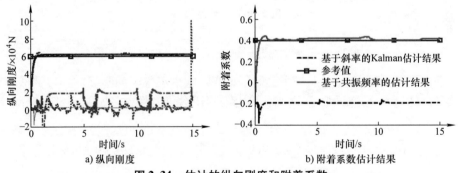

图 2-34 估计的纵向刚度和附着系数

⋯⋯有噪声条件下的基于斜率的 Kalman 估计值
━━━无噪声和误差条件下的基于斜率的 Kalman 估计值
━□━参考值
━ ━有误差条件下的基于斜率的 Kalman 估计值
━━━无噪声和误差条件下的基于共振频率的估计值
⋯⋯有误差条件下的基于共振频率的估计值
━━━有噪声条件下的基于共振频率的估计值

能够较为准确地估计出纵向刚度,这也显示出该方法具有对轮速的噪声和误差的不敏感特性。图2-34b 显示出最终的附着系数估计结果,本书的方法能够适用于小滑移率工况,并能够获得较高的估计准确度。

利用实验平台车在冬季时间进行了基于频响特性附着系数估计方法验证。右侧路面状况为均一的混凝土路面,左侧路面状况为混凝土路面和冰路面组合而成的类似阶跃路面。

本书利用自回归模型估计电机车轮共振频率。可以看到在 11s 前两侧的共振频率在 16Hz 附近,之后左侧的共振频率逐渐下降到 13Hz 左右。

图2-35b 显示出了峰值附着系数的参考值和估计结果。经过 1s 的延迟后,估计结果收敛于 0.8 附近。在 11s 处,左侧的估计结果初见收敛于 0.1 附近。而 0.8 和 0.1 分别是混凝土路面和冰路面的附着系数经验值。结果证明了本书的方法能够在仅依靠电机转矩和转速信息的情况下识别出路面情况。

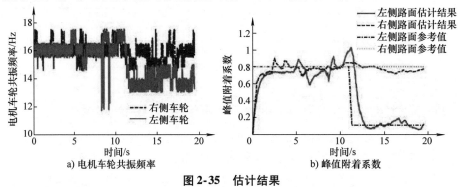

图2-35 估计结果

2.4.6 基于非线性系统可观性分析的路面附着系数估计

在 16 种匀速工况下,利用提出的基于双扩展卡尔曼的横向车辆动力学状态和参数联合估计算法估计质心侧偏角和路面附着系数的结果如图 2-36 ~ 图 2-51 所示。

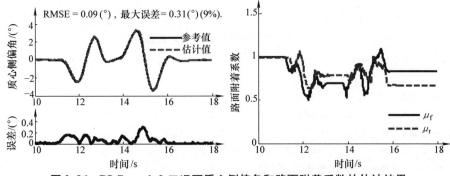

图2-36 DLC $\mu=1.0$ 工况下质心侧偏角和路面附着系数的估计结果

第 2 章 基于多信息与多方法融合的附着系数估计方法

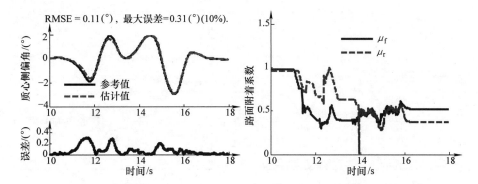

图 2-37 DLC $\mu=0.5$ 工况下质心侧偏角和路面附着系数的估计结果

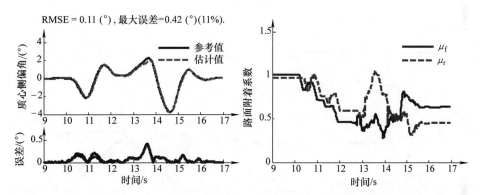

图 2-38 DLC $\mu-\text{step}$（1）工况下质心侧偏角和路面附着系数的估计结果

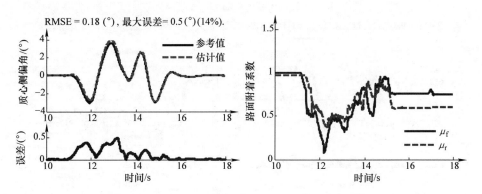

图 2-39 DLC $\mu-\text{step}$（2）工况下质心侧偏角和路面附着系数的估计结果

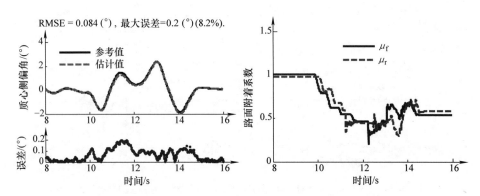

图 2-40 DLC μ-split（1）工况下质心侧偏角和路面附着系数的估计结果

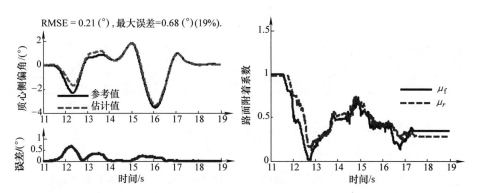

图 2-41 DLC μ-split（2）工况下质心侧偏角和路面附着系数的估计结果

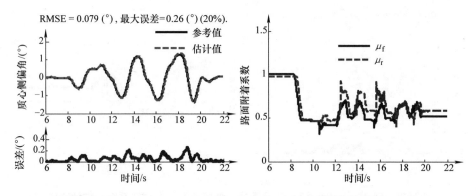

图 2-42 SLA $\mu=1.0$ 工况下质心侧偏角和路面附着系数的估计结果

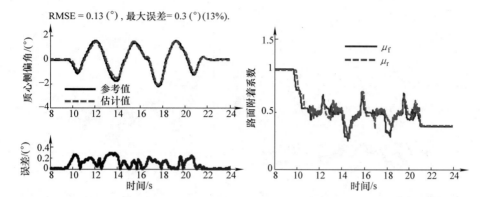

图2-43　SLA $\mu=0.5$ 工况下质心侧偏角和路面附着系数的估计结果

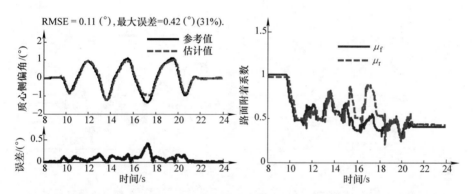

图2-44　SLA μ-step（1）工况下质心侧偏角和路面附着系数的估计结果

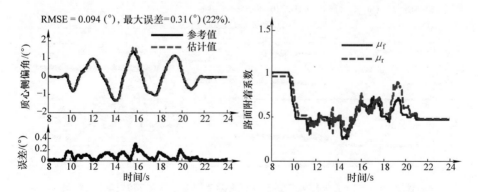

图2-45　SLA μ-step（2）工况下质心侧偏角和路面附着系数的估计结果

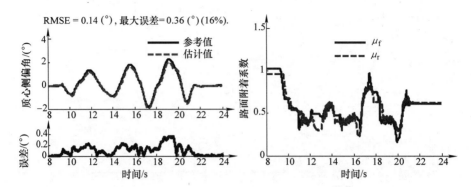

图 2-46　SLA μ – split（1）工况下质心侧偏角和路面附着系数的估计结果

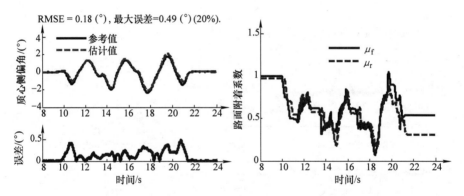

图 2-47　SLA μ – split（2）工况下质心侧偏角和路面附着系数的估计结果

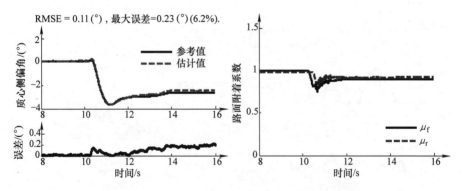

图 2-48　STP μ = 1.0 工况下质心侧偏角和路面附着系数的估计结果

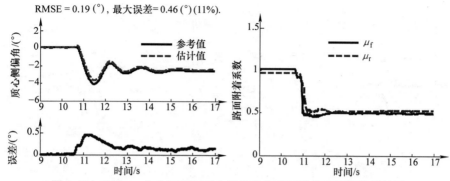

图 2-49　STP $\mu=0.5$ 工况下质心侧偏角和路面附着系数的估计结果

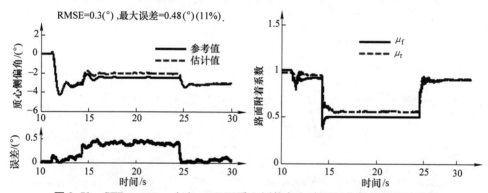

图 2-50　STP $\mu-\text{step}$（1）工况下质心侧偏角和路面附着系数的估计结果

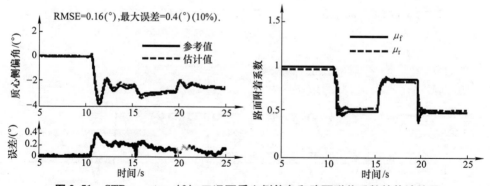

图 2-51　STP $\mu-\text{step}$（2）工况下质心侧偏角和路面附着系数的估计结果

在 8 种加速工况下,本文提出的横向车辆动力学状态和参数联合估计算法估计质心侧偏角和路面附着系数的结果如图 2-52～图 2-59 所示。其中,如果某个时刻车辆纵向加速度大于 0.5m/s^2 且横向加速度绝对值大于 1m/s^2,则该时刻估计质心侧偏角的误差用红色 x 形标识。

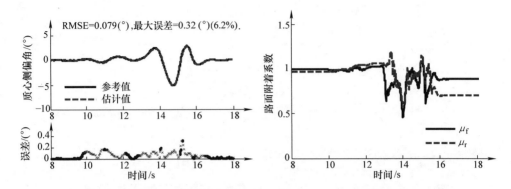

图 2-52 DLC（acc）$\mu=1.0$ 工况下质心侧偏角和路面附着系数的估计结果

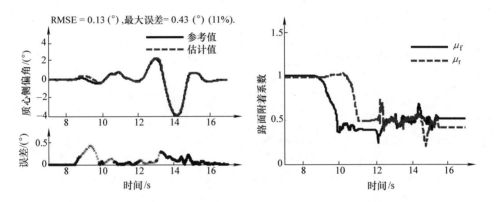

图 2-53 DLC（acc）$\mu=1.5$ 工况下质心侧偏角和路面附着系数的估计结果

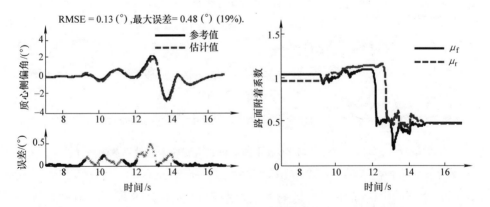

图 2-54 DLC（acc）μ-step（1）工况下质心侧偏角和路面附着系数的估计结果

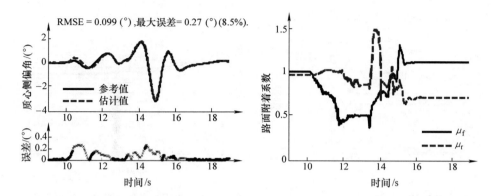

图 2-55 DLC（acc）μ-step（2）工况下质心侧偏角和路面附着系数的估计结果

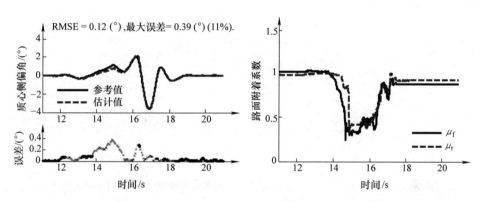

图 2-56 DLC（acc）μ-split（1）工况下质心侧偏角和路面附着系数的估计结果

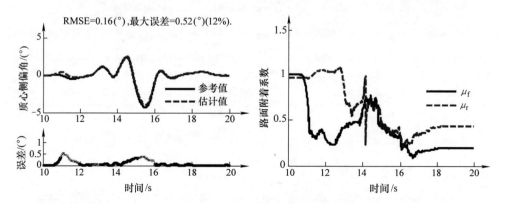

图 2-57 DLC（acc）μ-split（2）工况下质心侧偏角和路面附着系数的估计结果

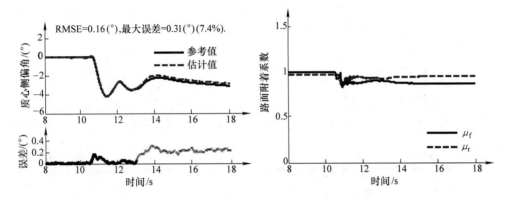

图 2-58 STP（acc）$\mu=1.0$ 工况下质心侧偏角和路面附着系数的估计结果

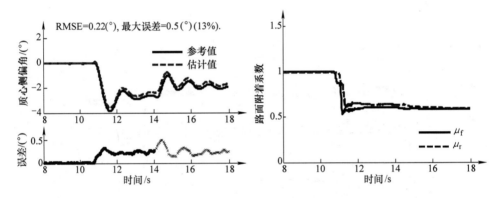

图 2-59 STP（acc）$\mu=0.6$ 工况下质心侧偏角和路面附着系数的估计结果

2.4.7 基于双卡尔曼滤波器的附着系数融合估计方法

基于路面峰值附着系数融合估计器，结合质心侧偏角融合估计器和第 4 章的纵向车速融合估计器，构成了一个完整的车辆状态及参数估计系统。该估计系统在对车辆的质心侧偏角进行估计的同时，可以实时估计车辆的纵向车速，并辨识所处路面的峰值附着系数，从而有效提高质心侧偏角估计结果在不同路面附着条件下的准确性。

因此，为了验证所建立估计系统的有效性，对车辆状态及参数估计系统进行验证。

1. 定路面附着条件下的实验工况（μ 未知）

实验过程中，假设路面条件固定但未知，通过仿真实验工况，验证车辆状态及参数估计系统，对车辆状态估计的准确性，以及对路面峰值附着系数自适应估计的有效性。

（1）紧急加速-制动实验　在未知固定 μ 的路面上进行紧急加速-制动实验，验证车辆状态及参数估计系统，对路面峰值附着系数自适应估计的有效性，以及对纵向车速估计的准确性，估计结果如图 2-60 ~ 图 2-63 所示。

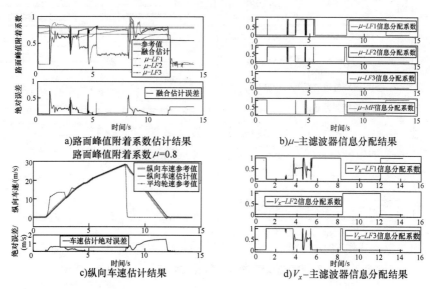

图 2-60　车辆状态及参数估计系统估计结果（$\mu=0.8$，未知）

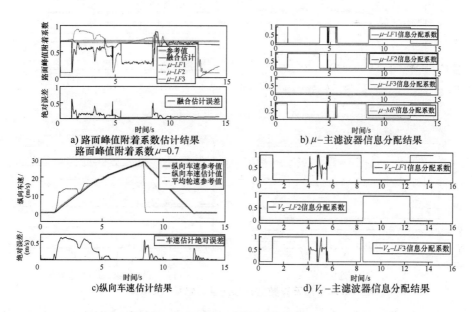

图 2-61　车辆状态及参数估计系统估计结果（$\mu=0.7$，未知）

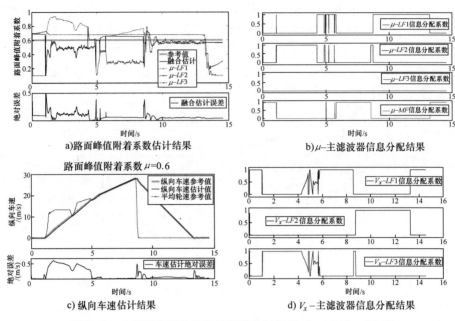

图 2-62 车辆状态及参数估计系统估计结果（$\mu=0.6$，未知）

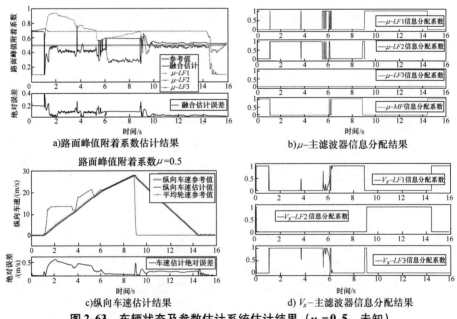

图 2-63 车辆状态及参数估计系统估计结果（$\mu=0.5$，未知）

图 2-60a 和 b 显示了在 $\mu=0.8$ 的恒定路面上路面峰值系数的估计结果，从图中可以看出，从第 1s 到 3.7s 之间，车轮驱动打滑严重，因此，路面峰值附着

系数融合估计器将权重几乎完全切换到 $\mu - LF2$ 上，但由于传感器噪声的缘故，路面峰值附着系数的辨识结果维持在 0.7 左右。

从 3.7s 左右开始，由于驱动工况剧烈程度的减弱，根据信息分配规则，主滤波器将权重切换给了 $\mu - LF1$，此时，峰值附着系数的辨识结果逐渐向真值收敛，并趋于稳定。5.5s 到 8s 之间，随着车辆驱动工况的激烈程度进一步减弱，车辆基本进入正常的行驶工况，因此，为了提高估计结果的可靠性，主滤波器将权重切换回到 $\mu - MF$ 上，以保持之前的辨识结果，辨识误差小于 0.05。

从 8s 左右开始，车辆进入紧急制动工况，车轮从开始制动到完全抱死，共经历 0.2s，期间由于车轮有滑移但未抱死，因此，根据信息分配规则，主滤波器先将权重切换给了 $\mu - LF2$，紧接着，0.2s 之后，由于车轮完全制动抱死，因此权重又切换到 $\mu - LF1$，期间由于频繁地切换权重，μ 的辨识结果出现了较大幅度的振荡。从 8.5s 左右开始，融合估计结果开始完全依赖于 $\mu - LF1$，并向真值逐渐收敛，直到第 11s 时，路面峰值附着系数的辨识结果收敛到了 0.8 附近。

最终，由于纵向车速估计结果出现了约为 1.2m/s 的稳态误差，使得在车辆完全停止后，车轮滑移率的估计结果仍然不为零，导致路面峰值附着系数融合估计器未能及时将权重切换回 $\mu - MF$，维持住 0.8 的辨识结果，反而将权重仍然保持在 $\mu - LF1$ 的辨识结果上，而由于 $V_x - LF2$ 对纵向滑移率的错误估计结果，使得 $\mu - LF1$ 对路面峰值附着系数的辨识结果也出现偏差，最终辨识结果为 0.56 左右，辨识误差约为 0.24。

车辆纵向车速的估计结果如图 2-60c 所示。由于驱动过程中，纵向车速融合估计器主要依赖于 $V_x - LF3$，因此，融合估计结果对路面峰值附着系数不敏感，因此，估计结果较为准确，估计误差约为 0.7m/s；制动过程中，由于 μ 的辨识结果会反馈给 $V_x - LF2$ 用于制动抱死工况下的车速估计，因此，当辨识结果尚未收敛到真值时，纵向车速的估计结果也就难以收敛到真实车速，此时，纵向车速的估计误差逐渐增大，约为 1.51m/s；直到 11s 时，路面峰值附着系数的辨识结果收敛到了 0.8 附近，纵向车速的估计误差才不再增大，稳态误差维持在 1.51m/s 左右，直到车辆完全停止。

图 2-63a 和 b 则显示了车辆在 $\mu = 0.5$ 的恒定路面上路面峰值系数的估计结果。从图中可以看出，第 1s 到 8.9s 之间，主滤波器的权重切换结果与图 2-60a 和 b 类似，但与车辆在 $\mu = 0.8$ 的路面上不同的是，从第 8.9s 开始，μ 的估计结果迅速收敛到了 0.52 附近，与真值几乎完全一致。从整个估计过程中可以看出，路面峰值附着系数融合估计器的信息分配规则执行快速准确，最终，路面峰值附着系数稳定在 0.52。

车辆在 $\mu = 0.5$ 的恒定路面上，纵向车速的估计结果如图 2-63c 所示。整个实验过程中，纵向车速的估计结果均较为准确，其绝对误差不超过 0.61m/s，尤其是在制动抱死工况期间,依赖于路面峰值附着系数的准确辨识,纵向车速融合估计绝对误差不超过0.15m/s。

其他路面条件下的车辆状态及参数估计结果类似,此处不再详述。

(2)标准双移线实验工况　在峰值附着系数未知且恒定的路面上进行标准双移线实验,验证路面峰值附着系数融合估计器的有效性,以及质心侧偏角融合估计器的准确性,其估计结果如图2-64~图2-67所示。

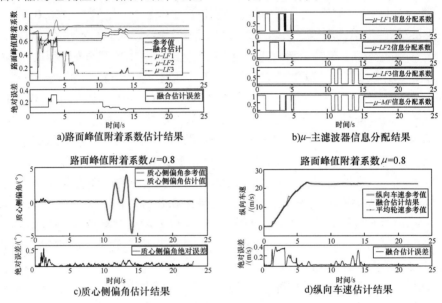

图2-64　车辆状态及参数估计系统估计结果($\mu=0.8$,未知)

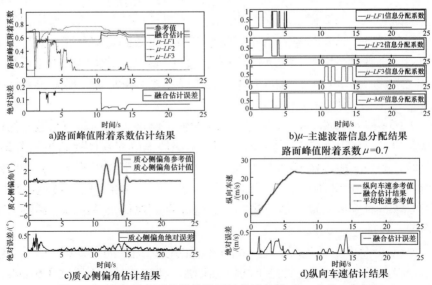

图2-65　车辆状态及参数估计系统估计结果($\mu=0.7$,未知)

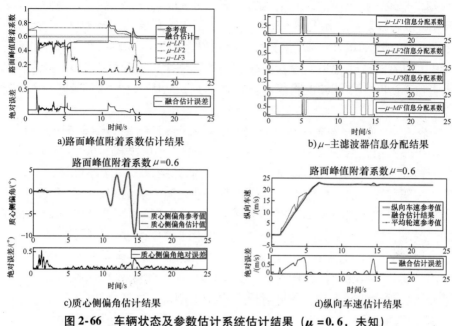

图 2-66 车辆状态及参数估计系统估计结果（$\mu=0.6$，未知）

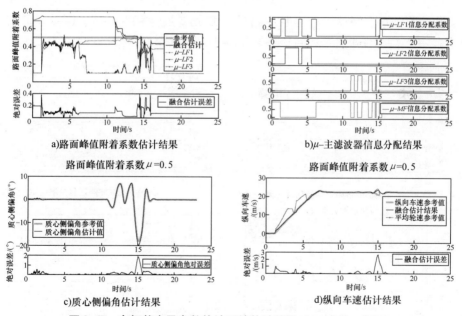

图 2-67 车辆状态及参数估计系统估计结果（$\mu=0.5$，未知）

图 2-67a 和 b 显示了车辆在 $\mu=0.5$ 的路面上路面峰值系数的估计结果，从图 2-67a 中可以看出，由于路面系数已经较低，因此车辆驱动过程中，从 1.8s

到 5.7s, 车轮一直处于驱动打滑状态, 满足 $\mu-LF2$ 的工况要求, 主滤波器将权重保持在 $\mu-LF2$ 上。如图 2-67b 所示, 从第 11s 开始, 车辆进入双移线工况, 由于此时横向运动足够激烈, 因此, 主滤波器将权重在 $\mu-LF3$ 和 $\mu-MF$ 之间切换, 并且在这个过程中, 附着系数的估计结果逐渐接近真值 0.5, 最后当车辆进入直行工况时, 主滤波器将权重再转移回到 $\mu-MF$ 上, 路面峰值附着系数稳定收敛到 0.44。

车辆在 $\mu=0.5$ 的质心侧偏角和纵向车速的估计结果如图 2-67c 和 d 所示。从图中可以看出, 尽管第 11s 之前, μ 的估计结果不够准确, 但由于车辆尚未进行激烈转向工况, 因此不影响质心侧偏角的估计结果。由于路面峰值附着系数太低, 在双移线实验过程中, 车轮的附着特性太差, 从第 11s 左右开始, 车辆出现了非常大的横向滑移, 但得益于 μ 的准确估计结果, 因此即使在这样极端的转向工况下, 质心侧偏角的估计结果与参考值也十分接近。在第 15.1s 附近时, 由于 μ 的估计结果比真值小了 0.2 左右, 导致此时质心侧偏角估计结果比参考值 $-18°$ 高估了 $-1.87°$, 其相对误差为 10.4%。此时纵向车速的估计结果也出现了较为严重的估计误差, 其绝对误差约为 2.84m/s。

其他路面条件下的车辆状态及参数估计结果类似, 此处不再详述。

(3) S 形绕桩实验工况 在峰值附着系数未知且恒定的路面上进行 S 形绕桩实验, 验证路面峰值附着系数融合估计器的有效性和准确性, 以及质心侧偏角融合估计器的准确性。其估计结果如图 2-68 ~ 图 2-71 所示。

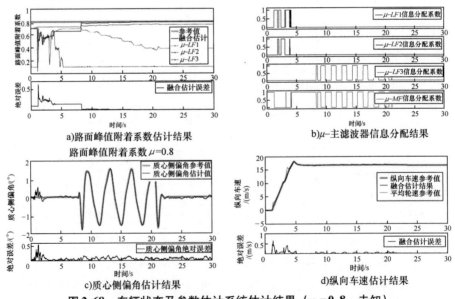

图 2-68　车辆状态及参数估计系统估计结果 ($\mu=0.8$, 未知)

第 2 章 基于多信息与多方法融合的附着系数估计方法

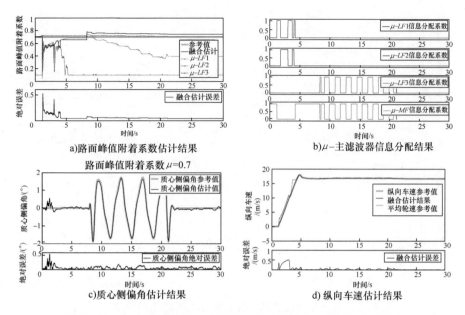

图 2-69 车辆状态及参数估计系统估计结果（$\mu = 0.7$，未知）

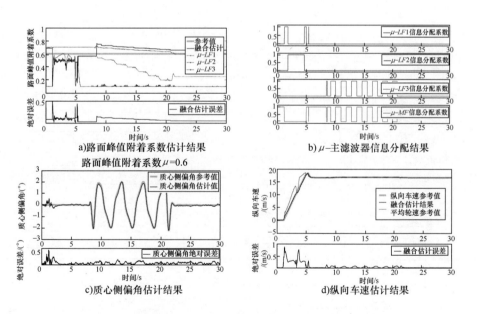

图 2-70 车辆状态及参数估计系统估计结果（$\mu = 0.6$，未知）

图 2-71 显示了在 $\mu = 0.5$ 的路面上，车辆状态及参数估计系统的估计结果。从图中可以看出，路面峰值附着系数融合估计器仍然准确有效，路面峰值附着

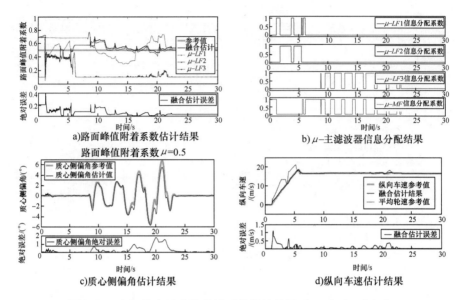

图 2-71 车辆状态及参数估计系统估计结果（$\mu=0.5$，未知）

系数估计值收敛到 0.52。

同时，由于路面峰值附着系数较小，车辆已经难以完成规定的 S 形绕桩实验，质心侧偏角出现了较大幅度的振荡，车辆状态及参数估计系统仍然能够较为准确地估计出车辆的质心侧偏角和纵向车速。在第 20s 和第 21.6s 时，质心侧偏角融合估计结果的绝对误差最大，约为 1.78°，相对误差达到了 26.3%。

纵向车速的融合估计器中，由于联邦卡尔曼滤波器的融合作用，各子滤波器之间存在相互耦合的影响因素，因此，在车辆加速过程中，由于路面峰值附着系数的估计结果偏低，导致 V_x-LF2 的纵向车速估计结果偏高，从而影响到纵向车速融合估计结果。从图中可以看出，路面附着系数越低，影响效果就越明显，如在 $\mu=0.8$ 的路面上，纵向车速估计结果的最大误差约为 0.6m/s，而在 $\mu=0.5$ 的路面上，纵向车速融合估计结果的最大绝对误差达到了 1.13m/s。

（4）定附着条件下的仿真实验结果总结　将相同工况下，未知 μ 的车辆状态估计结果与已知 μ 的车辆状态估计结果进行对比，如表 2-5～表 2-6 所示。

从两表可以看出，车辆状态及参数估计系统，在未知路面附着系数的条件下，其质心侧偏角和纵向车速的估计结果，与已知路面峰值附着系数时，质心侧偏角融合估计结果和纵向车速融合估计结果相比，估计误差处于同一数量级，精度下降不明显，这说明路面峰值附着系数融合估计器能够对车辆状态估计起到有效的作用，提高了车辆状态估计在不同路面附着条件下的估计性能。

第2章 基于多信息与多方法融合的附着系数估计方法

表 2-5 质心侧偏角估计结果误差对比

工况	估计方法 误差	质心侧偏角融合估计器（已知μ）		车辆状态及参数估计系统（未知μ）	
		标准差/(°)	最大误差/(°)	标准差/(°)	最大误差/(°)
双移线实验	$\mu=0.5$	0.27※	1.50※	0.31	1.87
	$\mu=0.6$	0.09	0.29	0.06※	0.26※
	$\mu=0.7$	0.06※	0.18※	0.07	0.26
	$\mu=0.8$	0.05※	0.18※	0.07	0.27
S形绕桩实验	$\mu=0.5$	0.32※	1.43※	0.40	1.79
	$\mu=0.6$	0.08※	0.21※	0.08※	0.29
	$\mu=0.7$	0.07	0.19※	0.06※	0.19※
	$\mu=0.8$	0.06	0.19	0.05※	0.17※

表 2-6 纵向车速估计结果误差对比

工况	估计方法 误差	纵向车速融合估计器（已知μ）		车辆状态及参数估计系统（未知μ）	
		标准差/(m/s)	最大误差/(m/s)	标准差/(m/s)	最大误差/(m/s)
紧急加速-制动实验	$\mu=0.5$	0.11※	0.42※	0.16	0.61
	$\mu=0.6$	0.11※	0.45※	0.19	0.63
	$\mu=0.7$	0.09※	0.46※	0.20	0.61
	$\mu=0.8$	0.09※	0.56※	0.48	1.51
双移线实验	$\mu=0.5$	0.45	2.84※	0.41※	2.84※
	$\mu=0.6$	0.22	0.93※	0.16※	0.93※
	$\mu=0.7$	0.06※	0.42※	0.08	0.42※
	$\mu=0.8$	0.10※	0.58	0.10※	0.38※
S形绕桩实验	$\mu=0.5$	0.07	0.46※	0.16	1.13
	$\mu=0.6$	0.04※	0.37※	0.13	0.93
	$\mu=0.7$	0.04※	0.43※	0.09	0.71
	$\mu=0.8$	0.04※	0.48	0.08	0.60

注：表格中误差较小的数据用※表示。

2. 对接路面附着条件下的实验工况（μ 未知）

为了确保仿真验证工况的多样性，提高实验工况的复杂度，以进一步检验车辆状态及参数估计系统对复杂路面附着条件的自适应能力，设计了 $\mu=0.5$ 和

$\mu=0.8$ 两种附着路面对接的组合路面，并在组合路面上进行高速操纵稳定性实验。一种是车辆先经过 $\mu=0.5$ 的低附着系数路面，然后进入 $\mu=0.8$ 的高附着系数路面，这种组合路面我们称之为"附着阶跃上升路面"，要求车辆进入高附着系数路面后，质心侧偏角不能被高估，以避免车辆稳定性控制程序过多干涉车辆行驶；另一种是车辆先经过 $\mu=0.8$ 的高附着系数路面，然后进入 $\mu=0.5$ 的低附着系数路面，这种附着条件我们称之为"附着阶跃下降路面"，要求车辆进入低附着系数路面后，质心侧偏角估计结果应当尽快收敛，尽可能避免在车辆失稳时，估计系统仍未识别出车辆所处的危险工况，稳定性控制程序未被激活的现象。

（1）附着阶跃上升路面 当车辆进行第一次变道之后，第二次变道之前，路面峰值附着系数发生阶跃上升变化，路面情况如图 2-72 所示。

估计结果如图 2-73 所示。从图 2-73a 中，可以看出，路面峰值附着系数融合估计结果能够较为及时地反映实际路面条件的变化，从 10.5s 左右开始，车辆在低附着系数路面上进行双移线工况，路面峰值附着系数融合估计结果快速收敛到 0.45 附近，在 12s 路面附着发生阶跃上升之前，质心侧偏角融合估计结果的绝对误差小于 0.35°，如图 2-73c 所示。

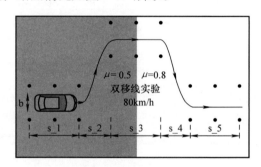

图 2-72 在附着阶跃上升路面上进行双移线实验

从第 13s 左右开始，车辆在高附着系数路面上再次开始变道，μ 的估计结果开始向 0.8 收敛，这个过程中，由于在 14.7s 时，μ 值估计结果稳定在 0.75，低于真实路面峰值附着系数 0.8，从而导致 V_y-LF2 的质心侧偏角估计结果大于参考值，此时，质心侧偏角的参考值为 4.33°，最终质心侧偏角融合估计结果的绝对误差约为 0.92°，其相对误差约为 21.2%；同时，纵向车速的融合估计绝对误差小于 0.5m/s。

车辆在进行 S 形绕桩的过程中，路面峰值附着系数发生阶跃变化，路面情况如图 2-74 所示。

估计结果如图 2-75 所示。从图 2-75a 中，可以看出，由于在高附着系数路面上，S 形绕桩工况不够激烈，因此，路面峰值附着系数融合估计结果的收敛速度较慢。第 8s 左右开始，车辆在低附着系数路面上进行 S 形绕桩，在 14.7s 路面附着发生阶跃上升之前，质心侧偏角融合估计结果的绝对误差小于 0.5°，如图 2-75c 所示。

第 2 章 基于多信息与多方法融合的附着系数估计方法

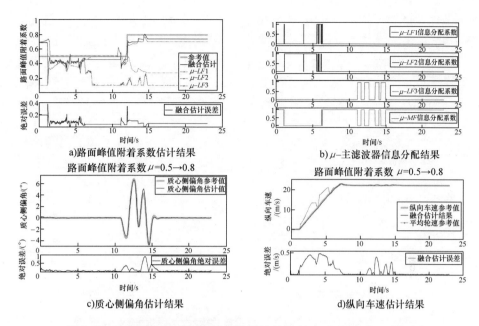

a) 路面峰值附着系数估计结果
b) μ-主滤波器信息分配结果
路面峰值附着系数 $\mu=0.5\rightarrow0.8$
c) 质心侧偏角估计结果
d) 纵向车速估计结果

图 2-73 车辆状态及参数估计系统估计结果（$\mu=0.5\rightarrow0.8$，未知）

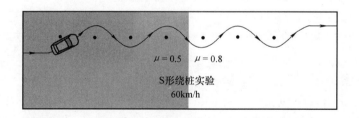

图 2-74 在附着阶跃上升路面上进行 S 形绕桩实验

从第 14.7s 路面附着发生变化时，μ 的估计结果开始向 0.8 缓慢收敛，这主要是由于车辆此时处于极限转弯工况，基于 V_y-LF1 的子滤波器 μ-LF3 起主要作用，而 μ-LF3 采用的随机游走模型认为下一时刻的路面峰值附着系数始终与上一时刻相同。因此，模型本身的计算结果对估计结果不提供任何有效信息，只起滤波作用，其唯一的有效信息源仅来自校正信号。所以，其估计结果收敛速度过于缓慢，产生了明显的滞后，使得这个过程中 μ 的估计结果始终小于真值，从而导致质心侧偏角出现了严重高估，其最大估计误差发生在第 15.7s 时，也是路面峰值附着系数估计误差最大的时候，此时，质心侧偏角的参考值 3.71°，估计结果的绝对误差约为 1.12°，其相对误差约为 30.1%。

（2）附着阶跃下降路面 如图 2-76 所示，车辆在进行第一次变道之后，第

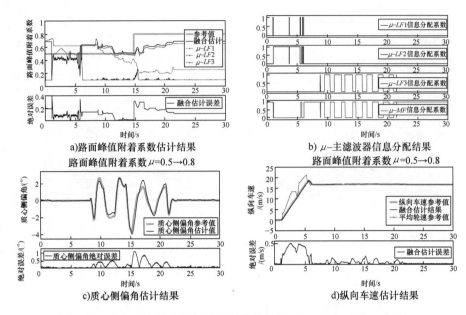

图 2-75 车辆状态及参数估计系统估计结果（$\mu = 0.5 \rightarrow 0.8$，未知）

二次变道之前，路面峰值附着系数发生阶跃下降变化。

估计结果如图 2-77 所示。从图 2-77a 中，可以看出，路面峰值附着系数融合估计结果能够较为及时地反映实际路面条件的变化，从 10s 左右开始，车辆在高附着系数路面上进行双移线操作，路面峰值附着系数融合估计结果快速收敛到了 0.8 附近，保证了质心侧偏角估计结果的准确性，在 12.5s 路面附着发生阶跃下降之前，质心侧偏角融合估计结果的绝对误差小于 0.2°，如图 2-77c 所示。

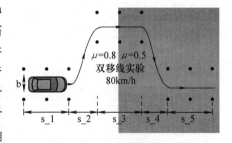

图 2-76 在附着阶跃下降路面上进行双移线实验

值得注意的是，从图中可以看出，第 12.5s 车辆经过路面对接点的时候，尽管路面峰值附着系数发生变化，但由于车辆仍处于直线行驶工况，并未对路面峰值附着系数融合估计器产生任何横向激励，因此 μ 的估计结果并未发生改变，直到第 13.5s 开始，车辆在低附着系数路面上再次开始变道，μ 的估计结果才开始向真值收敛，收敛时间约为 1s，这个过程中，由于在 14.5s 时，μ 值估计结果超调抵近 0.4，导致质心侧偏角融合估计结果出现高估，此时，质心侧偏角的参考值为 12.5°，估计结果的绝对误差约为 0.61°，其相对误差约为 4.9%；这个过程中，纵向车速的融合估计结果也出现了超过 1.3m/s 的绝对误差，其相对误差约为6.3%。

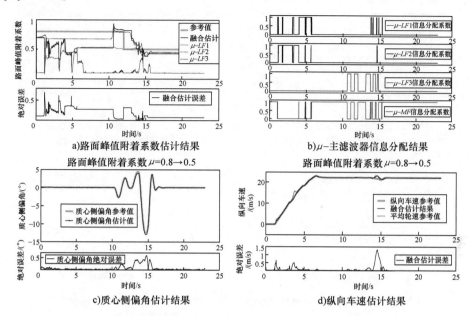

图 2-77 车辆状态及参数估计系统估计结果（$\mu = 0.8 \rightarrow 0.5$，未知）

如图 2-78 所示，车辆在 S 形绕桩的过程中，路面峰值附着系数发生阶跃变化。估计结果如图 2-79 所示。

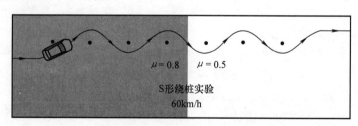

图 2-78 在附着阶跃下降路面上进行 S 形绕桩实验

从图 2-79a 中可以看出，第 8s 左右开始，车辆在高附着系数路面上进行 S 形绕桩操作，μ 的融合估计结果快速收敛到了 0.8 附近，保证了质心侧偏角估计结果的准确性，在 14.5s 路面附着发生阶跃下降之前，质心侧偏角融合估计结果的绝对误差小于 0.15°，如图 2-79c 所示。

从 14.5s 时路面附着发生变化，μ 的估计结果开始向 0.5 收敛，收敛时间约为 5s，这个过程中，由于 μ 值估计结果收敛过于缓慢，使得质心侧偏角融合估计结果出现了严重不足，此时，质心侧偏角的参考值约 2.15°，估计结果的绝对误差 0.77°，其相对误差约为 35.8%。

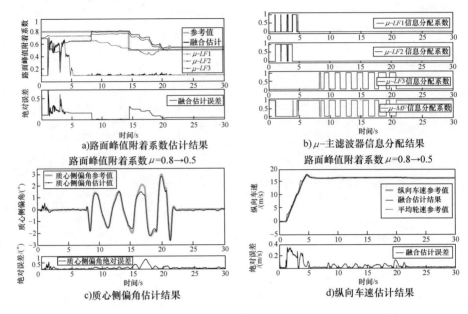

图 2-79 车辆状态及参数估计系统估计结果（$\mu = 0.8 \rightarrow 0.5$，未知）

2.5 本章小结

针对目前附着系数估计研究现状的五点局限性，提出了"点线面"全工况融合式附着系数估计方法体系。

点 – 小滑移率或小侧偏角工况：在该工况下，本书仅利用电机转矩和轮速的频率特性，分析出路面特征对该特性的影响，进而提出了不用估计质心侧偏角和轮胎滑移率的附着系数估计方法。

线 – 单向大滑移率或侧偏角工况：在该工况下，本书结合转矩精确可知的优势，首先提出了仅依靠运动学信息的轮胎力估计方法，使得力估计与滑移率或侧偏角估计解耦，降低了观测器的复杂程度；进一步地，在修正 Dugoff 模型的基础上，采用无味卡尔曼非线性系统辨识方法来准确地估计出附着系数。

面 – 复合工况：采用误差加权或者双卡尔曼滤波原理，将多个观测器的估计结果合理地融合到一起，扩展适用范围。

从理论上分析了该方法的优势性，即适用于操作工况、运算时间短、融合估计误差小。

参 考 文 献

[1] DUGOFF H, FANCHER P S, SEGEL L. An analysis of tire traction properties and their infl-

uence on vehicle dynamic performance [C]. SAE Transactions, 1970 (79): 341 - 366.

[2] BIAN M, CHEN L, LUO Y, et al. A Dynamic Model for Tire/Road Friction Estimation under Combined Longitudinal/Lateral Slip Situation [C]. SAE Technical Paper 2014 - 01 - 0123, 2014.

[3] CHEN L, BIAN M, LUO Y, et al. Maximum Tire Road Friction Estimation Based on Modified Dugoff Tire Model [C]. Proceedings of the International Conference on Mechanical and Automation Engineering, 2013.

[4] CHEN L, BIAN M, LUO Y, et al. Vehicle - Model - Based Lateral Tire Force Estimation for 4WID EV [C]. The 12th International Symposium on Advanced Vehicle Control, 2014.

[5] HANS B, Pacejka. Tyre And Vehicle Dynamics [M]. Butterworth - Heinemann, 2006.

[6] CHU W, LUO Y, DAI Y, et al. In - wheel motor electric vehicle state estimation by using unscented particle filter [J]. International Journal of Vehicle Design, 2015, 67 (2): 115 - 136.

[7] CHEN L, BIAN M, LUO Y, et al. Estimation of Road - Tire Friction with Unscented Kalman Filter and MSE - Weighted Fusion based on a Modified Dugoff Tire Model [C]. SAE Technical Paper 2015 - 01 - 1601, 2015.

[8] 李克强, 陈龙, 边明远, 等. 基于UKF与修正Dugoff轮胎模型路面峰值附着系数估算方法: 201410282738. 1 [P]. 2014 - 06 - 23.

[9] 边明远. 用于纵向道路附着系数评估的简化轮胎模型 [J]. 重庆理工大学学报 (自然科学版), 2012, 26 (1): 1 - 5.

[10] 李克强, 陈龙, 边明远, 等. 一种分布式驱动电动汽车的路面峰值附着系数估算方法: 201310182935. 1 [P]. 2013 - 05 - 17.

[11] CHEN L, BIAN M, LUO Y, et al. Research on Maximum Road Adhesion Coefficient Estimation for Distributed Driven Electric Vehicle [C]. Proceedings of the International Conference on Mechanical and Automation Engineering, 2013.

[12] 李克强, 陈龙, 边明远, 等. 一种基于电机与车轮耦合特性的路面附着系数估计方法: 201510129140. 3 [P]. 2015 - 03 - 24.

[13] CHEN L, BIAN M, LUO Y, et al. Tire - Road Friction Estimation based on Frequency Characteristics of In - Wheel Electric Drive System [C]. The 28th International Battery, Hybrid and Fuel Cell Electric Vehicle Symposium & Exposition, 2015.

[14] HERMANN R, KRENER A J. Nonlinear controllability and observability [J]. IEEE Transactions on automatic control, 1977, 22 (5): 728 - 740.

[15] 戴一凡. 分布式电驱动车辆纵横向运动综合控制 [D]. 北京: 清华大学, 2013.

[16] WAN E A, NELSON, A T. Neural Dual Extended Kalman Filtering: Application in Speech Enhancement and Monaural Blind Signal Separation [C]. Proceedings of the 1997 IEEE Workshop on Neural Networks for Signal Processing, 1997.

[17] WENZEL T A, BURNHAM K J, BLUNDELL M V, et al. Dual extended Kalman filter for vehicle state and parameter estimation [J]. Vehicle System Dynamics, 2006, 44 (2): 153 - 171.

[18] 余志生. 汽车理论 [M]. 4版. 北京: 机械工业出版社, 2006.

第 3 章
基于多信息与多方法融合的质心侧偏角估计方法

第 3 章 基于多信息与多方法融合的质心侧偏角估计方法

主要符号对照表

符号	含义	符号	含义
ψ	车辆横摆角	V_x	轮心纵向速度
φ_{GPS}	车辆航向角	K_0	轮胎初始侧向位移刚度
β	车辆质心侧偏角	$\dot{\omega}_i$	驱动轮的角加速度
V_y^{GPS}	GPS 横向车速信息	F_d	风阻、滚阻、坡阻合力
V_x^{GPS}	GPS 纵向车速信息	$F_{i,x}$	电驱动轮产生的驱动力
w_ψ	横摆角速度传感器噪声	$F_{i,y}$	轮胎侧向力
σ_ψ	横摆角速度传感器标准差	F_i	轮胎合力
b_ψ	横摆角速度估计偏差	δ_i	各轮坐标系相对于车身的转角
w_{b_x}	纵向加速度传感器马尔科夫过程噪声	$\hat{X}_k^{v_y^- LF2}$	子滤波器先验估计结果
σ_{b_x}	纵向加速度传感器标准差	$\hat{v}_{y,k}^{LF2}$	子滤波器速度先验估计结果
T_{b_x}	纵向加速度传感器马尔科夫过程时间常数	$\hat{\dot{v}}_{y}^{LF2}$	子滤波器加速度先验估计结果
w_{b_y}	横向加速度传感器马尔科夫过程噪声	$A_k^{v_y^- LF2}$	子滤波器状态转移矩阵
σ_{b_y}	横向加速度传感器标准差	$n_{s,k}^{v_y^- LF2}$	子滤波器误差标准差
T_{b_y}	横向加速度传感器马尔科夫过程时间常数	$H_{k+1}^{v_y^- LF2}$	子滤波器观测矩阵
a_x	车辆质心纵向加速度	I_w	驱动轮的转动惯量（含电机）
$\dot{\gamma}$	车辆质心横摆角加速度	$\hat{\beta}_{kin}$	运动学方法质心侧偏角估计结果
v_y	车辆质心侧向速度	σ_{kin}	运动学方法质心侧偏角方均根误差
φ_{GPS}^{error}	GPS 所量测的车辆航向角误差	$\hat{\beta}_{dyn}$	动力学方法质心侧偏角估计结果
$\dot{x}_v$	车辆纵向速度	σ_{dyn}	动力学方法质心侧偏角方均根误差
$\dot{y}_v$	车辆横向速度	w	误差融合估计方法分配系数
σ_{GPS}	GPS 所量测的车速噪声标准差	μ	路面附着系数
$\boldsymbol{v}_{i,V}$	驱动轮中心速度	a_y	车辆质心横向加速度
F_{x0}	轮胎名义纵向力	v_x	车辆质心纵向速度
$G_{x\alpha}$	侧滑对纵向力的影响因数	γ	车辆质心横摆角速度
$\overline{F}_y$	轮胎准静态侧向力	$\boldsymbol{P}_{i,V}$	驱动轮中心速度变换矩阵
$C_{\alpha 0}$	轮胎初始侧偏刚度	F_{y0}	轮胎名义侧向力
$C_{\kappa 0}$	初始纵滑刚度	$G_{y\kappa}$	滑转对侧向力的影响因数
V	车辆在水平内的合速度	b_f	遗忘因子

车辆质心侧偏角估计问题，是一个涉及车辆横向车速、纵向车速、路面峰值附着系数等诸多车辆状态及参数估计的综合估计问题。而其中，横向车速的准确估计是质心侧偏角估计的核心问题，也是应该首先面临解决的问题。因此，为了明确研究目标，突出研究重点，首先假设车辆的纵向车速和路面峰值附着系数可以准确实时获取，此时，横向车速估计问题等效为质心侧偏角估计问题。

针对本书提出的传感器配置方案，能够用于估计质心侧偏角的基本方法包括基于动力学的估计方法和基于运动学的估计方法。同时，为了能够最大限度地充分利用多源传感器信息，本章基于两种融合技术构建了质心侧偏角融合估计器，在充分利用基于运动学和动力学的估计方法优势的同时，有效削弱了由于直接积分法带来的积分漂移问题；随后，在已知的恒定路面附着条件和纵向车速的前提下，通过仿真实验，验证了质心侧偏角融合估计器估计结果的准确性、融合估计算法相对于单一估计算法的优越性以及充分利用分布式驱动电动汽车结构特点带来的估计优势；最后对本章提出的各种质心侧偏角估计方法进行了比较和总结。

3.1 基于运动学的质心侧偏角估计方法

3.1.1 融合 GPS 与 INS 信息的质心侧偏角估计

GPS 能够提供准确的车速和车辆航向角信息，但普通车载 GPS 由于存在采样频率较低和有较明显延时等问题，其提供的车速及航向角等信息无法直接作为动力学控制系统的控制参数。车载 INS 包括纵向加速度传感器、横向加速度传感器和横摆角速度传感器，其量测值与真实值相比通常存在偏差与噪声，因此长时间积分得到的纵横向车速和横摆角等信号误差较大。

通过融合 GPS、INS 以及四轮轮速信息，采用运动学方法，建立了如图 3-1 所示的车辆状态估计系统。在直线或小转向工况下，利用 GPS 提供的车辆航向角 φ_{GPS} 以及 INS 量测得到的车辆横摆角速度 $\dot{\psi}_m$，建立卡尔曼滤波器一，对横摆角速度传感器偏差 b_ψ 进行估计。在车辆进入大转向工况后，利用修正后的横摆角速度信号 $\hat{\dot{\psi}}$ 通过积分计算车辆的横摆角 ψ。基于车辆航向角 φ_{GPS} 和横摆角 ψ 信息可计算出 GPS 采样时刻的车辆质心侧偏角 β_{1Hz}，进而将 GPS 提供的车速 V^{GPS} 在车辆纵向和横向进行分解。在此基础上，建立卡尔曼滤波器二，通过 GPS 在车辆纵向与横向的分解速度 V_x^{GPS} 与 V_y^{GPS} 修正纵向和横向加速度传感器偏差 b_x 与 b_y。同时利用 INS 和 GPS 具有互补性质的误差特性，对 GPS 量测噪声协方差矩阵 R 进行自适应调节，以提高卡尔曼滤波算法的精度。以 GPS 采样点的速度信

息 V_x^{GPS} 与 V_y^{GPS} 为基准，通过对修正后的纵向及横向加速度的积分，并综合考虑电机控制器提供的轮速信号 ω，得到车辆纵向速度 $\hat{x}_v$、横向速度 $\hat{y}_v$ 以及质心侧偏角 $\hat{\beta}_{kin}$ 的估计值。

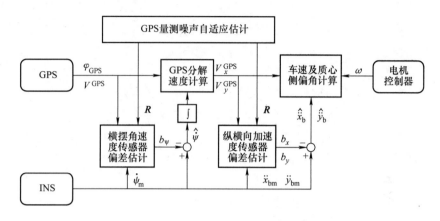

图 3-1　融合 GPS 与 INS 信息的运动学车辆状态估计系统

本节首先阐述了不同传感器系统所对应的不同量测坐标系间的转换关系，建立了 GPS 与 INS 的误差模型，在此基础上采用卡尔曼滤波算法对横摆角速度传感器以及纵向与横向加速度传感器的偏差进行估计，并对 GPS 量测噪声的协方差矩阵进行自适应估计，最后通过融合四轮轮速信息得到纵向车速及质心侧偏角的估计结果。

1. 车辆坐标系

GPS 与 INS 量测的车辆运动状态分别属于不同的坐标系统，在融合两者信息进行车辆状态观测时，首先需要进行坐标的转换与统一。

车辆的运动状态可以在三个坐标系统中进行描述[1]，分别是：导航坐标系，也称为"东北天"坐标系（the east north up frame），即 GPS 系统的量测坐标系；车身固结坐标系（the body frame），即 INS 系统量测车辆横摆角速度和绝对加速度的坐标系；车辆相对坐标系（the vehicle frame），即表征车辆相对加速度的坐标系。车辆坐标系间的相互关系如图3-2所示。

车辆上安装的惯性导航传感器包括纵向加速度传感器、横向加速度传感器和横摆角速度传感器，可以对车身固结坐标系下的车辆绝对纵横向加速度 $\ddot{x}_b$、$\ddot{y}_b$ 以及横摆角速度 $\dot{\psi}$ 进行量测。车辆的绝对纵横向加速度同时受到车辆在水平面内的平移运动和旋转运动的影响。

当传感器安放在车辆质心位置时，量测出的车辆绝对加速度与车辆相对坐标系下的加速度 $\ddot{x}_v$、$\ddot{y}_v$ 的关系可表示为

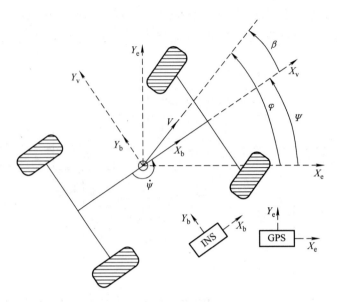

图3-2 车辆坐标系

$$\ddot{x}_b = \ddot{x}_v - \dot{y}_v\dot{\psi} \tag{3-1}$$

$$\ddot{y}_b = \ddot{y}_v + \dot{x}_v\dot{\psi} \tag{3-2}$$

其中，$\dot{x}_v$ 和 $\dot{y}_v$ 分别为车辆相对坐标系下的纵向和横向速度。同时，通过车辆横摆角可以建立导航坐标系下的加速度 $\ddot{x}_e$、$\ddot{y}_e$ 与车辆绝对加速度间的转换关系，如式（3-3）与式（3-4）所示。

$$\ddot{x}_e = \ddot{x}_b\cos\psi - \ddot{y}_b\sin\psi \tag{3-3}$$

$$\ddot{y}_e = \ddot{x}_b\sin\psi + \ddot{y}_b\cos\psi \tag{3-4}$$

GPS 提供的量测信息包括车辆航向角 φ 和车辆在水平面内的合速度 V。车辆合速度与各坐标系下的分解速度关系可表示为

$$V = \sqrt{\dot{x}_e^2 + \dot{y}_e^2} = \sqrt{\dot{x}_v^2 + \dot{y}_v^2} \tag{3-5}$$

其中，$\dot{x}_e$ 和 $\dot{y}_e$ 分别为导航坐标系下车辆的纵向和横向速度。

车辆质心侧偏角的定义为航向角与横摆角之差，如式（3-6）所示。

$$\beta = \varphi - \psi \tag{3-6}$$

通过质心侧偏角可以将 GPS 量测得到的合速度在车辆相对坐标系下进行分解，得到车辆的纵向和横向速度，如式（3-7）与式（3-8）所示。

$$\dot{x}_v = V\cos\beta \tag{3-7}$$

$$\dot{y}_v = V\sin\beta \tag{3-8}$$

当车辆处于直线行驶状态没有横向力作用时，质心侧偏角为零，此时 GPS

量测得到的车辆航向角与车辆横摆角相等。

2. 传感器误差模型

车载 GPS 通过 1575.42MHz 载波的多普勒频移效应进行速度量测，精度较高。通常情况下，GPS 量测的水平面内的东向和北向速度精度可达到 2~5cm/s，而垂向的速度精度约为 4~10cm/s。但受到卫星数目和几何关系变化，多路径误差和接收机自身噪声等因素的影响，其量测精度也会发生变化。

GPS 量测的合速度可认为由真实值 V 和零均值的白噪声 v_{GPS} 构成，如式 (3-9) 所示。

$$V^{GPS} = V + v_{GPS} \tag{3-9}$$

GPS 所量测的车辆航向角误差可表示为

$$\varphi_{GPS}^{error} \approx \arctan\left(\frac{v_{east}}{V^{GPS}}\right) \approx \frac{v_{GPS}}{V^{GPS}} \tag{3-10}$$

设 GPS 所量测的车速噪声标准差为 σ_{GPS}，则航向角量测的标准差可表示为

$$\sigma_{\varphi_{GPS}} = \frac{\sigma_{GPS}}{V^{GPS}} \tag{3-11}$$

基于微机电系统（Micro Electro-Mechanical System，MEMS）技术制造的惯性导航传感器的量测误差主要包括传感器噪声、传感器偏差、刻度因子误差以及非正交性误差等几个部分。其中噪声主要由电磁干扰等因素导致，通常为白噪声，而偏差主要受传感器的安装定位误差和引力效应的影响。对于常规的车载 INS，刻度因子误差和非正交性误差的影响较小，主要的量测误差由传感器噪声和传感器偏差导致。

车辆的横摆角速度量测值 $\dot{\psi}_m$ 可认为由真实值 $\dot{\psi}$ 与偏差 b_ψ 及噪声 w_ψ 构成，如式 (3-12) 所示。

$$\dot{\psi}_m = \dot{\psi} + b_\psi + w_\psi \tag{3-12}$$

其中，w_ψ 为零均值的白噪声，其标准差为 σ_ψ。而偏差 b_ψ 的变化可用一阶马尔科夫过程表示，如式 (3-13) 所示。

$$\dot{b}_\psi = -\frac{1}{T_{b_\psi}} b_\psi + \frac{1}{T_{b_\psi}} w_{b_\psi} \tag{3-13}$$

其中，w_{b_ψ} 为横摆角速度传感器的马尔科夫过程噪声，其标准差为 σ_{b_ψ}，T_{b_ψ} 为横摆角速度传感器的马尔科夫过程时间常数。对于常规车载 INS，马尔科夫过程时间常数的取值通常在 100~1000s 范围内[2]。

纵向与横向加速度传感器的误差模型与横摆角速度传感器类似，量测值由真实值与偏差及噪声构成，如式 (3-14) 与式 (3-15) 所示。

$$\ddot{x}_{bm} = \ddot{x}_b + b_x + w_x \tag{3-14}$$

$$\ddot{y}_{bm} = \ddot{y}_b + b_y + w_y \tag{3-15}$$

b_x 与 b_y 分别为纵向及横向加速度传感器的偏差，w_x 与 w_y 是均值为零的白噪声，其标准差分别为 σ_x 与 σ_y。纵向与横向加速度传感器偏差的变化同样可用一阶马尔科夫过程描述，如式（3-16）与式（3-17）所示。

$$\dot{b}_x = -\frac{1}{T_{b_x}}b_x + \frac{1}{T_{b_x}}w_{b_x} \tag{3-16}$$

$$\dot{b}_y = -\frac{1}{T_{b_y}}b_y + \frac{1}{T_{b_y}}w_{b_y} \tag{3-17}$$

其中，w_{b_x} 与 w_{b_y} 分别为纵向与横向加速度传感器的马尔科夫过程噪声，其标准差分别为 σ_{b_x} 与 σ_{b_y}，T_{b_x} 与 T_{b_y} 为马尔科夫过程时间常数。

3. INS 偏差估计

由于安装定位误差及引力效应的影响，横摆角速度传感器以及纵向及横向加速度传感器的量测值与真实值之间均存在一定的偏差。利用 GPS 提供的准确的车辆速度与航向角信息可以对 INS 的偏差做出动态估计，从而修正 INS 的量测结果，提高其量测精度。考虑到 GPS 所具有的延时特性，在采用 GPS 信息对 INS 进行标定时，首先需要对 INS 信号进行延时处理，以保证标定时 GPS 与 INS 信息在时间上的同步性。GPS 的延时时长通常较为固定，可以通过实验标定得到。

卡尔曼滤波算法不需要利用过去的全部观测数据，而只需要前一时刻的估计值和当前时刻的量测值，因而实时性相比维纳滤波大为提高。本节中采用卡尔曼滤波算法对 INS 偏差进行实时估计。卡尔曼滤波算法可分为时间更新和量测更新两个部分，如图 3-3 所示。时间更新通过状态递推方程和估计的过程噪声协方差向前推算状态变量，为下一时间点构造先验估计。量测更新通过量测方程对先验估计结果进行校正，构造改进后的后验估计。

4. 横摆角速度传感器偏差估计

由式（3-12）所示的横摆角速度传感器误差模型可得

$$\dot{\psi} = \dot{\psi}_m - b_\psi - w_\psi \tag{3-18}$$

车辆的横摆角可由横摆角速度积分计算得出，如式（3-19）所示。

$$\psi = \int \dot{\psi} = \int (\dot{\psi}_m - b_\psi - w_\psi)\mathrm{d}t \tag{3-19}$$

对式（3-19）进行离散化可得

$$\psi_{(k)} - \psi_{(k-1)} = \frac{1}{2}(\dot{\psi}_{m(k)} + \dot{\psi}_{m(k-1)})\Delta t - b_{\psi(k-1)}\Delta t - w_\psi \Delta t \tag{3-20}$$

当车辆直线行驶或转向角较小时，质心侧偏角为零或可忽略，则车辆的横摆角与航向角相等，如式（3-21）所示。

$$\psi_{(k)} - \psi_{(k-1)} = \varphi_{(k)} - \varphi_{(k-1)} \tag{3-21}$$

将式（3-21）代入式（3-20）可得

第 3 章 基于多信息与多方法融合的质心侧偏角估计方法

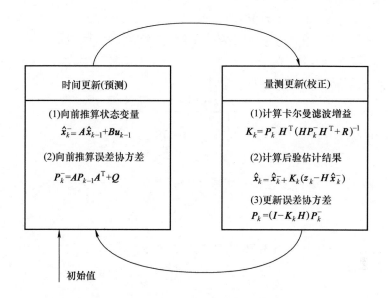

图 3-3　卡尔曼滤波算法迭代流程

$$\varphi_{(k)} - \varphi_{(k-1)} = \frac{1}{2}(\dot{\psi}_{m(k)} + \dot{\psi}_{m(k-1)})\Delta t - b_{\psi(k-1)}\Delta t - w_{\psi(k-1)}\Delta t \quad (3\text{-}22)$$

将式（3-13）进行离散化可得

$$b_{\psi(k)} - b_{\psi(k-1)} = -\frac{1}{T_{b_\psi}} b_{\psi(k-1)}\Delta t + \frac{1}{T_{b_\psi}} w_{b_\psi(k-1)}\Delta t \quad (3\text{-}23)$$

式（3-22）与式（3-23）即为卡尔曼滤波中的递推方程。同时通过 GPS 量测得到的车辆航向角可建立卡尔曼滤波的量测方程，如式（3-24）所示。

$$\varphi_{GPS} = \varphi + \varphi_{GPS}^{error} \quad (3\text{-}24)$$

基于式（3-22）至式（3-24）可建立横摆角速度传感器偏差估计的卡尔曼滤波器，如式（3-25）与式（3-26）所示。

$$x_k^{(1)} = A_1 x_{k-1}^{(1)} + \frac{1}{2} B_1 (u_k^{(1)} + u_{k-1}^{(1)}) + w_{k-1}^{(1)} \quad (3\text{-}25)$$

$$z_k^{(1)} = H_1 x_k^{(1)} + v_k^{(1)} \quad (3\text{-}26)$$

其中

$$x^{(1)} = \begin{bmatrix} \varphi & b_\psi \end{bmatrix}^T, u^{(1)} = \dot{\psi}, z^{(1)} = \varphi_{GPS}$$

$$w^{(1)} = \begin{bmatrix} -w_\psi \Delta t & w_{b_\psi} \dfrac{\Delta t}{T_{b_\psi}} \end{bmatrix}^T, v^{(1)} = \varphi_{GPS}^{error}$$

$$A_1 = \begin{bmatrix} 1 & -\Delta t \\ 0 & 1 - \dfrac{\Delta t}{T_{b_\psi}} \end{bmatrix}, B_1 = \begin{bmatrix} \Delta t & 0 \end{bmatrix}^T, H_1 = \begin{bmatrix} 1 & 0 \end{bmatrix}$$

其中,过程噪声 $w^{(1)}$ 的协方差矩阵可表示为

$$Q^{(1)} = \begin{bmatrix} \Delta t^2 \sigma_\psi^2 & 0 \\ 0 & \dfrac{\Delta t^2}{T_{b_\psi}^2} \sigma_{b_\psi}^2 \end{bmatrix} \tag{3-27}$$

而量测噪声 $v^{(1)}$ 的协方差矩阵可表示为

$$R^{(1)} = \dfrac{\sigma_{\text{GPS}}^2}{V^2} \tag{3-28}$$

利用式(3-25)与式(3-26)建立的卡尔曼滤波器,可以估计出横摆角速度传感器的偏差 $\hat{b}_\psi$。利用 $\hat{b}_\psi$ 可以计算出修正后的横摆角速度估计值,如式(3-29)所示。

$$\hat{\dot{\psi}} = \dot{\psi}_m - \hat{b}_\psi \tag{3-29}$$

5. 加速度传感器偏差估计

当车辆进入转向工况时,质心侧偏角增大,此时车辆的航向角与横摆角不再相等。由修正后的横摆角速度积分可得车辆横摆角,如式(3-30)所示。

$$\hat{\psi} = \int \hat{\dot{\psi}} \mathrm{d}t \tag{3-30}$$

在 GPS 信号更新的时刻,车辆质心侧偏角可表示为航向角与横摆角之差,如式(3-31)所示。

$$\beta_{1\text{Hz}} = \varphi_{\text{GPS}} - \hat{\psi} \tag{3-31}$$

利用式(3-31)计算出的质心侧偏角,可将 GPS 量测得到的车辆合速度在车辆相对坐标系下进行分解,如式(3-32)和式(3-33)所示。

$$V_x^{\text{GPS}} = V^{\text{GPS}} \cos\beta_{1\text{Hz}} \tag{3-32}$$

$$V_y^{\text{GPS}} = V^{\text{GPS}} \sin\beta_{1\text{Hz}} \tag{3-33}$$

由式(3-1)与式(3-2)可得

$$\ddot{x}_v = \ddot{x}_b + \dot{y}_v \dot{\psi} \tag{3-34}$$

$$\ddot{y}_v = \ddot{y}_b - \dot{x}_v \dot{\psi} \tag{3-35}$$

将式(3-14)与式(3-15)代入式(3-34)与式(3-35)可得

$$\ddot{x}_v = \ddot{x}_{bm} + \dot{y}_v \dot{\psi} - b_x - w_x \tag{3-36}$$

$$\ddot{y}_v = \ddot{y}_{bm} - \dot{x}_v \dot{\psi} - b_y - w_y \tag{3-37}$$

将式(3-36)与式(3-37)离散化可得

第3章 基于多信息与多方法融合的质心侧偏角估计方法

$$\dot{x}_{v(k)} - \dot{x}_{v(k-1)} = \frac{1}{2}(\ddot{x}_{\mathrm{bm}(k)} + \ddot{x}_{\mathrm{bm}(k-1)})\Delta t + \dot{y}_{v(k-1)}\hat{\dot{\psi}}\Delta t - b_{x(k-1)}\Delta t - w_{x(k-1)}\Delta t \tag{3-38}$$

$$\dot{y}_{v(k)} - \dot{y}_{v(k-1)} = \frac{1}{2}(\ddot{y}_{\mathrm{bm}(k)} + \ddot{y}_{\mathrm{bm}(k-1)})\Delta t - \dot{x}_{v(k-1)}\hat{\dot{\psi}}\Delta t - b_{y(k-1)}\Delta t - w_{y(k-1)}\Delta t \tag{3-39}$$

将式（3-16）与式（3-17）离散化可得

$$b_{x(k)} - b_{x(k-1)} = -\frac{1}{T_{b_x}}b_{x(k-1)}\Delta t + \frac{1}{T_{b_x}}w_{b_x(k-1)}\Delta t \tag{3-40}$$

$$b_{y(k)} - b_{y(k-1)} = -\frac{1}{T_{b_y}}b_{y(k-1)}\Delta t + \frac{1}{T_{b_y}}w_{b_y(k-1)}\Delta t \tag{3-41}$$

式（3-38）至式（3-41）即为卡尔曼滤波中的递推方程。通过GPS量测的合速度在车辆相对坐标系下的分解速度建立卡尔曼滤波的量测方程，如式（3-42）与式（3-43）所示。

$$V_x^{\mathrm{GPS}} = \dot{x}_v + v_{\mathrm{GPS}} \tag{3-42}$$

$$V_y^{\mathrm{GPS}} = \dot{y}_v + v_{\mathrm{GPS}} \tag{3-43}$$

基于式（3-38）至式（3-43）可以建立纵向加速度与横向加速度传感器偏差估计的卡尔曼滤波器，如式（3-44）与式（3-45）所示。

$$x_k^{(2)} = A_2 x_{k-1}^{(2)} + \frac{1}{2}B_2(u_k^{(2)} + u_{k-1}^{(2)}) + w_{k-1}^{(2)} \tag{3-44}$$

$$z_k^{(2)} = H_2 x_k^{(2)} + v_k^{(2)} \tag{3-45}$$

其中，

$$x^{(2)} = [\dot{x}_v \quad b_x \quad \dot{y}_v \quad b_y]^{\mathrm{T}}, \quad u^{(2)} = [\ddot{x}_b \quad \ddot{y}_b]^{\mathrm{T}}, \quad z^{(2)} = [V_x^{\mathrm{GPS}} \quad V_y^{\mathrm{GPS}}]^{\mathrm{T}}$$

$$w^{(2)} = \left[-w_x\Delta t \quad w_{b_x}\frac{\Delta t}{T_{b_x}} \quad -w_y\Delta t \quad w_{b_y}\frac{\Delta t}{T_{b_y}}\right]^{\mathrm{T}}, \quad v^{(2)} = [v_{\mathrm{GPS}} \quad v_{\mathrm{GPS}}]^{\mathrm{T}}$$

$$A_2 = \begin{bmatrix} 1 & -\Delta t & \hat{\dot{\psi}}\Delta t & 0 \\ 0 & 1-\dfrac{\Delta t}{T_{b_x}} & 0 & 0 \\ -\hat{\dot{\psi}}\Delta t & 0 & 1 & -\Delta t \\ 0 & 0 & 0 & 1-\dfrac{\Delta t}{T_{b_y}} \end{bmatrix}, \quad B_2 = \begin{bmatrix} \Delta t & 0 \\ 0 & 0 \\ 0 & \Delta t \\ 0 & 0 \end{bmatrix}, \quad H_2 = \begin{bmatrix} 1 & 0 & 0 & 0 \\ 0 & 0 & 1 & 0 \end{bmatrix}$$

其中，过程噪声$w^{(2)}$的协方差矩阵可表示为

$$Q^{(2)} = \begin{bmatrix} \Delta t^2 \sigma_x^2 & 0 & 0 & 0 \\ 0 & \dfrac{\Delta t^2}{T_{b_x}^2}\sigma_{b_x}^2 & 0 & 0 \\ 0 & 0 & \Delta t^2 \sigma_y^2 & 0 \\ 0 & 0 & 0 & \dfrac{\Delta t^2}{T_{b_y}^2}\sigma_{b_y}^2 \end{bmatrix} \tag{3-46}$$

而量测噪声 $v^{(2)}$ 的协方差矩阵可表示为

$$R^{(2)} = \begin{bmatrix} \sigma_{\text{GPS}}^2 & 0 \\ 0 & \sigma_{\text{GPS}}^2 \end{bmatrix} \tag{3-47}$$

利用式(3-44)与式(3-45)建立的卡尔曼滤波器,可以估计出纵向与横向加速度传感器的偏差 $\hat{b}_x$ 与 $\hat{b}_y$。利用 $\hat{b}_x$ 与 $\hat{b}_y$ 可以计算出修正后的纵向与横向加速度估计值,如式(3-48)与式(3-49)所示。

$$\hat{\ddot{x}}_b = \ddot{x}_{bm} - \hat{b}_x \tag{3-48}$$

$$\hat{\ddot{y}}_b = \ddot{y}_{bm} - \hat{b}_y \tag{3-49}$$

6. GPS 量测噪声协方差矩阵的自适应调节

常规的卡尔曼滤波算法是已知噪声统计特性时的最优估计。但在实际情况中,由于卫星数目变化、多路径效应以及仪器内部量测噪声等多种因素会造成 GPS 量测噪声的变化。标准卡尔曼滤波算法无法对量测噪声的变化做出估计,因而会导致估计结果的精度下降甚至发散[3]。

INS 和 GPS 具有互补性质的误差特性。前者由于积分误差累积会导致长期稳定性差,但短期量测的精度较高。而后者则相反,其量测误差不会随时间产生累积效应。因此,可利用 INS 的短期高精度性特征对 GPS 量测噪声进行实时估计,从而提高卡尔曼滤波算法的估计精度。

在 GPS 采样的 k 时刻,设 GPS 与 INS 对同一信息 $x(k)$ 的量测输出值分别为 $x_{\text{GPS}}(k)$、$x_{\text{INS}}(k)$,由前述的传感器误差模型可得

$$x_{\text{GPS}}(k) = x(k) + v_{\text{GPS}}(k) \tag{3-50}$$

$$x_{\text{INS}}(k) = x(k) + b_{\text{INS}}(k) + w_{\text{INS}}(k) \tag{3-51}$$

其中,v_{GPS} 与 w_{INS} 分别为 GPS 与 INS 的量测噪声,b_{INS} 为 INS 的量测偏差。分别求出 GPS 与 INS 的差分序列得

$$\begin{aligned} \Delta \text{GPS}(k) &= x_{\text{GPS}}(k) - x_{\text{GPS}}(k-1) = [x(k) + v_{\text{GPS}}(k)] - [x(k-1) + v_{\text{GPS}}(k-1)] \\ &= [x(k) - x(k-1)] + [v_{\text{GPS}}(k) - v_{\text{GPS}}(k-1)] \end{aligned} \tag{3-52}$$

$$\begin{aligned} \Delta \text{INS}(k) &= x_{\text{INS}}(k) - x_{\text{INS}}(k-1) = [x(k) + b_{\text{INS}}(k) + w_{\text{INS}}(k)] - \\ & \quad [x(k-1) + b_{\text{INS}}(k-1) + w_{\text{INS}}(k-1)] \end{aligned}$$

$$= [\boldsymbol{x}(k) - \boldsymbol{x}(k-1)] + [\boldsymbol{b}_{\text{INS}}(k) - \boldsymbol{b}_{\text{INS}}(k-1)] + [\boldsymbol{w}_{\text{INS}}(k) - \boldsymbol{w}_{\text{INS}}(k-1)] \tag{3-53}$$

设 $\boldsymbol{C}(k)$ 为 GPS 与 INS 双系统的互差分序列，则可求出

$$\begin{aligned}\boldsymbol{C}(k) &= \Delta \text{INS}(k) - \Delta \text{GPS}(k) = [\boldsymbol{x}(k) - \boldsymbol{x}(k-1)] + [\boldsymbol{b}_{\text{INS}}(k) - \boldsymbol{b}_{\text{INS}}(k-1)] + \\ &\quad [\boldsymbol{w}_{\text{INS}}(k) - \boldsymbol{w}_{\text{INS}}(k-1)] - [\boldsymbol{x}(k) - \boldsymbol{x}(k-1)] - [\boldsymbol{v}_{\text{GPS}}(k) - \boldsymbol{v}_{\text{GPS}}(k-1)] \\ &= [\boldsymbol{b}_{\text{INS}}(k) - \boldsymbol{b}_{\text{INS}}(k-1)] + [\boldsymbol{w}_{\text{INS}}(k) - \boldsymbol{w}_{\text{INS}}(k-1)] - [\boldsymbol{v}_{\text{GPS}}(k) - \\ &\quad \boldsymbol{v}_{\text{GPS}}(k-1)]\end{aligned} \tag{3-54}$$

互差分序列 $\boldsymbol{C}(k)$ 为零均值，则其自协方差可表示为

$$\begin{aligned}\text{E}[\boldsymbol{C}(k)\boldsymbol{C}(k)^{\text{T}}] &= |\boldsymbol{b}_{\text{INS}}(k) - \boldsymbol{b}_{\text{INS}}(k-1)|^2 + \text{E}[\boldsymbol{w}_{\text{INS}}(k-1)\boldsymbol{w}_{\text{INS}}^{\text{T}}(k-1)] + \\ &\quad \text{E}[\boldsymbol{w}_{\text{INS}}(k)\boldsymbol{w}_{\text{INS}}^{\text{T}}(k)] + \text{E}[\boldsymbol{v}_{\text{GPS}}(k-1)\boldsymbol{v}_{\text{GPS}}^{\text{T}}(k-1)] + \\ &\quad \text{E}[\boldsymbol{v}_{\text{GPS}}(k)\boldsymbol{v}_{\text{GPS}}^{\text{T}}(k)]\end{aligned} \tag{3-55}$$

$\boldsymbol{v}_{\text{GPS}}$ 与 $\boldsymbol{w}_{\text{INS}}$ 均为零均值白噪声，则有

$$\text{E}[\boldsymbol{w}_{\text{INS}}(k)\boldsymbol{w}_{\text{INS}}^{\text{T}}(k)] = \text{var}[\boldsymbol{w}_{\text{INS}}(k)] \tag{3-56}$$

$$\text{E}[\boldsymbol{v}_{\text{GPS}}(k)\boldsymbol{v}_{\text{GPS}}^{\text{T}}(k)] = \text{var}[\boldsymbol{v}_{\text{GPS}}(k)] \tag{3-57}$$

则

$$\begin{aligned}\text{E}[\boldsymbol{C}(k)\boldsymbol{C}(k)^{\text{T}}] &= |\boldsymbol{b}_{\text{INS}}(k) - \boldsymbol{b}_{\text{INS}}(k-1)|^2 + \text{var}[\boldsymbol{w}_{\text{INS}}(k-1)] + \\ &\quad \text{var}[\boldsymbol{w}_{\text{INS}}(k)] + \boldsymbol{R}(k-1) + \boldsymbol{R}(k)\end{aligned} \tag{3-58}$$

INS 采样频率较高，因而短期内的量测精度高于 GPS，即

$$\text{var}[\boldsymbol{w}_{\text{INS}}(k)] = \boldsymbol{R}(k) \tag{3-59}$$

而 INS 的偏差在 GPS 的采样间隔 1s 内变化也很小，即

$$|\boldsymbol{b}_{\text{INS}}(k) - \boldsymbol{b}_{\text{INS}}(k-1)|^2 = \boldsymbol{R}(k) \tag{3-60}$$

则

$$\text{E}[\boldsymbol{C}(k)\boldsymbol{C}(k)^{\text{T}}] \approx \boldsymbol{R}(k-1) + \boldsymbol{R}(k) \tag{3-61}$$

整理得

$$\boldsymbol{R}(k) \approx \frac{\text{E}[\boldsymbol{C}(k)\boldsymbol{C}(k)^{\text{T}}]}{2} \tag{3-62}$$

由式（3-62）可知，互差分序列 $\boldsymbol{C}(k)$ 中包含了 GPS 量测噪声协方差矩阵 $\boldsymbol{R}(k)$ 的信息，通过对 $\boldsymbol{C}(k)$ 统计特性的分析可以得到 GPS 量测噪声 $\boldsymbol{R}(k)$。当噪声发生动态变化时，样本容量过大会使动态特征的信息表征不明显。为防止当前时刻的动态信息淹没在大量的历史信息中，导致统计结果不能及时跟踪变化的噪声信息，采用连续滑动窗口法进行方差统计，如式（3-63）所示。

$$\hat{\boldsymbol{R}}(i) = \frac{1}{M_{\text{w}} - 1} \sum_{k=i-M_{\text{w}}+1}^{i} \left[\boldsymbol{C}(k) - \frac{1}{M_{\text{w}}} \sum_{k=i-M_{\text{w}}+1}^{i} \boldsymbol{C}(k)\right]^2 / 2 \quad i \geqslant M_{\text{w}} \tag{3-63}$$

其中，i 为当前时刻，M_w 为窗口宽度，其取值一般为 30~50。

由于上述统计中的样本容量较小，易出现野值点，产生较大的估计误差，因此需要进行野值点的剔除。当样本点与样本均值的差值大于 η 倍的标准差时，认为该样本点为野值点，进行剔除，重置为样本均值。野值点的判断条件如式（3-64）所示。

$$\left| C(k) - \frac{1}{M_w} \sum_{k=i-M_w+1}^{i} C(k) \right| > \eta g \left[\frac{1}{M_w - 1} \sum_{k=i-M_w+1}^{i} \left[C(k) - \frac{1}{M_w} \sum_{k=i-M_w+1}^{i} C(k) \right]^2 \right]^{\frac{1}{2}}$$

$$i - M_w + 1 < k < i \tag{3-64}$$

其中，η 为剔除因子，其取值一般为 2.5~5。

经过方差统计和野值点剔除可得 GPS 的量测噪声信息，但由于是小样本统计结果，$\hat{R}(k)$ 的变化较大。而卡尔曼滤波是建立在稳定的噪声统计特性基础上的递推估计，噪声矩阵如果变化过大会影响卡尔曼滤波的估计精度。为抑制噪声矩阵的过快变化，采用指数加权法更新 R 矩阵[17]，如式（3-65）与式（3-66）所示。指数加权，即赋予当前量测数据和历史数据以不同的权重系数，使历史数据逐渐遗忘，而当前数据发挥主要作用。

$$R(k) = (1 - d_k) R(k-1) + d_k \hat{R}(k) \tag{3-65}$$

$$d_k = (1 - b_f)/(1 - b_f^{k+1}) \tag{3-66}$$

其中，b_f 为遗忘因子，其取值一般为 0.95~0.995。

图 3-4 所示为 100km/h 车速下 GPS 量测噪声方差的自适应估计结果，其中图 a 为速度量测噪声方差，图 b 为航向角量测噪声方差。选取的窗口宽度 M_w 为 30，剔除因子 η 为 2.5，遗忘因子 b_f 为 0.98。从图 3-4 所示结果可以看出，所采用的 GPS 量测噪声自适应估计方法可以较好地对 GPS 量测噪声的变化进行估计，有效地提高卡尔曼滤波算法的估计精度，从而对车速和质心侧偏角做出更为准确的估计。

7. 质心侧偏角估计

利用修正后的横摆角速度和纵向、横向加速度结果，基于 GPS 采样时刻提供的准确的车速信息，同时结合电机控制器提供的四轮轮速信息，可以对车辆的质心侧偏角进行估计。

在纵向车速估计的基础上，可以通过 GPS 以及修正后的 INS 信息估计横向车速，进而计算出车辆的质心侧偏角。由于横向车速的估计精度对质心侧偏角估计结果的影响较大，因而需要将 GPS 延时效应的影响考虑在内，以提高横向车速的估计精度。

设 t_i 为 GPS 采样时刻，考虑到 GPS 的延时 T_{GPS}，其采样点的横向速度与实际横向速度的关系可表示为

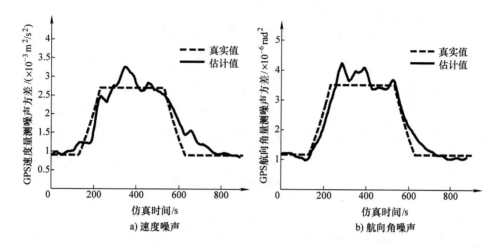

图 3-4 GPS 量测噪声方差自适应估计结果

$$V_y^{GPS}(t_i) = \dot{y}_v(t_i - T_{GPS}) \tag{3-67}$$

以 GPS 采样点的横向车速为基准,考虑其延时效应,利用修正后的横向加速度及横摆角速度信号进行积分运算,可以得到横向车速的估计值,如式(3-68)所示。

$$\hat{\dot{y}}_v(t) = V_y^{GPS}(t_i) + \int_{t_i-T_{GPS}}^{t} [\hat{\ddot{y}}_b(t) - \hat{\dot{\psi}}(t)\hat{\dot{x}}_v(t)]dt \tag{3-68}$$

其中,$t_i \leqslant t \leqslant t_{i+1}$。

在纵向和横向车速估计的基础上,通过式(3-69)计算运动学估计方法对车辆质心侧偏角的估计结果。

$$\hat{\beta}_{kin} = \arctan\left(\frac{\hat{\dot{y}}_v}{\hat{\dot{x}}_v}\right) \tag{3-69}$$

3.1.2 基于直接积分法的质心侧偏角估计

基于直接积分法的质心侧偏角滤波器的状态向量为

$$\hat{X}_k^{v_y^{LF2}} = [\hat{v}_{y,k}^{LF2} \quad \hat{\dot{v}}_{y,k}^{LF2}]^T \tag{3-70}$$

建立该子滤波器的状态空间方程:

$$\hat{X}_{k+1}^{v_y^{LF2}} = A_k^{v_y-LF2} \hat{X}_k^{v_y^{LF2}} + n_{s,k}^{v_y-LF2} \tag{3-71}$$

其中,$n_{s,k}^{v_y-LF2}$ 认为是白噪声;$A_k^{v_y-LF2}$ 是系统状态转移矩阵,且

$$A_k^{v_y-LF2} = \begin{bmatrix} 1 & T \\ 0 & 1 \end{bmatrix} \tag{3-72}$$

该子滤波器的量测方程为

$$Z_{k+1}^{v_y-LF2} = H_{k+1}^{v_y-LF2} \hat{X}_{k+1}^{v_y-LF2} + n_{m,k+1}^{v_y-LF2} \quad (3\text{-}73)$$

其中，$Z_{k+1}^{v_y-LF2}$ 为量测变量，且 $Z_{k+1}^{v_y-LF2} = \dot{v}_{y,k+1}$；$n_{m,k+1}^{v_y-LF2}$ 认为是白噪声；$H_{k+1}^{v_y-LF2}$ 是观测矩阵，且

$$H_{k+1}^{v_y-LF2} = \begin{bmatrix} 0 & 1 \end{bmatrix} \quad (3\text{-}74)$$

利用扩展卡尔曼滤波器技术对车辆的横向车速进行估计。

3.2 基于动力学的质心侧偏角估计方法

3.2.1 基于无味粒子滤波的车辆运动状态估计

1. 非线性车辆动力学模型搭建

如图 3-5 所示，以分布式电驱动车辆的质心为坐标原点，建立固结于车身的坐标系统 $x_V y_V$，坐标系采用 ISO 定义[4]。其中，x_V 轴指向车辆的前进方向，y_V 轴指向车辆前进方向的左侧。

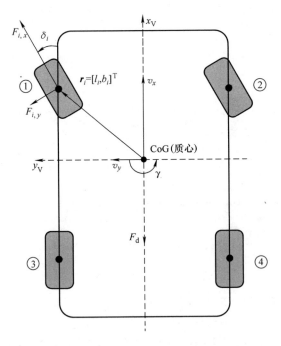

图 3-5 车辆动力学模型

如图 3-6 和图 3-7 所示，定义固结于各个轮胎的轮胎坐标系 $x_W y_W$，轮胎坐标系原点位于各个轮胎的中心，在车身坐标系下，各轮胎坐标系原点坐标为 $\boldsymbol{r}_i = [l_i, b_i]^T$，$i \in \{1, 2, 3, 4\}$，$i$ 表示图 3-5 中轮胎对应编号，各轮坐标系相对于车身的转角为 δ_i。$x_{i,W}$ 轴指向轮胎的滚动方向，$y_{i,W}$ 轴指向轮胎滚动方向的左侧。同时定义原点固结于各轮中心的坐标系 $x_R y_R$，$x_{i,R}$ 轴指向车辆的前进方向，$y_{i,R}$ 轴指向车辆前进方向的左侧。

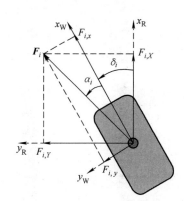

图 3-6 轮胎动力学模型　　　图 3-7 轮胎运动学模型

（1）轮胎动力学模型分析　如图 3-6 所示，电驱动轮产生的驱动力为 $F_{i,x}$，轮胎侧向力为 $F_{i,y}$，轮胎坐标系下产生的合力为 $\boldsymbol{F}_i = [F_{i,x}, F_{i,y}]^T$。将 $\boldsymbol{F}_i$ 投影于坐标系 $x_R y_R$ 得到力向量 $\boldsymbol{F}_{i,R} = [F_{i,X}, F_{i,Y}]^T$，$\boldsymbol{F}_{i,R}$ 可计算得

$$\boldsymbol{F}_{i,R} = \boldsymbol{R}(\delta_i) \boldsymbol{F}_i \tag{3-75}$$

式（3-75）中，由轮胎坐标系 $x_W y_W$ 到 $x_R y_R$ 的变换矩阵为 $\boldsymbol{R}(\delta_i)$，该变换矩阵取决于该轮转角

$$\boldsymbol{R}(\delta_i) = \begin{bmatrix} \cos\delta_i & -\sin\delta_i \\ \sin\delta_i & \cos\delta_i \end{bmatrix} \tag{3-76}$$

（2）车辆动力学模型分析　除轮胎作用力外，作用于车辆上的力还包括风阻、滚阻和坡阻。假设风阻和滚阻作用点为质心处，则记三者的合力为 $\boldsymbol{F}_d$。在车辆坐标系下，$\boldsymbol{F}_d$ 为

$$\boldsymbol{F}_d = \begin{bmatrix} \frac{1}{2}\rho C_d A v_x^2 + mgf\cos\theta + mg\sin\theta \\ 0 \end{bmatrix} \tag{3-77}$$

由平面一般力系的平移定理，将力系 $\{\boldsymbol{F}_{1,R}, \boldsymbol{F}_{2,R}, \boldsymbol{F}_{3,R}, \boldsymbol{F}_{4,R}, \boldsymbol{F}_d\}$ 在车辆坐标系 $x_V y_V$ 下向车辆质心做简化，可得到作用于车辆的合力，即

$$Q = \sum_{i=1}^{4} \begin{bmatrix} F_{i,R} \\ g_i^T F_{i,R} \end{bmatrix} + \begin{bmatrix} F_d \\ 0 \end{bmatrix} \tag{3-78}$$

式中，$g_i = [-b_i, l_i]^T$ 取决于车辆的结构，$Q = [F_x, F_y, M]^T$。

利用质系动量定理和动量矩定理可以得到作用于车辆质心的加速度 a_x，a_y 和横摆角加速度 $\dot{\gamma}$，进而建立整车动力学方程为

$$U = CQ \tag{3-79}$$

式中，$U = [a_x, a_y, \dot{\gamma}]^T$，$C = \text{diag}\{m^{-1}, m^{-1}, I_z^{-1}\}$。

(3) 车辆运动学模型分析　定义状态向量 $V = [v_x, v_y, \gamma]^T$，其中，v_x 是纵向速度，v_y 是侧向速度，γ 是横摆角速度，由车辆运动学关系，可以建立完整的整车动力学方程

$$\dot{V} = U + G(V)V$$

$$G(V) = \begin{bmatrix} 0 & -\gamma & 0 \\ \gamma & 0 & 0 \\ 0 & 0 & 0 \end{bmatrix} \tag{3-80}$$

(4) 轮胎运动学模型分析　如图 3-7 所示，在坐标系 $x_R y_R$ 中，驱动轮中心速度为 $v_{i,R} = [v_{i,X}, v_{i,Y}]^T$，由状态向量 V 到驱动轮中心速度 $v_{i,V}$ 的变换矩阵为 $P_{i,V}$，则

$$v_{i,V} = P_{i,V} V \tag{3-81}$$

$$P_{i,V} = [I_2 \quad g_i] \tag{3-82}$$

车轮坐标系 $x_W y_W$ 下，驱动轮中心速度为 $v_i = [v_{i,X}, v_{i,Y}]^T$。由式 (3-82) 可知，坐标系 $x_W y_W$ 到 $x_R y_R$ 的变换矩阵为 $R(\delta_i)$，又由于旋转变换矩阵都是正交矩阵，故而坐标系 $x_R y_R$ 到 $x_W y_W$ 的变换矩阵为 $R^T(\delta_i)$。因此有

$$v_i = R^T(\delta_i) v_{i,R} \tag{3-83}$$

可得轮心在轮胎滚动方向上的速度为

$$v_{i,x} = L_i^T V \tag{3-84}$$

$$L_i = [\cos\delta_i, \sin\delta_i, -b_i\cos\delta_i + l_i\sin\delta_i]^T \tag{3-85}$$

2. 非线性轮胎模型搭建

(1) Magic Formula 轮胎模型分析　Magic Formula 轮胎模型是一种基于实测数据的半经验模型，在目前应用比较广泛的各种轮胎模型中，该模型最为精确[4]。将该模型应用于车辆状态参数观测领域，可以提供更为精确的信息，因此本书采用 Magic Formula 轮胎模型（简称为 Magic Formula 模型）进行状态参数观测。图 3-8 为利用该模型所绘制的轮胎特性曲线。

为了提高运算速度，简化计算流程，需要对 Magic Formula 模型进行简化，基本假设包括：路面附着系数已知[5]；轮胎滚动半径已知；回正力矩可以忽略；

车轮外倾角可以忽略。基于以上的假设，将 Magic Formula 模型简化成如下的形式[5]

$$y = D\sin(C\arctan(Bx - E(Bx - \arctan(Bx)))) \quad (3-86)$$

Magic Formula 模型的计算流程如下所示：

1）纯侧滑或纯滑转情况下，纵向力和侧向力解耦，计算名义纵向力 F_{x0} 和名义侧向力 F_{y0}

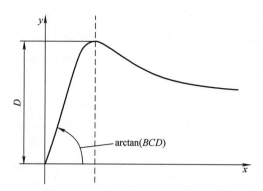

图 3-8 Magic Formula 轮胎模型特性曲线

$$F_{x0} = D_x\sin(C_x\arctan(B_x\kappa - E_x(B_x\kappa - \arctan(B_x\kappa)))) \quad (3-87)$$

$$F_{y0} = D_y\sin(C_y\arctan(B_y\alpha - E_y(B_y\alpha - \arctan(B_y\alpha)))) \quad (3-88)$$

2）侧滑和滑转同时发生时，计算侧滑对纵向力的影响因数 $G_{x\alpha}$ 以及滑转对侧向力的影响因数 $G_{y\kappa}$

$$G_{x\alpha} = \frac{\cos(C_{x\alpha}\arctan(B_{x\alpha}(\alpha + S_{H,x\alpha})))}{\cos(C_{x\alpha}\arctan(B_{x\alpha}S_{H,x\alpha}))} \quad (3-89)$$

$$G_{y\kappa} = \frac{\cos(C_{y\kappa}\arctan(B_{y\kappa}(\kappa + S_{H,y\kappa})))}{\cos(C_{y\kappa}\arctan(B_{y\kappa}S_{H,y\kappa}))} \quad (3-90)$$

3）侧滑和滑转同时发生时，计算轮胎的纵向力 F_x 和准静态侧向力 $\overline{F}_y$

$$F_x = G_{x\alpha}F_{x0} \quad (3-91)$$

$$\overline{F}_y = G_{y\kappa}F_{y0} \quad (3-92)$$

（2）动态轮胎模型分析 前文所提的简化 Magic Formula 模型只能够适用于准静态工况。为了较好地逼近轮胎的非线性特性，本文在进行侧向力的估计时引入了动态 Magic Formula 模型，通过模型的非线性化来实现更为准确的状态参数估计[6]，如式（3-93）所示。

$$\dot{F}_y = \frac{K_0 V_x}{C_{\alpha 0}}(\overline{F}_y - F_y) \quad (3-93)$$

式中，$\overline{F}_y$ 是利用式（3-92）得到的准静态侧向力，V_x 是轮心纵向速度，$C_{\alpha 0}$ 是轮胎初始侧偏刚度，K_0 是轮胎初始侧向位移刚度。式（3-93）适用于在车速变化情况下对轮胎侧向力进行描述[7,8]。

3. 非线性状态观测模型设计

首先设计输入向量，分布式电驱动轮的轮边纵向驱动力可以通过式（3-94）计算得到

$$F_{i,x} = \frac{T_i - I_w \dot{\omega}_i}{R} \quad (3-94)$$

式中，I_w 为驱动轮的转动惯量（含电机），$\dot{\omega}_i$ 为该轮的角加速度。由于驱动电机的力矩和转速精确可知，可以认为轮边驱动力 $F_{i,x}$ 是已知的。

对于前轮转向汽车，各轮转角 δ_i 可简化为如式（3-95）所示的形式

$$\begin{cases} \delta_1 = \delta_2 = \delta \\ \delta_3 = \delta_4 = 0 \end{cases} \tag{3-95}$$

至此，定义输入向量 u 由前轮转角和各轮纵向驱动力组成。

$$u = [\delta \quad F_{1,x} \quad F_{2,x} \quad F_{3,x} \quad F_{4,x}]^T \tag{3-96}$$

待观测的状态量包括纵横向速度、横摆角速度和各轮的侧向力，定义状态向量 x 为

$$x = [v_x \quad v_y \quad \gamma \quad F_{1,y} \quad F_{2,y} \quad F_{3,y} \quad F_{4,y}]^T \tag{3-97}$$

量测向量由惯性传感器的量测值和各轮转速组成，定义量测向量 y 为

$$y = [a_x \quad a_y \quad \gamma \quad \omega_1 \quad \omega_2 \quad \omega_3 \quad \omega_4]^T \tag{3-98}$$

递推方程是利用当前的状态向量和输入向量来预测下一时刻的状态向量，根据式（3-80）及式（3-101），可以得到状态递推方程为

$$\dot{x}(t) = \tilde{f}(x(t), u(t)) \tag{3-99}$$

如图 3-8 可知，如果轮胎纵向力不超过路面所能够提供的最大的附着力的 80%，纵向滑转率与纵向力基本成正比。在这种情况下，以纵向滑转率为变量，在原点对纵向力求偏导，求解初始纵滑刚度 $C_{\kappa 0}$，有式（3-100）。

$$C_{\kappa 0} = G_{x\alpha} BCD \tag{3-100}$$

在正常驾驶情况下，纵向滑转率的估计值 $\hat{\kappa}$ 可以用式（3-101）表达

$$\hat{\kappa} \approx \frac{F_x}{C_{\kappa 0}}, \quad F_x \leq 80\% G_{x\alpha} D \tag{3-101}$$

在滑转率不大时，式（3-102）可以较好地近似轮速

$$\omega_i = \frac{(1+\hat{\kappa}) V_{i,x}}{R_i} \tag{3-102}$$

综合考虑式（3-79）和式（3-102），可以得到式（3-103）所示的量测方程

$$y(t) = \tilde{h}(x(t), u(t)) \tag{3-103}$$

其中，量测向量中的轮速部分可通过分布式驱动电机直接得到，而惯性量测值部分可通过标定后的惯性传感器直接量测得到。至此，搭建了完整的状态方程，包括式（3-99）和式（3-103）。

4. 无味粒子滤波器设计

在搭建了完整的状态观测模型基础之上，选择合适的滤波器进行状态参数的观测[22,23]。

卡尔曼滤波（KF）是状态观测领域内最为有效的数学工具之一[9,10,11]，其也

在车辆状态参数观测领域内得了广泛应用[12]，但其只能应用于线性观测问题。

扩展卡尔曼滤波（EKF）是基于经典的线性卡尔曼滤波建立的[13]，其基本思想是在状态估计值对惯性模型进行线性展开，然后应用 KF 进行状态观测。但 EKF 必须满足线性假设并计算雅可比（Jacobian）矩阵。

为了克服 EKF 的缺点，20 世纪 90 年代起，牛津大学的 JULIER 等[12]发展了无味卡尔曼滤波（UKF）。与 EKF 不同，UKF 不需要计算雅可比矩阵，直接利用非线性方程来进行状态参数观测，避免了线性化误差的影响。EKF 和 UKF 的基本假设是状态噪声属于高斯（Gaussian）分布，但是真实工况十分复杂，在实际应用过程中，高斯假设往往不正确。

为了取消高斯假设，一些专家在近些年又提出了粒子滤波（PF）[14,15]，并将其应用于状态跟踪及定位[14,15]。PF 是基于重要性采样和蒙特卡罗（Monte Carlo）假设所建立的，它取消了高斯假设，可以有效处理高阶非线性状态观测问题。PF 的主要缺陷就是粒子枯竭现象的发生，也就是随着滤波迭代次数的增加，大部分权值较小的粒子子代会变得很少或消失，只有很少的权值较大的粒子子代极多，粒子集多样性减弱，从而不足以用来近似表征后验密度[16,17]。

为了解决 PF 的粒子枯竭问题，剑桥大学的 VAN DER MERWE 等[17]提出了无味粒子滤波（UPF）方法。该方法利用无味变换（UT）来设计粒子提议分布，从而解决了 PF 带来的粒子枯竭问题并保留了 PF 的优势。与 EKF 和 UKF 相比，UPF 更适用于对强非线性问题进行观测，UPF 具有如下优势：不需要计算雅可比矩阵；估计结果保留了非线性问题的高阶信息；取消了状态噪声的高斯假设。

相比于 EKF 和 UKF，UPF 的主要缺点是计算量略大，但是由于 UPF 能够很好地近似车辆及轮胎的非线性特征，在进行状态观测时可以选择较大的仿真步长，这在一定程度上弥补了计算量大的缺点。

由于所搭建的车辆模型具有强非线性，采用 UPF 可以对该问题进行有效观测。利用 UPF 来对分布式电驱动车辆的状态参数观测分为以下步骤，推导过程参考了文献 [17, 18, 19]。

(1) 状态方程离散化　将状态方程（3-99）和状态方程（3-103）离散化，得到将用于进行状态观测的离散状态方程，如式（3-104）和式（3-105）所示。

$$\boldsymbol{x}_{k+1} = \boldsymbol{f}(\boldsymbol{x}_k, \boldsymbol{u}_k) + \boldsymbol{q}_k \quad (3\text{-}104)$$

$$\boldsymbol{y}_k = \boldsymbol{h}(\boldsymbol{x}_k, \boldsymbol{u}_k) + \boldsymbol{r}_k \quad (3\text{-}105)$$

式中，$\boldsymbol{x}(k) \in \boldsymbol{R}^{n_x}$ 是在时刻 k 的状态向量，$\boldsymbol{u}(k) \in \boldsymbol{R}^{n_u}$ 是输入向量，$\boldsymbol{y}(k) \in \boldsymbol{R}^{n_y}$ 是输出向量，$\boldsymbol{q}(k) \in \boldsymbol{R}^{n_x}$ 是过程噪声，$\boldsymbol{r}(k) \in \boldsymbol{R}^{n_y}$ 是量测噪声，$\boldsymbol{q}(k)$ 和量测噪声 $\boldsymbol{r}(k)$ 自协方差和互协方差如下：

$$E[\boldsymbol{q}_i \boldsymbol{q}_j^\mathrm{T}] = \delta_{ij} \boldsymbol{Q}, \ \forall i,j \quad (3\text{-}106)$$

$$E[\boldsymbol{r}_i \boldsymbol{r}_j^\mathrm{T}] = \delta_{ij} \boldsymbol{R}, \ \forall i,j \quad (3\text{-}107)$$

$$E[\boldsymbol{q}_i \boldsymbol{r}_j^T] = \boldsymbol{0}, \ \forall i,j \tag{3-108}$$

式中，$\boldsymbol{Q} \in \boldsymbol{R}^{n_x \times n_x}$ 和 $\boldsymbol{R} \in \boldsymbol{R}^{n_y \times n_y}$ 是对称正定矩阵，δ_{ij} 是克罗内克函数。

$$\delta_{ij} = \begin{cases} 1 & i=j \\ 0 & i \neq j \end{cases} \tag{3-109}$$

（2）初始化滤波器（当 $k=0$ 时）　从先验分布 $p(\boldsymbol{x}_0)$ 中抽取 N 个粒子 $\{\boldsymbol{x}_0^{(i)}\}_{i=1}^N$。粒子数越多，粒子滤波产生的状态分布越接近状态后验分布。根据抽取的粒子 $\{\boldsymbol{x}_0^{(i)}\}_{i=1}^N$ 得到状态向量初始值 $\boldsymbol{x}_0^{(i)}$ 和状态向量初始协方差 $\boldsymbol{P}_0^{(i)}$

$$\overline{\boldsymbol{x}}_0^{(i)} = E[\boldsymbol{x}_0^{(i)}] \tag{3-110}$$

$$\boldsymbol{P}_0^{(i)} = E[(\boldsymbol{x}_0^{(i)} - \overline{\boldsymbol{x}}_0^{(i)})(\boldsymbol{x}_0^{(i)} - \overline{\boldsymbol{x}}_0^{(i)})^T] \tag{3-111}$$

考虑过程噪声和量测噪声，扩展后的初始状态向量和协方差为

$$\overline{\boldsymbol{x}}_0^{(i)a} = E[\boldsymbol{x}_0^{(i)a}] = [(\overline{\boldsymbol{x}}_0^{(i)})^T \ \ \boldsymbol{0} \ \ \boldsymbol{0}] \tag{3-112}$$

$$\boldsymbol{P}_0^{(i)a} = E[(\boldsymbol{x}_0^{(i)a} - \overline{\boldsymbol{x}}_0^{(i)a})(\boldsymbol{x}_0^{(i)a} - \overline{\boldsymbol{x}}_0^{(i)a})^T] \tag{3-113}$$

（3）递推滤波计算（当 $k=1,2,\cdots$ 时）

1）Sigma 点采样。采样对称采样策略选取 Sigma 点，利用无味变换更新 N 个粒子的 Sigma 点，对于 $i=1,\cdots,N$，有

$$X_{k-1}^{(i)a} = [\overline{\boldsymbol{x}}_{k-1}^{(i)a}, \overline{\boldsymbol{x}}_{k-1}^{(i)a} \pm (\sqrt{(n_a+\lambda)\boldsymbol{P}_{k-1}^{(i)a}})] \tag{3-114}$$

2）时间更新过程。选择合适的变量 κ，α 和 β。选择 $\kappa \geq 0$，保证协方差矩阵半正定性。α 的作用是调节粒子的分布距离，降低高阶矩影响，减少预期误差，此处选择 $10^{-4} \leq \alpha \leq 1$。$\beta$ 则包括了 $\overline{\boldsymbol{x}}_0^{(i)a}$ 先验分布的高阶矩阵信息。综上所述，选择 $\kappa=0$，$\alpha=0.001$，$\beta=2$。

其中，λ 是放大系数，可调整各粒子的权重系数

$$\lambda = \alpha^2(n_a+\kappa) - n_a \tag{3-115}$$

状态向量 $\boldsymbol{x}$ 的维数为 n_x，量测噪声维数为 n_v，扩展后的状态向量 $\boldsymbol{x}^a$ 的维数为 n_a

$$n_a = 2n_x + n_v \tag{3-116}$$

Sigma 点权值为

$$W_0^{(m)} = \frac{\lambda}{n_a+\lambda} \tag{3-117}$$

$$W_0^{(c)} = \frac{\lambda}{n_a+\lambda} + (1-\alpha^2+\beta) \tag{3-118}$$

$$W_i^{(m)} = W_i^{(c)} = \frac{1}{2(n_a+\lambda)}, i=1,\cdots,2n_a \tag{3-119}$$

利用非线性状态方程（3-104）更新全部 Sigma 点。

$$X_{k|k-1}^{(i)x} = f(X_{k-1}^{(i)x}, \boldsymbol{u}(k-1)) + X_{k-1}^{(i)w} \tag{3-120}$$

通过加权计算得到状态向量的预测值为

$$\bar{x}_{k|k-1}^{(i)} = \sum_{j=0}^{2n_a} W_j^{(m)} X_{j,k|k-1}^{(i)x} \tag{3-121}$$

利用非线性观测方程（3-105）对全部 Sigma 点进行非线性变换。

$$Y_{k|k-1}^{(i)x} = h(X_{k-1}^{(i)x}, u(k-1)) + X_k^{(i)v} \tag{3-122}$$

通过加权得到系统的预测值为

$$\bar{y}_{k|k-1}^{(i)} = \sum_{j=0}^{2n_a} W_j^{(m)} X_{j,k|k-1}^{(i)x} \tag{3-123}$$

通过加权计算协方差矩阵的预测值为

$$P_{k|k-1}^{(i)} = \sum_{j=0}^{2n_a} W_j^{(c)} (X_{j,k|k-1}^{(i)x} - \bar{x}_{k|k-1}^{(i)})(X_{j,k|k-1}^{(i)x} - \bar{x}_{k|k-1}^{(i)})^{\mathrm{T}} \tag{3-124}$$

3）量测过程更新。先验估计误差的协方差矩阵为

$$P_{x_k,y_k} = \sum_{j=0}^{2n_a} W_j^{(c)} (X_{j,k|k-1}^{(i)} - \bar{x}_{k|k-1}^{(i)})(Y_{j,k|k-1}^{(i)} - \bar{y}_{k|k-1}^{(i)})^{\mathrm{T}} \tag{3-125}$$

后验估计误差的协方差矩阵为

$$P_{\widetilde{y}_k,\widetilde{y}_k} = \sum_{j=0}^{2n_a} W_j^{(c)} (Y_{j,k|k-1}^{(i)} - \bar{y}_{k|k-1}^{(i)})(Y_{j,k|k-1}^{(i)} - \bar{y}_{k|k-1}^{(i)})^{\mathrm{T}} \tag{3-126}$$

滤波增益矩阵为

$$K_k = P_{x_k,y_k} P_{\widetilde{y}_k,\widetilde{y}_k}^{-1} \tag{3-127}$$

状态更新后的滤波值为

$$\bar{x}_k^{(i)} = \bar{x}_{k|k-1}^{(i)} + K_k(y_k - \bar{y}_{k|k-1}^{(i)}) \tag{3-128}$$

状态更新后的后验方差阵为

$$\hat{P}_k^{(i)} = P_{k|k-1}^{(i)} - K_k P_{\widetilde{y}_k,\widetilde{y}_k} K_k^{\mathrm{T}} \tag{3-129}$$

4）重要性采样。选取系统状态转移概率密度为重要性采样的概率密度，也就是对 N 个粒子分别抽取 $\hat{x}_k^{(i)}$，其中，$i=1,\cdots,N$。

$$\hat{x}_k^{(i)} \sim q(x_k^{(i)}|x_{0:k-1}^{(i)},y_{1:k}) = N(\bar{x}_k^{(i)},\hat{P}_k^{(i)}) \tag{3-130}$$

$$\hat{x}_{0:k}^{(i)} \triangleq (x_{0:k-1}^{(i)},\hat{x}_k^{(i)}) \tag{3-131}$$

$$\hat{P}_{0:k}^{(i)} \triangleq (P_{0:k-1}^{(i)},\hat{P}_k^{(i)}) \tag{3-132}$$

对于 $i=1,\cdots,N$，计算各粒子新样本权重为

$$w_k^{(i)} \propto \frac{p(y_k|\hat{x}_k^{(i)}) p(\hat{x}_k^{(i)}|x_{k-1}^{(i)})}{q(\hat{x}_k^{(i)}|x_{0:k-1}^{(i)},y_{1:t})} \tag{3-133}$$

对于 $i=1,\cdots,N$，将各粒子权重归一化，有

$$\widetilde{w}_k^{(i)} = w_k^{(i)} \left[\sum_{j=1}^N w_k^{(j)}\right]^{-1} \tag{3-134}$$

5)重采样。粒子退化是指经过若干步递推之后,可能除了个别粒子外,几乎所有粒子的权值都趋近于 0,这是粒子滤波的一个主要缺陷[13]。为了避免过多的运算集中在权重很小的粒子上面,需要引入重采样来减少小权重的粒子,增加大权重的粒子。首先,按照粒子权重 $\widetilde{w}_k^{(i)}$ 的大小来复制相应的粒子群 $\{\hat{x}_{0:k}^{(i)}, \hat{P}_{0:k}^{(i)}\}_{i=1}^N$,增加大权重粒子群,减少小权重粒子群。其次,按照后验概率分布 $p(x_{0:k}^{(i)}|y_{1:k})$,分别获得 N 个随机粒子群 $\{\widetilde{x}_{0:k}^{(i)}, \widetilde{P}_{0:k}^{(i)}\}_{i=1}^N$,并用这个新的粒子群代替之前的粒子群。对于这 N 个新的随机粒子群,重新设置对应权重为 $w_k^{(i)} = \widetilde{w}_k^{(i)} = N^{-1}$。

6)状态输出。UPF 的输出是一个采样点的集合,该集合可以用于接近真实的后验概率分布。考虑粒子权重的状态向量的估计值为

$$\overline{x}_k^{(i)} = \sum_{i=1}^N w_k^{(i)} x_k^{(i)} \tag{3-135}$$

考虑粒子权重的状态向量的协方差矩阵为

$$\overline{P}_k^{(i)} = \sum_{i=1}^N w_k^{(i)} (x_k^{(i)} - \overline{x}_k^{(i)})(x_k^{(i)} - \overline{x}_k^{(i)})^T \tag{3-136}$$

递推计算时重复过程 1)至 6)即可得到 k 时刻的状态向量估计值 $\hat{x}_k$,如式(3-137)所示。

$$\hat{x}_k = \overline{x}_k^{(i)} \tag{3-137}$$

5. 量测噪声协方差自适应调节

量测向量 y 由惯性传感器量测值和各轮转速组成,假设各个量测得到的信息之间相互无关,则量测噪声协方差矩阵 R 可以简化为对角阵。

$$R = \text{diag}\{r_{a_x}, r_{a_y}, r_\gamma, r_{\omega_1}, r_{\omega_2}, r_{\omega_3}, r_{\omega_4}\} \tag{3-138}$$

虽然噪声的协方差矩阵并不能够准确给出,但是车辆的信息和噪声协方差矩阵是密切相关的,据此给出如下的量测噪声协方差自适应调节准则:

1)当惯性传感器信号 a_x,a_y,γ 比较小时,惯性传感器信噪比较小,可信度减小,此时应该增加惯性传感器的量测噪声 r_{a_x},r_{a_y},r_γ。

2)当车轮的纵向驱动力较大,车轮滑转率较大,轮速信息的可信度减小,此时应该增加轮速信息的噪声 r_{ω_i},同时减少加速度信息噪声 r_{a_x}。

3)当转向盘转角 δ 较小时,横摆角速度 γ 应该较小,此时横摆角速度对应的噪声 r_γ 应该增加。

4)当转向盘转角 δ 较小时,侧向加速度 a_y 应该较小,此时侧向加速度对应的噪声 r_{a_y} 应该增加。

考虑上述准则,利用 RISF 方法来设计协方差矩阵会收到比较好的效果[18]。此处采用了多种车辆信息来设计量测噪声协方差,如式(3-139)~式(3-142)所示。

$$r_{a_x} = c_{a_{x1}}\exp(-d_{a_{x1}}|a_x|) + c_{a_{x2}}\exp\left(-d_{a_{x2}}\left|\sum_{i=1}^{4}F_{i,x}\right|\right) + c_{a_{x3}}\exp\left(-d_{a_{x3}}\left|\sum_{i=1}^{4}\kappa_i\right|\right)$$
(3-139)

$$r_{a_y} = c_{a_{y1}}\exp(-d_{a_{y1}}|a_y|) + c_{a_{y2}}\exp(-d_{a_{y2}}|\delta|) \tag{3-140}$$

$$r_\gamma = c_{\gamma_1}\exp(-d_{\gamma_1}|\gamma|) + c_{\gamma_2}\exp(-d_{\gamma_2}|\delta|) \tag{3-141}$$

$$r_{\omega_i} = c_{\omega_{i1}}\exp(d_{\omega_{i1}}|\hat{\kappa}_i|) + c_{\omega_{i2}}\exp(d_{\omega_{i2}}|a_x|) + c_{\omega_{i3}}\exp(d_{\omega_{i3}}|a_y|) \tag{3-142}$$

其中，c_j，d_j 为正实数，$i \in \{1, 2, 3, 4\}$，$j \in \{a_{x1}, a_{x2}, a_{x3}, a_{y1}, a_{y2}, \gamma_1, \gamma_2, \omega_{i1}, \omega_{i2}, \omega_{i3}\}$。

所设计的量测噪声协方差矩阵 $\boldsymbol{R}$ 将用于无味粒子滤波过程中，进而综合提高各种状况下的观测精度，提高了抗干扰性[25]。

3.2.2 基于横向动力学的质心侧偏角估计方法

$V_y - LF1$ 是一个基于车辆横向动力学模型和简化魔术公式轮胎模型的扩展卡尔曼子滤波器。根据轮胎横向力模型和车辆横向动力学模型，构建 $V_y - LF1$ 的状态空间方程：

$$\hat{X}_{k+1}^{v_y^{LF1}} = f_{v_y^{LF1}}(\hat{X}_k^{v_y^{LF1}}) + n_{s,k}^{v_y^{LF1}} \tag{3-143}$$

式中，$f_{v_y^{LF1}}(\hat{X}_k^{v_y^{LF1}}) = \hat{X}_k^{v_y^{LF1}} + \hat{\dot{X}}_k^{v_y^{LF1}}T$，$n_{s,k}^{v_y^{LF1}}$ 是 $V_y - LF1$ 子滤波器中各状态变量的估计过程噪声序列，并且假设认为是白噪声。

选取该子滤波器的状态变量为

$$\hat{X}_k^{v_y^{LF1}} = \begin{bmatrix} \hat{F}_{y,k}^{fl} & \hat{F}_{y,k}^{fr} & \hat{F}_{y,k}^{rl} & \hat{F}_{y,k}^{rr} & \hat{v}_{y,k}^{LF1} & \hat{\gamma}_k \end{bmatrix}^T \tag{3-144}$$

$$\begin{cases} \hat{F}_{y,k+1}^{fl} = D_y^{fl}\sin[C_y\arctan(B_y\alpha_k^{fl})] \\ \hat{F}_{y,k+1}^{fr} = D_y^{fr}\sin[C_y\arctan(B_y\alpha_k^{fr})] \\ \hat{F}_{y,k+1}^{rl} = D_y^{rl}\sin[C_y\arctan(B_y\alpha_k^{rl})] \\ \hat{F}_{y,k+1}^{rr} = D_y^{rr}\sin[C_y\arctan(B_y\alpha_k^{rr})] \\ \hat{v}_{y,k+1}^{LF1} = \hat{v}_{y,k}^{LF1} + T\left[\dfrac{(\hat{F}_{y,k}^{fl} + \hat{F}_{y,k}^{fr})\cos\delta_k^f + (\hat{F}_{x,k}^{fl} + \hat{F}_{x,k}^{fr})\sin\delta_k^f + \hat{F}_{y,k}^{rl} + \hat{F}_{y,k}^{rr}}{m} - \hat{\gamma}_k\hat{v}_{x,k}^g\right] \\ \hat{\gamma}_{k+1} = \hat{\gamma}_k + \dfrac{T}{I_z}\begin{bmatrix} (\hat{F}_{y,k}^{fl} + \hat{F}_{y,k}^{fr})\cos\delta_k^f l_f + (\hat{F}_{x,k}^{fl} + \hat{F}_{x,k}^{fr})\sin\delta_k^f l_f \\ -(\hat{F}_{y,k}^{rl} + \hat{F}_{y,k}^{rr})l_r + (\hat{F}_{x,k}^{fr} + \hat{F}_{x,k}^{rr} - \hat{F}_{x,k}^{fl} - \hat{F}_{x,k}^{rl})\dfrac{B}{2} \end{bmatrix} \end{cases}$$
(3-145)

量测变量为 $\boldsymbol{Z}_{k+1}^{v_y^{LF1}} = \begin{bmatrix} a_{y,k+1} & \gamma_{k+1} \end{bmatrix}^T$。

量测方程为

$$Y_{k+1}^{v_{\bar{y}}LF1} = h_{v_y^{LF1}}(\hat{X}_{k+1}^{v_y^{LF1}}) + n_{m,k+1}^{v_{\bar{y}}LF1}$$

$$= \begin{bmatrix} \dfrac{1}{m}[\,(\hat{F}_{y,k+1}^{fl} + \hat{F}_{y,k+1}^{fr})\cos\delta_{k+1}^{f} + \hat{F}_{y,k+1}^{rl} + \hat{F}_{y,k+1}^{rr}\,] \\ \hat{\gamma}_{k+1} \end{bmatrix} + n_{m,k+1}^{v_{\bar{y}}LF1} \quad (3\text{-}146)$$

式中，$n_{m,k+1}^{v_{\bar{y}}LF1}$ 认为是白噪声。

构建扩展卡尔曼滤波器，由式（3-144）和式（3-146），可以得到状态方程在 k 时刻的雅可比矩阵和输出方程在 $k+1$ 时刻的雅可比矩阵为

$$A_k^{v_{\bar{y}}LF1} = \left.\dfrac{\partial f_k^{v_{\bar{y}}LF1}}{\partial \hat{X}}\right|_{\hat{X}=\hat{X}_k^{v_{\bar{y}}LF1}} \quad (3\text{-}147)$$

$$H_{k+1}^{v_{\bar{y}}LF1} = \left.\dfrac{\partial Y_{k+1}^{v_{\bar{y}}LF1}}{\partial \hat{X}}\right|_{\hat{X}=\hat{X}_{k/k+1}^{v_{\bar{y}}LF1}} \quad (3\text{-}148)$$

利用扩展卡尔曼滤波器技术对车辆的横向车速进行估计。

3.3 基于动力学与运动学融合的估计方法

3.3.1 基于组合式的质心侧偏角融合估计

主滤波器通过组合式融合估计方法技术[24,25]，对横向车速子滤波器的估计结果进行融合，得到横向车速的融合估计结果 $\hat{v}_{y,k}^{g}$；再将 $\hat{v}_{y,k}^{g}$ 和纵向车速的融合估计结果 $\hat{v}_{x,k}^{g}$，一起输入给质心侧偏角的定义计算公式，计算当前的车辆质心侧偏角 β_k^g。

主滤波器的首要任务就是分配各子滤波器的信息分配系数。由于 $V_y - LF1$ 和 $V_y - LF2$ 中分别采用了动力学方法和直接积分法来估计车辆的横向车速，两种方法在不同的工况下有着各自的优势和劣势，具体总结如表 3-1 所示。

表 3-1 各方法性能对比

工况 \ 方法	运动学估计方法（直接积分法）	非线性动力学估计方法
正常行驶工况适用性	O	O
激烈转弯工况适用性	O	O
对传感器偏差的鲁棒性	X	O
长时间计算稳定性	X	O
对路面附着变化的鲁棒性	O	X
对车辆参数不确定性的鲁棒性	O	X
反映高频瞬态响应的能力	O	X

注：表格中，优点用 O 表示，缺点用 X 表示。

从表 3-1 中可以看出，基于直接积分法的运动学方法在普通工况下长时间积分计算很容易导致估计结果漂移发散，这是由于直接积分法高度依赖横向加速度传感器和横摆角速度传感器信号导致的。由于传感器成本问题，普通转向工况下车辆横向行驶并不剧烈，横向加速度和横摆角速度传感器的信噪比较低，因此，直接积分法的估计结果更容易发生漂移，长时间尺度下，直接积分法的估计结果更加难以收敛。

与之相对地，依赖于现代控制理论中的状态观测器技术，动力学估计方法在这两方面都有很好的表现，这也是目前质心侧偏角估计几乎都所采用动力学估计方法的原因。然而，动力学估计方法严重依赖于估计模型及参数的准确性，当有些模型参数难以准确获得，或随着时间变化时，估计结果就会与实际值存在偏差；另一方面，由于车载处理器性能和成本因素，要求估计模型应尽量简单，因此精度受到限制，一些建模时未曾考虑的实际因素，会造成动力学估计结果与实际值产生偏差[20]，例如侧风引起的横向力和横摆力矩、悬架、轮胎和转向系统的迟滞、超调和振荡等高频瞬态响应对质心侧偏角的影响。

因此，为了能够充分利用运动学估计方法和动力学估计方法的优势，避免它们的劣势，扩大质心侧偏角估计方法的工况应用范围，采用了基于组合式融合方法的信息融合规则，如式（3-149）所示。从频域的角度，将车辆姿态对转向输入的动态响应工况分为：高频响应部分和低频响应部分，在低频范围内，基于动力学方法的 $V_y - LF1$ 估计结果对最终估计结果起主要作用，此时，估计结果对传感器偏置误差和路面横向坡度角是鲁棒的。在高频响应阶段，运动学方法的 $V_y - LF2$ 估计结果起主要作用，此时，估计结果对模型误差的鲁棒性加强，并且对质心侧偏角的动态变化估计更准确。

$$\hat{v}_y^g = \frac{1}{\tau s + 1} \hat{v}_y^{LF1} + \frac{\tau s}{\tau s + 1} \hat{v}_y^{LF2} \quad (3\text{-}149)$$

也即，在频域范围内，$V_y - LF1$ 的信息分配系数为 $w^{v_y - LF1} = \frac{1}{\tau s + 1}$，$V_y - LF2$ 的信息分配系数为 $w^{v_y - LF2} = \frac{\tau s}{\tau s + 1}$，于是，式（3-150）可以写成

$$\hat{v}_y^g = w^{v_y - LF1} \hat{v}_y^{LF1} + w^{v_y - LF2} \hat{v}_y^{LF2} \quad (3\text{-}150)$$

式（3-150）即为横向车速融合估计结果的计算公式。实际上，$w^{v_y - LF1}$ 是主滤波器对 $V_y - LF1$ 建立的低通滤波器，用来抑制 $V_y - LF1$ 估计结果中不准确的高频响应部分，保留了 $V_y - LF1$ 估计结果中稳定可靠的低频响应部分；$w^{v_y - LF2}$ 是主滤波器对 $V_y - LF2$ 建立的高通滤波器，用来抑制 $V_y - LF2$ 估计结果中不准确的低频响应部分，保留了 $V_y - LF2$ 估计结果中准确的高频响应部分。因此，设置不同的滤波器参数 τ，就能够在不同的截止频率下，分配两个子滤波器的信息分

配系数。初步选取滤波器参数 $\tau=0.5$，w^{v_y-LF1} 和 w^{v_y-LF2} 的截止频率为 $f_0\approx0.32\text{Hz}$。

$$f_0 = \frac{1}{\tau}\frac{1}{2\pi} \qquad (3\text{-}151)$$

因此，横向车速主滤波器的信息融合规则如图3-9所示。从图中可以看出，大约在横向车速的变化频率等于0.32Hz的时候，两个子滤波器对最终横向车速融合估计结果的贡献率是相同的。小于0.32Hz时，横向车速融合估计结果以 V_y-LF1 的估计结果为主，大于0.32Hz时，横向车速融合估计结果则以 V_y-LF2 的估计结果为主。

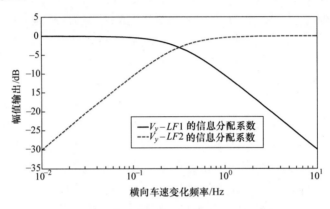

图3-9 基于微积分技术的信息融合规则

此外，值得注意的是，在基于动力学估计的 V_y-LF1 中，事先做了很多假设，如：一些小角度的三角函数都会做近似处理；车身没有侧倾、俯仰运动，因此轮胎载荷不能精确获取；轮胎处于纯侧偏工况，因此轮胎驱制动力不会影响侧偏力的大小；悬架、轮胎和转向系统没有迟滞、超调和振荡瞬态响应等，因此不会对质心侧偏角产生高频扰动；但在融合算法中，即使车辆的实际工况不满足这些假设条件，估计结果也仍然可以准确反映质心侧偏角的实际变化，不受假设条件的影响，因为运动学估计方法是不需要这些假设的。而且由于这种融合的估计方法使用到了所有的信号频率，因此，其估计结果的相位滞后也是最小的[20]。

3.3.2 基于误差加权的质心侧偏角融合估计

随着车速及横向加速度等运动状态参数的变化，基于运动学和基于动力学的状态估计方法各自呈现出不同的误差特性。动力学状态估计方法基于车辆模型、轮胎模型和INS信息对车速和质心侧偏角等车辆状态进行估计，在车速和车辆横向加速度增大时，车辆及轮胎的非线性特性增强，会导致模型失配，从而使估计精度降低。而随着车速及车辆横向加速度的升高，车辆的运动特征明显，GPS 量测信息的信噪比增大，从而使得基于 GPS 与 INS 信息融合的运动学估计方法的相对精度提高。

相反的，在低速和小横向加速度条件下，运动学估计方法由于传感器量测值的信噪比降低而导致精度降低。而动力学估计方法由于对传感器的依赖较少，此时的估计精度则相对较高。基于运动学与动力学方法各自不同的误差特性，对两种估计方法的估计结果进行融合处理，将能够有效地提高不同工况下的估计精度，提高估计方法的工况适应性。

1. 运动学与动力学估计误差的统计特征

本书选用的动力学状态估计方法为 Wenbo Chu 等人提出的基于高阶非线性滤波的状态估计方法[21]。该方法通过融合 INS 和四轮驱动电机的转速转矩信息，基于双轨车辆模型和动态魔术公式轮胎模型建立车辆状态递推方程，采用无味粒子滤波 UPF（Unscented Particle Filter）算法对车速和质心侧偏角等车辆状态进行估计。

所建立的状态递推方程如式（3-152）所示。

$$\dot{x}(t) = \widetilde{f}(x(t), u(t)) \quad (3\text{-}152)$$

其中，输入向量 u 由转向盘转角和各轮驱动力组成，如式（3-153）所示。

$$u = [\delta \quad F_{x1} \quad F_{x2} \quad F_{x3} \quad F_{x4}]^T \quad (3\text{-}153)$$

待观测的系统状态变量 x 由车辆纵横向速度、横摆角速度和各轮横向力构成，如式（3-154）所示。

$$x = [v_x \quad v_y \quad \dot{\psi} \quad F_{y1} \quad F_{y2} \quad F_{y3} \quad F_{y4}]^T \quad (3\text{-}154)$$

所建立的量测方程如式（3-155）所示。

$$z(t) = \widetilde{h}(x(t), u(t)) \quad (3\text{-}155)$$

其中，量测向量由 INS 的量测值和各轮转速组成，如式（3-156）所示。

$$z = [\ddot{x}_{bm} \quad \ddot{y}_{bm} \quad \dot{\psi}_m \quad \omega_1 \quad \omega_2 \quad \omega_3 \quad \omega_4]^T \quad (3\text{-}156)$$

联立式（3-152）与式（3-155）可得到完整的状态观测系统模型，通过选用无味粒子滤波方法对系统状态变量进行观测。无味粒子滤波方法不需要计算系统雅可比矩阵，取消了系统噪声的高斯分布假设，并在估计结果中包含了高阶项的信息，相比传统基于扩展卡尔曼滤波的动力学状态估计方法更适用于强非线性问题[21]。

由于基于运动学方法估计出的纵向车速精度较高，能够满足纵横向运动综合控制系统的需求，因而本书只对质心侧偏角的运动学与动力学融合估计方法进行研究。在各种不同的工况下将两种估计方法对质心侧偏角的估计误差进行统计，以下选取典型的单移线和双移线工况为例进行说明。

在不同的路面附着系数和车速下，通过仿真分别将两种状态估计方法对质心侧偏角的估计精度进行了统计。图3-10所示为单移线工况下运动学方法的估计误差统计，图3-11所示为单移线工况下动力学方法的估计误差统计。

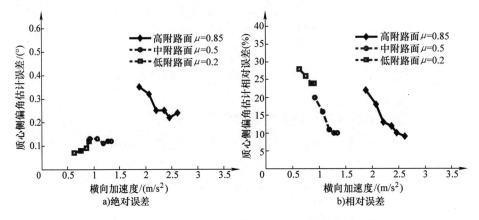

图3-10　单移线工况运动学方法质心侧偏角估计误差

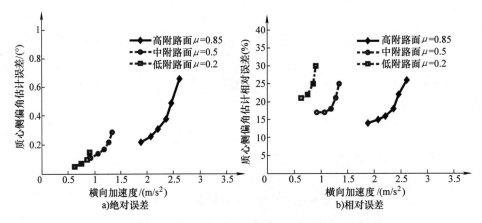

图3-11　单移线工况动力学方法质心侧偏角估计误差

从图3-10及图3-11中可以看出，在不同的路面附着系数下，两种方法估计出的车辆质心侧偏角相对误差具有较为明显的互补特性。随着车辆横向加速度的增大，运动学方法估计出的质心侧偏角相对误差减小，而动力学方法估计出的质心侧偏角相对误差增大。图3-12所示为双移线工况下运动学方法的估计误差统计，图3-13所示为双移线工况下动力学方法的估计误差统计。

从图3-12及图3-13中可以看出，与单移线工况的统计结果类似，在不同的路面附着系数下，两种方法估计出的车辆质心侧偏角相对误差同样具有较为明显的互补特性，且变化规律与单移线工况相同。

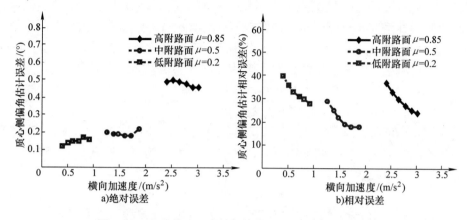

图 3-12　双移线工况运动学方法质心侧偏角估计误差

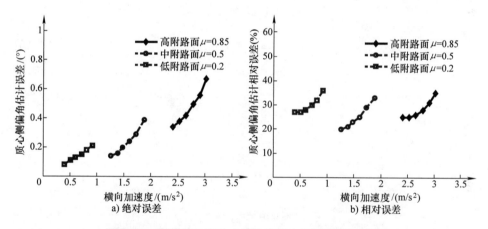

图 3-13　双移线工况动力学方法质心侧偏角估计误差

2. 基于误差加权的质心侧偏角多方法融合估计

由之前的误差统计结果可以看出，运动学与动力学车辆状态估计方法各自对于质心侧偏角的估计误差具有较为明显的互补特性。利用这一特点，可以通过对两种估计方法估计结果的融合，进一步地提高质心侧偏角估计精度。

在某一时间点，运动学与动力学方法对质心侧偏角的估计结果分别为$\hat{\beta}_{\text{kin}}$与$\hat{\beta}_{\text{dyn}}$，其估计的方均根误差分别为σ_{kin}与σ_{dyn}。将融合的质心侧偏角估计结果表示为

$$\hat{\beta} = \frac{\sigma_{\text{dyn}}^2}{\sigma_{\text{kin}}^2 + \sigma_{\text{dyn}}^2}\hat{\beta}_{\text{kin}} + \frac{\sigma_{\text{kin}}^2}{\sigma_{\text{kin}}^2 + \sigma_{\text{dyn}}^2}\hat{\beta}_{\text{dyn}} \tag{3-157}$$

此处$\hat{\beta}_{\text{kin}}$与$\hat{\beta}_{\text{dyn}}$可认为是不同传感器对同一物理量（质心侧偏角）的量测结

果。对于进行过标定的量测系统,可认为量测均值即为真实值,故质心侧偏角量测值的标准差即为量测误差的方均根值 σ_{kin} 与 σ_{dyn},标准差的大小即反应量测误差的大小。设 x_1 与 x_2 分别为不同传感器对同一物理量的量测结果,σ_1 与 σ_2 分别为其量测结果的标准差。设对不同传感器量测结果的融合值表示为

$$\hat{x} = wx_1 + (1-w)x_2 \tag{3-158}$$

其中,$0 \leq w \leq 1$,则 $\hat{x}$ 的方差可表示为

$$\hat{\sigma}^2 = w^2\sigma_1^2 + (1-w)^2\sigma_2^2 + 2w(1-w)\text{E}[(x_1 - \text{E}x_1)(x_2 - \text{E}x_2)] \tag{3-159}$$

当量测结果 x_1 与 x_2 相互独立时,两者的协方差为零,则式(3-159)可表示为

$$\hat{\sigma}^2 = w^2\sigma_1^2 + (1-w)^2\sigma_2^2 \tag{3-160}$$

在单移线和双移线等典型工况下,选取不同附着系数路面和不同车速,对运动学与动力学估计值的方均根误差 σ_{kin} 与 σ_{dyn} 分别进行统计。统计出对应不同路面附着系数和不同横向加速度的运动学与动力学方法估计误差,如式(3-161)与式(3-162)所示。

$$\sigma_{\text{kin}} = f_{\text{kin}}(\mu, a_y) \tag{3-161}$$
$$\sigma_{\text{dyn}} = f_{\text{dyn}}(\mu, a_y) \tag{3-162}$$

参考式(3-160),代入 $w = \dfrac{\sigma_{\text{dyn}}^2}{\sigma_{\text{kin}}^2 + \sigma_{\text{dyn}}^2}$,则融合后的质心侧偏角估计误差的方差为

$$\hat{\sigma}^2 = \frac{\sigma_{\text{kin}}^2 \sigma_{\text{dyn}}^2}{\sigma_{\text{kin}}^2 + \sigma_{\text{dyn}}^2} \tag{3-163}$$

由式(3-163)可得

$$\hat{\sigma}^2 \leq \min(\sigma_{\text{kin}}^2, \sigma_{\text{dyn}}^2) \tag{3-164}$$

即融合后量测结果的方差小于运动学与动力学估计方法各自的方差,表明基于误差加权的融合结果精度高于运动学与动力学估计方法各自的精度。

3.4 质心侧偏角估计方法比较

运动学估计方法,主要是根据横向加速度和横摆角速度传感器信号的直接积分法估计质心侧偏角,对车辆参数、路面附着条件和驾驶操纵方式的变化都具有很好的鲁棒性,并且在传感器信号准确的情况下,其估计结果不论在车辆的线性操纵区域还是非线性操纵区域,对实际车辆质心侧偏角的变化趋势都具有较高的估计精度,如利用扩展卡尔曼滤波器技术对车辆的横向车速估计所示。但运动学估计方法严格依赖于传感器信息,对传感器的安装、标定和传感器的精度都有很高的要求,因此,为了增加估计方法的实用性,有必要对传感器信

号进行修正。在第3.1.1节提出的融合GPS和INS信息的质心侧偏角估计方法中，同时利用GPS信号和车载惯性传感器信息的基于运行学的估计方法，不仅可以提高GPS的更新率，同时又能对惯性传感器的静态偏差进行估计和补偿，降低估计算法对惯性传感器精度的等级要求。但必须要注意的是，由于GPS信号受地形和天气影响较大，车辆长时间在没有GPS信号或信号较弱的环境下，估计结果的准确性和稳定性会受到影响。

  动力学估计方法是目前质心侧偏角估计的主要方式，与基于运动学的估计方法相比，动力学估计方法对传感器的要求不高，是一种基于低成本传感器配置方案的估计方法。它的基本原理是在车辆动力学模型和轮胎模型的基础上，通过现代控制理论中的观测器技术估计质心侧偏角，因此采用不同的车辆或轮胎模型或观测方法对估计结果会产生重要影响。同时，动力学估计方法的弊端也是显而易见的：严重依赖于估计模型即参数的精度，当有些模型参数难以准确获得，或随着时间发生变化时，估计结果就会与实际值产生偏差；另一方面，由于车载处理器性能和成本因素，要求估计模型应尽量简单，因此模型结构和精度就会受到限制，一些建模时未考虑的实际因素，也会导致估计结果与实际产生偏差，例如侧向风引起的横向力和横摆力矩、悬架、轮胎和转向系统迟滞、超调和振荡等高频瞬态响应对质心侧偏角的影响。在本节中提出的基于无味粒子滤波器设计的横向车速估计器和基于扩展卡尔曼设计的横向车速估计器，因无味粒子滤波器基于的车辆轮胎模型都较基于扩展卡尔曼滤波器的模型复杂，同时无味粒子滤波器本身具有的二阶精度比扩展卡尔曼的一阶精度要高，所以总体而言，基于无味粒子滤波的横向车速估计器具有更高的精度，但同时也带来更大的计算量。实际使用时，应该根据需求设计观测器和观测器估计用模型。

  单独使用运动学估计方法或是动力学估计方法，都存在着各自难以克服的缺陷，无法满足所有的估计性能要求。因此，本章最后提出的两种融合估计方法，即基于组合式的融合估计方法和基于误差加权的融合估计方法，则很好地弥补了单独使用运动学估计方法或是动力学估计方法的缺点。基于组合式的融合估计方法使得估计值对传感器偏差和模型误差的鲁棒性都有所加强，同时，由于该融合方法使用到了信号所有的频率，因此，其估计结果的相位滞后也是最小的。但该方法并没有完全消除横向加速度传感器的偏差；基于误差加权的融合估计方法，根据运动学与动力学估计结果的误差特性，利用误差加权的融合方法，有效提高了不同工况下的估计精度，提高了工况适应性，但该融合估计方法往往需要大量的数据分析，选取融合规则以及融合参数，需要根据实际调试选取最佳的参数值。

3.5 质心侧偏角估计方法应用实例

3.5.1 基于GPS与INS信息融合的车速及质心侧偏角估计方法

1. 传感器误差参数设置

依据式（3-9）与式（3-10）在Simulink中建立GPS误差模型，误差模型中包含了GPS量测的速度误差、车辆航向角误差以及GPS采样频率的设置。其中误差方差的大小根据实验设备中GPS的标称精度进行设置。GPS的速度和航向角误差参数如表3-2所示。

表3-2 GPS模型误差参数设置

误差统计	速度	航向角
标准差	3×10^{-2} m/s	$\dfrac{3 \times 10^{-2}}{V}$ rad
方差	9×10^{-4} m^2/s^2	$\dfrac{9 \times 10^{-4}}{V}$ rad^2

图3-14与图3-15所示分别为车辆以100km/h初速度加速通过双移线时，GPS模型输出结果与真实的车辆航向角及车速的对比，其中GPS的采样频率为1Hz。

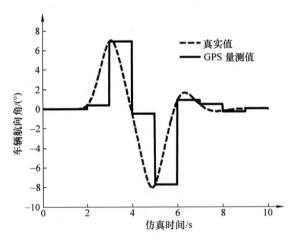

图3-14 航向角对比

依据式（3-12）、式（3-14）以及式（3-15）在Simulink中建立INS误差模型，包括横摆角速度传感器、纵向加速度传感器和横向加速度传感器的误差模型。其中偏差和误差方差的大小根据实际车载传感器的静态标定结果得到。INS

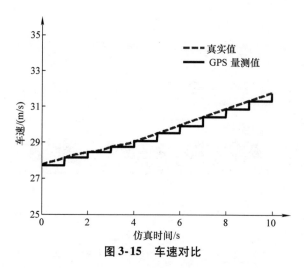

图 3-15 车速对比

模型误差参数如表 3-3 所示。

表 3-3 INS 模型误差参数设置

传感器	噪声		偏差	马尔科夫过程常数	马尔科夫过程噪声	
	标准差	方差			标准差	方差
横摆角速度	5.2×10^{-3} rad/s	2.7×10^{-5} rad^2/s^2	0.12 rad/s	100 s	1.7×10^{-4} rad/s	3×10^{-8} rad^2/s^2
纵向加速度	5×10^{-2} m/s^2	2.5×10^{-3} m^2/s^4	0.2 m/s^2	100 s	1×10^{-2} m/s^2	1×10^{-4} m^2/s^4
横向加速度	5×10^{-2} m/s^2	2.5×10^{-3} m^2/s^4	-0.2 m/s^2	100 s	1×10^{-2} m/s^2	1×10^{-4} m^2/s^4

图 3-16 ~ 图 3-18 所示分别为车辆以 100km/h 初速度加速通过双移线时，INS 模型输出结果与真实的车辆横摆角速度、纵向加速度及横向加速度的对比，其中 INS 的采样频率为 100Hz。

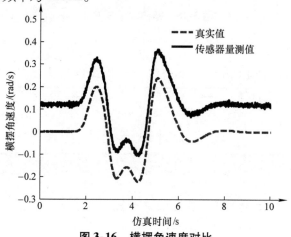

图 3-16 横摆角速度对比

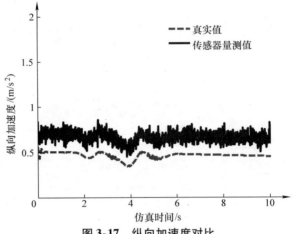

图3-17 纵向加速度对比

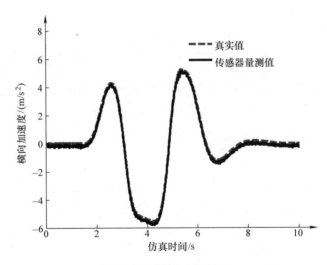

图3-18 横向加速度对比

2. 仿真实例

为验证基于GPS与INS信息融合的运动学车辆状态估计方法的估计效果,在不同的路面附着条件下,分别选择单移线、双移线等工况对运动学估计方法的估计效果进行验证。表3-4所示为运动学车辆状态估计方法的仿真工况。

表3-4 运动学车辆状态估计仿真工况

序号	测试工况	车速/(km/h)	路面附着系数
K1	单移线	95	0.85
K2	单移线	65	0.5
K3	单移线	50	0.2

第3章 基于多信息与多方法融合的质心侧偏角估计方法

(续)

序号	测试工况	车速/(km/h)	路面附着系数
K4	双移线	145	0.85
K5	双移线	100	0.5
K6	双移线	50	0.2

其中，各工况下仿真车速的选取原则是选择该路面附着条件下的临界失稳车速，即车辆失稳前能达到的最高速度。三种路面附着系数由高至低分别对应于干燥沥青路面、湿滑沥青路面和压紧雪路面。

（1）单移线工况下的仿真结果及分析　仿真中所采用的单移线测试工况如图3-19所示。

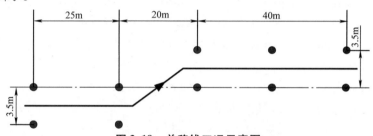

图3-19　单移线工况示意图

在仿真工况K1中，驾驶人模型操纵车辆以95km/h的速度通过单移线，路面附着系数为0.85，仿真结果如图3-20与图3-21所示。其中"真实值"是指CarSim模型提供的各状态实际值。

图3-20a为利用GPS提供的航向角信息对横摆角速度传感器偏差的修正结果，图3-20b与图3-20c分别为纵向与横向加速度传感器偏差的修正结果。从仿真结果可以看出，横摆角速度传感器偏差的估计值在1s后收敛于真实值，而纵向与横向加速度传感器偏差的估计值在2s后也均收敛于真实值附近。图3-20d与图3-21a分别为单移线工况下纵向车速及横向车速估计结果。图3-21b为K1

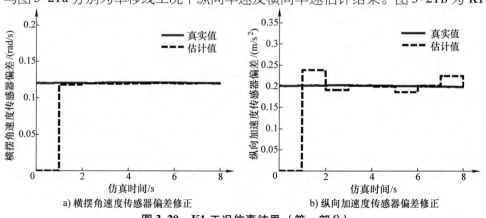

a）横摆角速度传感器偏差修正　　　　b）纵向加速度传感器偏差修正

图3-20　K1工况仿真结果（第一部分）

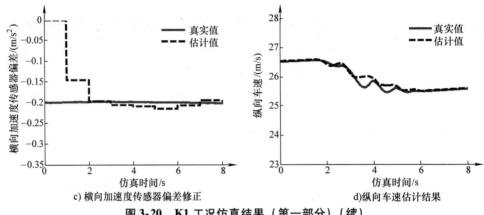

c) 横向加速度传感器偏差修正　　　　d) 纵向车速估计结果

图 3-20　K1 工况仿真结果（第一部分）（续）

工况下质心侧偏角的估计结果。从仿真结果可以看出，在 K1 工况下，车辆的纵向、横向车速及质心侧偏角估计值与真实值均较为接近，纵向车速估计的平均误差为 0.11m/s，质心侧偏角估计的平均误差为 0.24°。

在仿真工况 K2 中，驾驶人模型操纵车辆以 65km/h 的速度通过单移线，路面附着系数为 0.5，仿真结果如图 3-22 与图 3-23 所示。

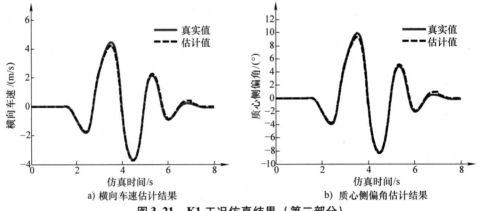

a) 横向车速估计结果　　　　b) 质心侧偏角估计结果

图 3-21　K1 工况仿真结果（第二部分）

图 3-22a、b 与图 3-23a 分别为横摆角速度传感器、纵向及横向加速度传感器偏差的修正结果。与 K1 工况下的仿真结果类似，横摆角速度传感器偏差的估计值在 1s 后收敛于真实值，而纵向与横向加速度传感器偏差的估计值在 2s 后也均收敛于真实值附近。图 3-23b~d 分别为 K2 工况下纵向、横向车速及质心侧偏角的估计结果。从仿真结果可以看出，在 K2 工况下，纵向车速估计的平均误差为 0.03m/s，质心侧偏角估计的平均误差为 0.12°，估计值与真实值较为接近。

在仿真工况 K3 中，驾驶人模型操纵车辆以 50km/h 的速度通过单移线，路面附着系数为 0.2，仿真结果如图 3-24 所示。

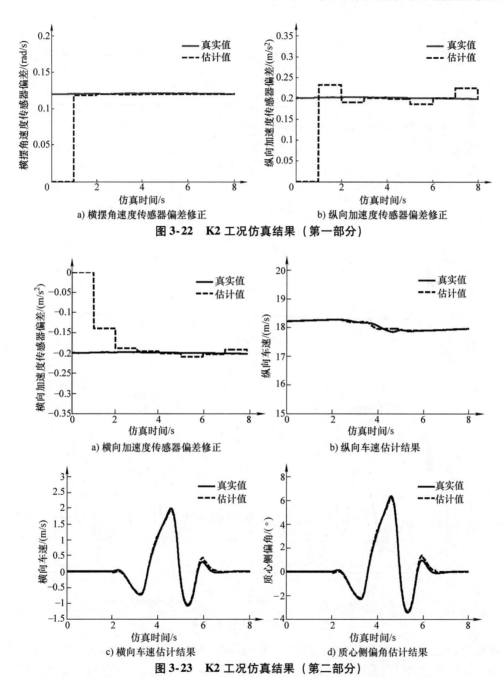

a) 横摆角速度传感器偏差修正　　　　b) 纵向加速度传感器偏差修正

图 3-22　K2 工况仿真结果（第一部分）

a) 横向加速度传感器偏差修正　　　　b) 纵向车速估计结果

c) 横向车速估计结果　　　　d) 质心侧偏角估计结果

图 3-23　K2 工况仿真结果（第二部分）

图 3-24a～c 分别为横摆角速度传感器、纵向及横向加速度传感器偏差的修正结果。与 K1 及 K2 工况下的仿真结果类似，横摆角速度传感器偏差的估计值在 1s 后收敛于真实值，而纵向与横向加速度传感器偏差的估计值在 2s 后也均收敛于

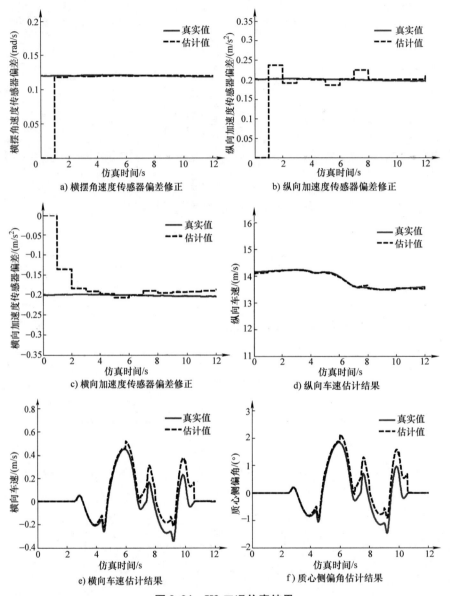

图 3-24 K3 工况仿真结果

真实值附近。图 3-24d ~ f 分别为 K3 工况下纵向、横向车速及质心侧偏角的估计结果。从仿真结果可以看出,在 K3 工况下,车辆的纵向车速估计依然较为准确。横向车速及质心侧偏角的估计值与真实值之间出现了一定的偏离,但由于该工况下横向车速及质心侧偏角数值较小,因而估计误差也得到了有效的控制。其中纵向车速估计的平均误差为 0.03m/s,质心侧偏角估计的平均误差为 0.12°。

单移线测试工况下不同路面附着条件下的纵向车速及质心侧偏角估计误差统计如表3-5所示。可以看出，单移线测试工况下，各路面附着系数条件下的纵向车速估计平均误差在0.11m/s以内，最大误差在0.38m/s以内，而质心侧偏角的平均估计误差在0.24°以内，最大估计误差在0.75°以内。纵向车速与质心侧偏角的估计精度能够满足纵横向运动综合控制系统的要求。

表3-5 单移线工况误差统计

序号	纵向车速/(m/s)		质心侧偏角/(°)	
	平均误差	最大误差	平均误差	最大误差
K1	0.11	0.38	0.24	0.75
K2	0.03	0.11	0.12	0.44
K3	0.03	0.09	0.12	0.52

（2）双移线工况下的仿真结果及分析　仿真中所采用的双移线测试工况如图3-25所示。

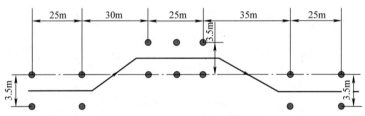

图3-25　双移线工况示意图

在仿真工况K4中，驾驶人模型操纵车辆以145km/h的速度通过双移线，路面附着系数为0.85，仿真结果如图3-26与图3-27所示。

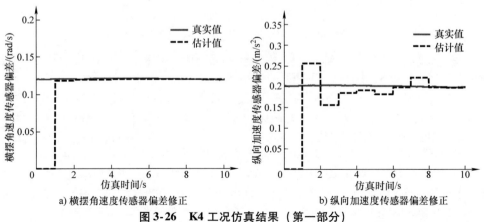

a) 横摆角速度传感器偏差修正　　　　b) 纵向加速度传感器偏差修正

图3-26　K4工况仿真结果（第一部分）

图3-26a、b以及图3-27a分别为利用GPS提供的车速和航向角信息对横摆角速度传感器、纵向及横向加速度传感器偏差的修正结果。从仿真结果可以看出，横摆角速度传感器偏差的估计值在1s后收敛于真实值，纵向加速度传感器

偏差的估计值在2s后也收敛于真实值附近。在车辆进入转向工况时，横向加速度传感器偏差的估计值与真实值出现了一定偏差，但对最终的估计结果影响不大。图3-27b～d分别为K4工况下纵向、横向车速及质心侧偏角的估计结果。从仿真结果可以看出，在K4工况下，车辆的纵向、横向车速及质心侧偏角估计值与真实值均较为接近。其中纵向车速估计的平均误差为0.11m/s，质心侧偏角估计的平均误差为0.46°。

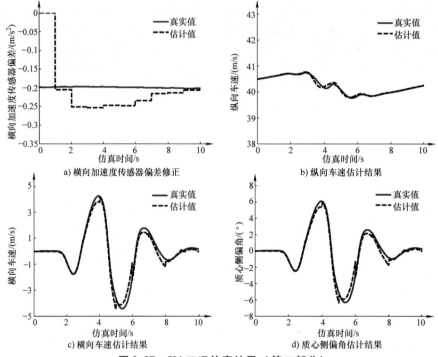

图3-27 K4工况仿真结果（第二部分）

在仿真工况K5中，驾驶人模型操纵车辆以100km/h的速度通过双移线，路面附着系数为0.5，仿真结果如图3-28所示。

图3-28中a～c分别为横摆角速度传感器、纵向及横向加速度传感器偏差的修正结果。横摆角速度传感器偏差的估计值在1s后收敛于真实值，纵向加速度传感器偏差的估计值在2s后均收敛于真实值附近。相比K4中的仿真结果，K5工况下纵向及横向加速度传感器偏差的估计值与真实值均更为接近。图3-28中d～f分别为K5工况下纵向、横向车速及质心侧偏角的估计结果。从仿真结果可以看出，在K5工况下，车辆的纵向、横向车速及质心侧偏角估计值与真实值均较为接近。其中纵向车速估计的平均误差为0.06m/s，质心侧偏角估计的平均误差为0.22°。

在仿真工况K6中，驾驶人模型操纵车辆以50km/h的速度通过双移线，路面附着系数为0.2，仿真结果如图3-29所示。

图3-29a～c分别为横摆角速度传感器、纵向及横向加速度传感器偏差的修

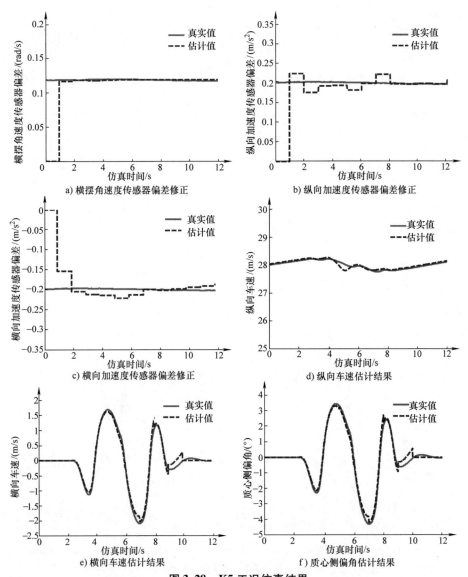

图 3-28 K5 工况仿真结果

正结果，三个传感器的偏差估计值在 2s 内均收敛于真实值附近。图 3-29d~f 分别为 K6 工况下纵向、横向车速及质心侧偏角的估计结果。从仿真结果可以看出，在 K6 工况下，车辆的纵向车速估计较为准确。而横向车速及质心侧偏角的估计值在峰值附近与真实值之间出现了一定的偏离，但由于该工况下横向车速及质心侧偏角数值较小，因而两者的估计误差也得到了有效的控制。其中纵向车速估计的平均误差为 0.02m/s，质心侧偏角估计的平均误差为 0.16°。

对于双移线测试工况，不同路面附着条件下的纵向车速及质心侧偏角估计误差统计如表 3-6 所示。可以看出，纵向车速估计平均误差在 0.11m/s 以内，

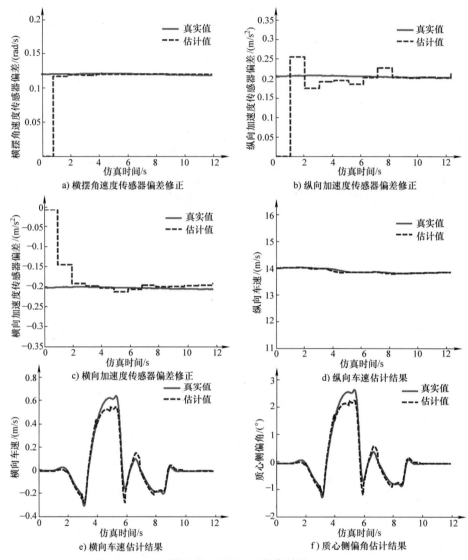

图 3-29　K6 工况仿真结果

最大误差在 0.23m/s 以内,而质心侧偏角的平均估计误差在 0.46°以内,最大估计误差在 1.69°以内。纵向车速与质心侧偏角的估计精度能够满足纵横向运动综合控制系统的要求。

表 3-6　双移线工况误差统计

序号	纵向车速/(m/s)		质心侧偏角/(°)	
	平均误差	最大误差	平均误差	最大误差
K4	0.11	0.22	0.46	1.69
K5	0.06	0.23	0.22	0.64
K6	0.02	0.08	0.16	0.49

3. 实验实例

在附着系数约为 0.85 的干燥沥青路面上进行了多工况下的车辆纵向速度及质心侧偏角估计实验。分别将车速及质心侧偏角估计值与 RT3100 量测出的参考值进行对比，以验证所提出的车辆关键状态估计算法。图 3-30 与图 3-31 所示为两组单移线工况下纵向速度及车辆质心侧偏角估计结果。

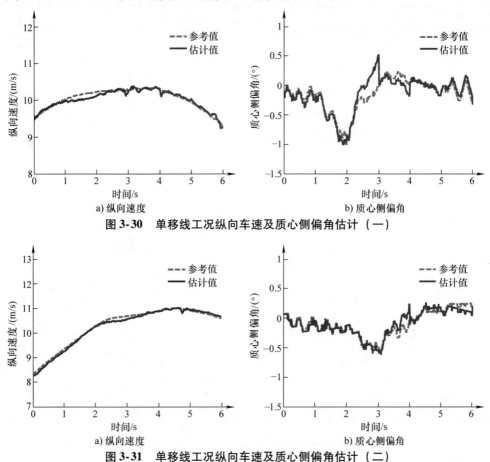

图 3-30 单移线工况纵向车速及质心侧偏角估计（一）

图 3-31 单移线工况纵向车速及质心侧偏角估计（二）

从图 3-30 与图 3-31 所示结果中可以看出，在高附路面下，车轮滑移率较小，基于轮速信息计算的纵向车速与参考值较为接近，两组实验中的纵向车速最大估计误差为 0.19m/s。在单移线工况下，驾驶人向左变道，由于转向操作相对温和，质心侧偏角较小，峰值仅有 1°左右，因此在某些点出现了质心侧偏角估计的相对误差较大的情况。在某些 GPS 采样点处，由于 GPS 采样信息的更新，会造成质心侧偏角的估计值产生一定的跳变。质心侧偏角估计的绝对误差仍得到了较好的控制，两组实验中质心侧偏角的最大估计误差分别为 0.54°与 0.33°。

表3-7 统计了单移线工况下车速及质心侧偏角估计误差。在该工况下的两组实验中，纵向速度的平均估计误差分别为0.07m/s与0.08m/s，而质心侧偏角的平均估计误差分别为0.54°与0.33°，纵向速度与质心侧偏角的估计结果均与参考值较为接近。

表3-7 单移线工况纵向车速及质心侧偏角估计误差统计

工况	纵向车速/(m/s)		质心侧偏角/(°)	
	平均误差	最大误差	平均误差	最大误差
单移线（一）	0.07	0.19	0.13	0.54
单移线（二）	0.08	0.19	0.08	0.33

图3-32与图3-33所示为两组双移线工况下纵向速度及车辆质心侧偏角估计结果。在双移线工况下，驾驶人先向左变道，随即向右变道，转向操作相比单移线工况更为剧烈，质心侧偏角增大，峰值达到了3°左右。双移线工况下的两

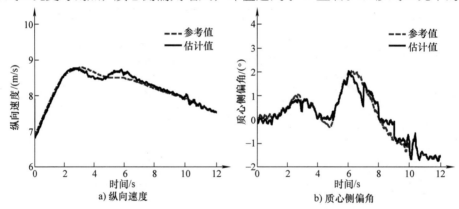

图3-32 双移线工况纵向车速及质心侧偏角估计（一）

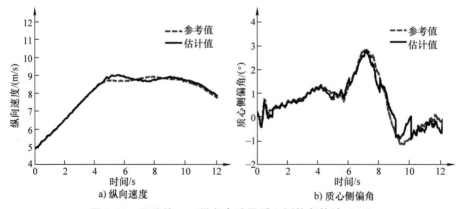

图3-33 双移线工况纵向车速及质心侧偏角估计（二）

组实验中，纵向车速估计的最大误差分别为 0.23m/s 与 0.35m/s，而质心侧偏角估计的误差均控制在 0.93°以内。

表 3-8 统计了双移线工况下车速及质心侧偏角估计误差。在两组实验中，纵向速度的平均估计误差分别为 0.09m/s 与 0.13m/s，而质心侧偏角的平均估计误差分别为 0.24°与 0.25°，纵向速度与质心侧偏角的估计结果均与参考值较为接近。

表 3-8 双移线工况纵向车速及质心侧偏角估计误差统计

工况	纵向车速/(m/s)		质心侧偏角/(°)	
	平均误差	最大误差	平均误差	最大误差
双移线（一）	0.09	0.23	0.24	0.93
双移线（二）	0.13	0.35	0.25	0.93

图 3-34 与图 3-35 所示为两组 S 形绕桩工况下纵向速度及车辆质心侧偏角估计结果。在 S 形绕桩工况下，车辆绕假定的桩形障碍物做 S 形运动，随着车辆

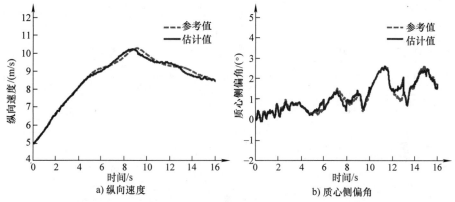

图 3-34 S 形绕桩工况纵向车速及质心侧偏角估计（一）

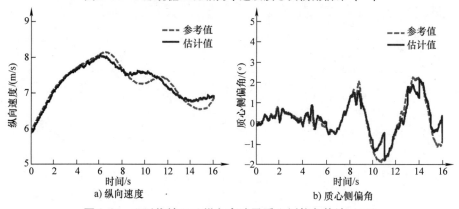

图 3-35 S 形绕桩工况纵向车速及质心侧偏角估计（二）

的回转运动,质心侧偏角逐渐增大,峰值接近3°。S形绕桩工况下的两组实验中,纵向车速估计的最大误差分别为0.33m/s与0.35m/s,而质心侧偏角估计的最大误差分别为0.80°与1.31°。

表3-9统计了S形绕桩工况下车速及质心侧偏角估计误差。在该工况下的两组实验中,纵向速度的平均估计误差分别为0.14m/s与0.15m/s,而质心侧偏角的平均估计误差分别为0.17°与0.34°,纵向速度与质心侧偏角的估计结果均与参考值较为接近。

表3-9　S形绕桩工况纵向车速及质心侧偏角估计误差统计

工况	纵向车速/(m/s)		质心侧偏角/(°)	
	平均误差	最大误差	平均误差	最大误差
S形绕桩(一)	0.14	0.33	0.17	0.80
S形绕桩(二)	0.15	0.35	0.34	1.31

图3-36与图3-37所示为两组环形工况下纵向速度及车辆质心侧偏角估计结果。在环形工况下,车辆在圆形场地内做直径约为20m的近似圆周运动,车速基本稳定在15~20km/h。环形工况下的两组实验中,纵向车速估计的最大误差分别为0.12m/s与0.11m/s,而质心侧偏角估计的最大误差分别为1.06°与0.92°。

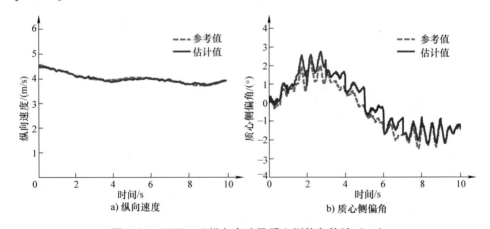

图3-36　环形工况纵向车速及质心侧偏角估计(一)

表3-10统计了环形工况下车速及质心侧偏角估计误差。由于行驶工况较为稳定,因而纵向速度的估计误差较小,平均估计误差分别为0.04m/s与0.05m/s,而质心侧偏角的平均估计误差分别为0.45°与0.26°。相比前几组实验工况,质心侧偏角估计误差有所增大,但仍在可控范围内,能够满足纵横向运动综合控制系统的精度需求。

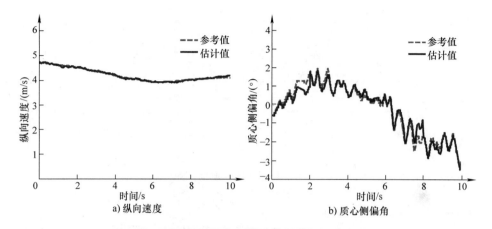

图 3-37 环形工况纵向车速及质心侧偏角估计（二）

表 3-10 环形工况纵向车速及质心侧偏角估计误差统计

工况	纵向车速/(m/s)		质心侧偏角/(°)	
	平均误差	最大误差	平均误差	最大误差
环形（一）	0.04	0.12	0.45	1.06
环形（二）	0.05	0.11	0.26	0.92

3.5.2 基于无味粒子滤波的车速及质心侧偏角估计方法

1. 仿真实例

利用 CarSim 和 Simulink 联合开发的仿真平台对所提出方法进行仿真验证。首先对比不同的非线性状态观测方法的观测结果，其次验证所提出的量测噪声协方差自适应调节效果。最后利用无味粒子滤波对车辆的运动状态和侧向力进行联合估计。

（1）非线性状态观测器比较　由于所采用的非线性状态观测器主要影响侧向力估计精度，此处仅对比不同状态观测器对侧向力观测精度的影响。本书设计的仿真工况为定速 80km/h 双移线运动，此工况下车辆所受侧向激励较大，轮胎进入了非线性区域，能够区分 EKF、UKF 及 UPF 三种非线性状态参数观测方法观测效果。

如图 3-38 所示，在侧向激励较大时，由于轮胎的强非线性特性，三种状态观测器的侧向力估计误差都有所增大。但与其他两种方法相比，利用 UPF 观测侧向力有明显优势，观测精度依旧较高，这是因为 UPF 处理强非线性估计问题具有独特优势。

表 3-11 对比了三种非线性状态参数观测方法对侧向力的观测结果。与 UKF

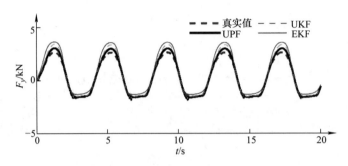

图 3-38 非线性状态观测器比较

和 EKF 相比，UPF 优势明显。

表 3-11 非线性状态观测器观测结果比较

观测方法	方均根误差	最大误差
UPF	130	384
UKF	260	767
EKF	374	991

（2）量测噪声协方差自适应调节　量测噪声协方差自适应调节的功能主要是提高状态参数估计精度，因此仿真比较了自适应噪声调节和固定噪声情况下质心侧偏角和横摆角速度的观测结果，选用工况为定速 80km/h 下连续转向。

量测噪声协方差自适应调节仿真结果如图 3-39 所示。如果采用固定噪声，在质心侧偏角和横摆角速度较大时，估计精度下降。这是因为固定噪声没有考虑到车辆在进行较为激烈的侧向运动时，车辆非线性效应加剧，进而导致动力学方法精度下降。如果采用自适应噪声，在质心侧偏角和横摆角速度较大时，

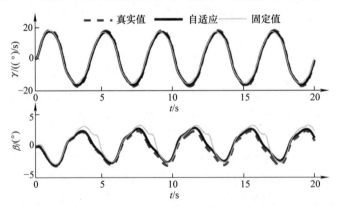

图 3-39 量测噪声协方差自适应调节观测结果

增加横摆角速度传感器和侧向加速度传感器的可信度,则有效改善了观测精度。

表 3-12 给出了量测噪声协方差自适应调节的统计结果,统计结果表明,所提出的量测噪声协方差自适应方法可以有效改善观测精度。

表 3-12 量测噪声协方差自适应调节仿真结果

噪声调节	方均根误差		最大误差	
	$\beta/(°)$	$\gamma/((°)/s)$	$\beta/(°)$	$\gamma/((°)/s)$
自适应	0.27	0.77	1.00	1.12
固定值	0.67	1.59	2.57	3.17

(3) 纵向运动状态观测 传统的观测方法已经能够很好地解决车辆正常运动时的状态观测精度,此处进行的纵向运动状态观测主要考察在强加速或者强制动情况下的状态观测情况。据此设计了两组仿真工况,分别为低附着系数路面加速工况和低附着系数路面制动工况。

低附着系数路面加速工况仿真结果如图 3-40 所示,仿真结果比较了车速估计值、真实值以及四轮轮边速度。0~6s 时,车辆加速度不大,没有出现过度滑转的工况。6s 后,车辆加速度逐渐增加。8s 时,部分车轮开始发生过度滑转,同时,各驱动轮的 TCS 控制器进行驱动防滑控制,防止滑转率过大导致车辆失稳。在 8~20s 的加速过程中,各个车轮都出现了过度滑转,甚至一度出现全轮过度滑转的状况。

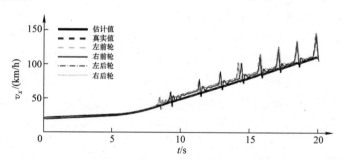

图 3-40 纵向速度估计:低附着系数路面加速

低附着系数路面制动工况仿真结果如图 3-41 所示,0~5s 时,车辆以 80km/h 做匀速直线行驶。5s 后,车辆进入制动工况,部分车轮开始发生制动抱死,同时,各驱动轮的 ABS 控制器进行制动防抱死控制,防止滑移率过大导致车辆失稳。在 5~20s 的制动过程中,各个车轮都出现了滑移率过大的状况,甚至一度出现全部车轮制动抱死的状况。

车辆纵向运动状态参数观测仿真结果统计为表 3-13。由表 3-13 可知,在强加速或强制动工况下,车辆处于强非线性运动工况,虽然部分或者全部的车轮

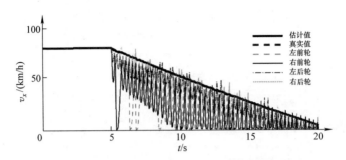

图 3-41　纵向速度估计：低附着系数路面制动

已经发生滑转或者滑移，此时的观测结果依然可以有效地反映车辆的真实运动状态，估计精度较高。

表 3-13　车辆纵向运动状态参数观测仿真结果

车辆工况	方均根误差/(km/h)	最大误差/(km/h)
驱动防滑	0.18	1.11
制动防抱	0.25	1.08

（4）侧向运动状态观测　考虑到已经在上一部分对车辆纵向运动进行了观测，此处仿真设定为定速 100km/h，重点讨论横摆角速度、质心侧偏角及各轮侧向力观测。为了体现轮胎与路面间的强非线性，路面设置为低附着系数。所设计的仿真工况为双移线工况和连续转向工况。

图 3-42 所示为双移线工况下的状态观测结果。质心侧偏角在侧向激励较小时，误差较小。随着侧向激励的加大，质心侧偏角估计误差略有增加。

图 3-43 所示为连续转向工况下的状态观测结果。与双移线工况类似，连续转向时，如果侧向激励较小时，质心侧偏角估计误差较小，侧向激励较大时，误差略有增加。

车辆侧向运动状态参数观测仿真结果统计为如表 3-14 所示。由表可知，在双移线和连续转向工况下，车辆处于强非线性运动阶段，此时质心侧偏角、横摆角速度和轮胎侧向力的观测精度都较好，观测结果依然可以有效地反映车辆的真实运动状态。

2. 实验实例

利用 Matlab/Simulink 开发 RCP 程序，在实验室已有的分布式电驱动车辆实验平台上进行道路实验。利用 RT3100 惯导量测设备采集车辆的运动状态信息，并作为参考真实值，将观测得到的车辆运动状态与该参考真实值进行比较并验证算法有效性。

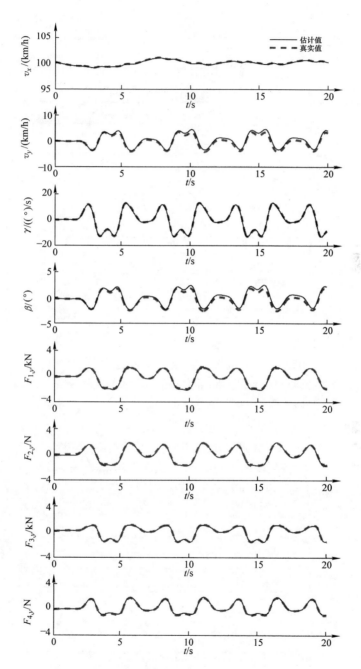

图 3-42 侧向状态观测：双移线

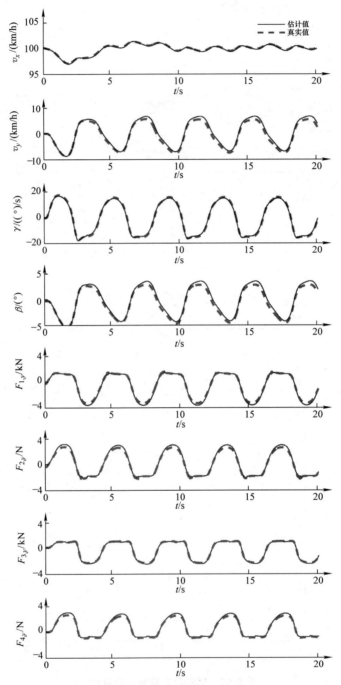

图 3-43 侧向状态观测：连续转向

（1）纵向运动状态观测　为了验证速度观测算法在车辆直线行驶过程中的

有效性，设计了3组工况来进行纵向车速的观测。

图3-44为在高附路面上连续加速和制动工况，考虑到滑移率和滑转率都较低，图中仅对比估计车速和参考车速。

表3-14 车辆侧向运动状态参数观测仿真结果

工况	方均根误差			最大误差		
	$\beta/(°)$	$\gamma/((°)/s)$	$F_{i,y}/N$	$\beta/(°)$	$\gamma/((°)/s)$	$F_{i,y}/N$
双移线	0.23	0.41	61	0.79	0.84	217
连续转向	0.28	0.73	158	1.05	1.10	424

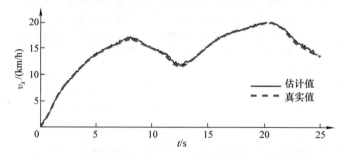

图3-44 纵向速度估计实验：高附着系数连续加速制动

图3-45为在低附路面上的驱动过度滑转工况。实验开始阶段，驾驶人控制车辆由静止状态起步加速，在7.2s时，右前轮首先出现过度滑转。在7.5s时，全部车轮都发生了过度滑转。在9.5~10.5s，再次发生轮胎过度滑转。制动过程中，右前轮和左前轮分别在12.3s时和15.6s时发生制动抱死。

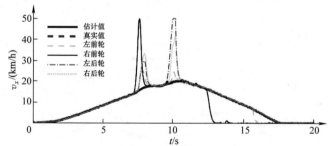

图3-45 纵向速度估计实验：低附着系数驱动滑转

图3-46为在低附路面上的制动滑移工况。实验开始阶段，车辆处于静止状态。车辆于2.5s时起步加速，没有发生过度滑转。在11.4s时，车辆紧急制动，出现制动滑移的状况。此后，车辆始终处于全轮抱死状态直至车辆完全停止。

表3-15为车辆纵向运动状态参数观测实验结果。分析可知，在纵向大激励操作工况下，车辆处于强非线性运动阶段，观测算法始终能有效估计车辆纵向速度。

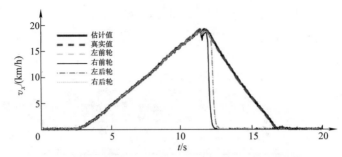

图 3-46 纵向速度估计实验：低附着系数驱动滑转

表 3-15 车辆纵向运动状态参数观测实验结果

工况	方均根误差/(km/h)	最大误差/(km/h)
高附连续加减速	0.16	1.12
低附驱动滑转	0.19	1.24
低附制动滑移	0.22	1.83

（2）侧向运动状态观测 为了观测车辆在发生较激烈侧向运动情况下的运行状态，选用了双移线工况和连续转向工况，联合观测车辆纵向速度、横摆角速度和质心侧偏角。

双移线工况下，车辆的运动状态参数观测结果如图 3-47 所示。实验开始阶段，车辆直线加速，当车辆纵向速度达到约 30km/h 时，驾驶人操纵车辆做双移线运动。

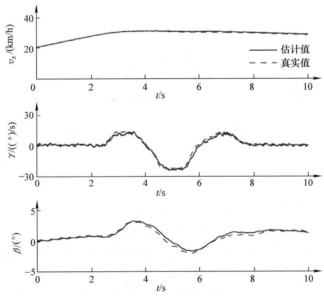

图 3-47 侧向运动状态观测实验：双移线

连续转向工况下，车辆的运动状态参数观测结果如图 3-48 所示。

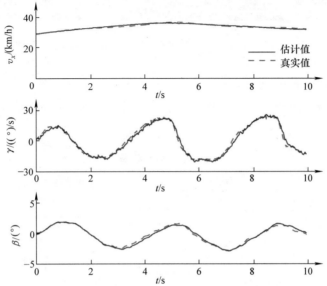

图 3-48 侧向运动状态观测实验：连续转向

将 2 组观测结果总结为表 3-16。分析可知，在双移线和连续转向工况下，车辆处于强非线性运动阶段，此时纵向速度、质心侧偏角、横摆角速度的观测精度都较好，观测结果有效反映车辆的真实运动状态。

表 3-16 车辆侧向运动状态参数观测实验结果

工况	方均根误差（一）			方均根误差（二）		
	$v_x/(km/h)$	$\gamma/((°)/s)$	$\beta/(°)$	$v_x/(km/h)$	$\gamma/((°)/s)$	$\beta/(°)$
双移线	0.26	1.42	0.24	0.77	5.24	0.67
连续转向	0.47	1.95	0.21	1.01	6.78	0.55

3.5.3 误差加权融合的车速及质心侧偏角估计方法

为验证所提出的运动学与动力学融合估计方法，分别在双移线、正弦转向、S 形绕桩等不同工况下，对两种方法融合前后的估计精度进行了仿真分析。表 3-17 所示为选取的仿真工况。

表 3-17 运动学与动力学融合估计仿真工况

序号	测试工况	车速/(km/h)	路面附着系数
R1	双移线	145	0.85
R2	双移线	100	0.5
R3	双移线	50	0.2

(续)

序号	测试工况	车速/(km/h)	路面附着系数
R4	连续双移线	100	0.85
R5	连续正弦转向	100	0.85
R6	S形绕桩	60	0.85

在仿真工况 R1 中,驾驶人模型操纵车辆以 145km/h 的速度通过双移线,路面附着系数为 0.85,仿真结果如图 3-49 所示。

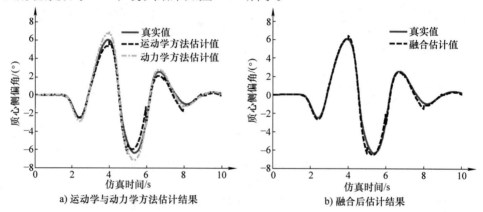

图 3-49 R1 工况仿真结果

图 3-49a 为运动学及动力学估计方法质心侧偏角估计结果与真实值的对比,运动学方法与动力学方法的平均估计误差分别为 0.46° 与 0.49°。图 3-49b 为两种方法的融合估计结果与质心侧偏角真实值的对比,融合后的估计误差为 0.31°,表明质心侧偏角的估计精度得到了有效的提高。

在仿真工况 R2 中,车辆以 100km/h 的速度通过双移线,路面附着系数降低为 0.5,仿真结果如图 3-50 所示。

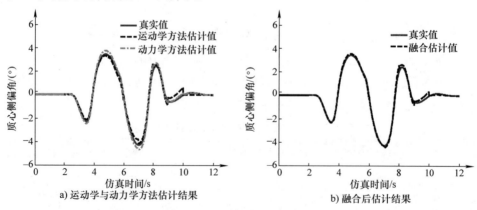

图 3-50 R2 工况仿真结果

图 3-50a 为运动学及动力学估计方法质心侧偏角估计结果与真实值的对比，运动学方法与动力学方法的平均估计误差分别为 0.22°与 0.20°。图 3-50b 为两种方法的融合估计结果与质心侧偏角真实值的对比，融合后的估计误差为 0.17°，表明质心侧偏角的估计精度得到了有效的提高。

在仿真工况 R3 中，车辆以 50km/h 的速度通过双移线，路面附着系数进一步降低到 0.2，仿真结果如图 3-51 所示。

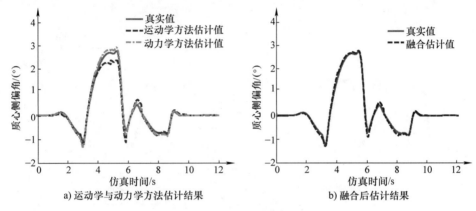

图 3-51 R3 工况仿真结果

图 3-51a 为运动学及动力学估计方法质心侧偏角估计结果与真实值的对比，运动学方法与动力学方法的平均估计误差分别为 0.16°与 0.08°。图 3-51b 为两种方法的融合估计结果与质心侧偏角真实值的对比，融合后的估计误差为 0.06°，表明质心侧偏角的估计精度得到了提高。

为进一步验证运动学与动力学融合估计方法的效果，在连续双移线、连续正弦转向和 S 形绕桩工况下对融合估计方法进行了仿真分析。在仿真工况 R4 中，车辆以 100km/h 的速度通过连续双移线，路面附着系数为 0.85，仿真结果如图 3-52 所示。

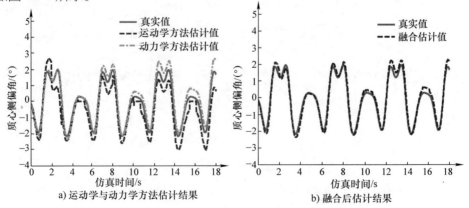

图 3-52 R4 工况仿真结果

图3-52a为运动学及动力学估计方法质心侧偏角估计结果与真实值的对比，运动学方法与动力学方法的平均估计误差分别为0.63°与0.26°。图3-52b为两种方法的融合估计结果与质心侧偏角真实值的对比，融合后的估计误差为0.20°，表明质心侧偏角的估计精度得到了有效的提高。

在仿真工况R5中，车辆以100km/h的速度进行连续正弦转向，其中转向盘转角峰值为90°，路面附着系数为0.85，仿真结果如图3-53所示。

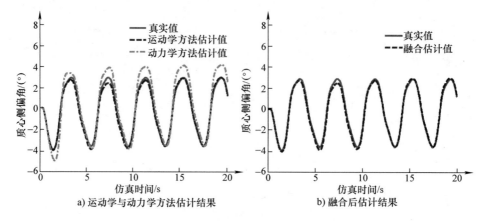

图3-53　R5工况仿真结果

与连续双移线工况类似，图3-53a为运动学及动力学估计方法质心侧偏角估计结果与真实值的对比，两种方法的平均估计误差分别为0.23°与0.80°。图3-53b为两种方法的融合估计结果与质心侧偏角真实值的对比，融合后的估计误差为0.20°，表明质心侧偏角的估计精度得到了有效的提高。

在仿真工况R6中，车辆以60km/h的速度进行S形绕桩，路面附着系数仍为0.85，仿真结果如图3-54所示。

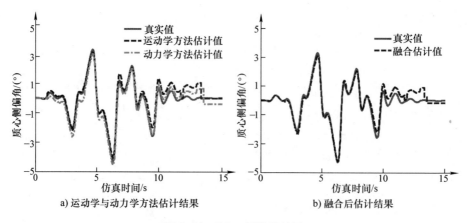

图3-54　R6工况仿真结果

图 3-54a 为运动学及动力学估计方法质心侧偏角估计结果与真实值的对比，两种方法的平均估计误差分别为 0.19°与 0.24°。图 3-54b 为两种方法的融合估计结果与质心侧偏角真实值的对比，融合后的估计误差为 0.14°，表明质心侧偏角的估计精度得到了有效的提高。

表 3-18 所示为上述六种工况下质心侧偏角的误差统计结果。从表 3-18 中的统计结果可以看出，在各测试工况下，融合后质心侧偏角的平均估计误差均低于运动学与动力学方法各自的平均估计误差。同时将融合后的实际误差与通过式（3-163）计算得到的融合后理论误差进行了比较，可以看出实际误差与理论值较为接近，验证了基于误差加权的融合方法的理论适用性。

表 3-18 质心侧偏角融合估计误差统计

仿真工况	运动学估计误差	动力学估计误差	融合后实际误差	融合后理论误差
R1	0.46°	0.49°	0.31°	0.34°
R2	0.22°	0.20°	0.17°	0.15°
R3	0.16°	0.08°	0.06°	0.07°
R4	0.63°	0.26°	0.20°	0.24°
R5	0.23°	0.80°	0.20°	0.22°
R6	0.19°	0.24°	0.14°	0.15°

通过多工况下的仿真分析，验证了基于误差加权的融合方法可以有效地提高质心侧偏角的估计精度，融合后的质心侧偏角估计误差小于两种估计方法各自的估计误差。

3.5.4 基于联邦卡尔曼的质心侧偏角估计方法

1. 台架实验

在各种工况下，对横向车速进行参数自适应估计，验证本书给出的横向车辆动力学状态和参数联合估计算法。

在双移线工况（记为 DLC）、S 形绕桩工况（记为 SLA）和转向盘转角阶跃输入工况（记为 STP）三种工况下对横向车速进行估计。双移线工况中，桩筒按照 ISO 3888-1:1999 的规定摆放；S 形绕桩工况中，7 个桩筒沿道路中心线呈一条直线摆放，间距为 30m。

双移线工况和 S 形绕桩工况除了在高附着系数路面、低附着系数路面上进行外，还在路面附着系数阶跃路面（μ-step）和路面附着系数对开路面（μ-split）上进行，工况示意图如图 3-55 和图 3-56 所示。转向盘转角阶跃输入工况除了在高附着系数路面、低附着系数路面上进行外，还在路面附着系数阶跃路面上进行，工况示意图如图 3-57 所示。

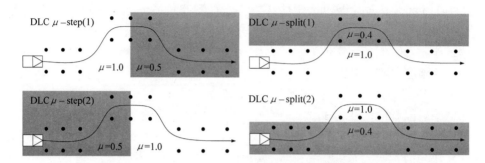

图 3-55 在 μ-step 和 μ-split 路面上进行的双移线工况示意图

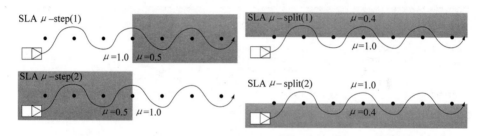

图 3-56 在 μ-step 和 μ-split 路面上进行的 S 形绕桩工况示意图

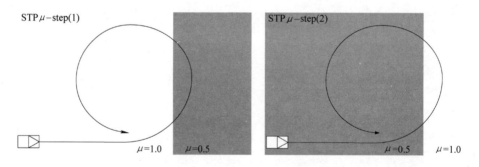

图 3-57 在 μ-step 路面上进行的转向盘转角阶跃输入工况示意图

  S 形绕桩工况在匀速下进行，车速为 60km/h。双移线工况除了在 80km/h 的匀速下进行外，还在加速工况下进行：车辆以 40km/h 左右的车速驶入桩筒区，在完成双移线的同时加速，保证驶出桩筒区时车速高于 80km/h。一次典型的加速双移线工况（记为 DLC(acc)）中，纵向车速和纵向加速度的时间历程如图 3-58 和图 3-59 所示。转向盘转角阶跃输入工况除了在 100km/h 的匀速下进行外，还在加速工况下进行：在 100km/h 车速下完成转向盘转角阶跃输入后，在接下来的稳态回转中全力持续加速。一次典型的加速转向盘转角阶跃输入工况

(记为 STP(acc))中,纵向车速和纵向加速度的时间历程如图 3-60 和图 3-61 所示。

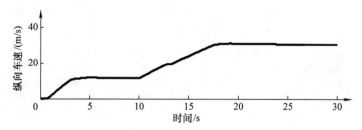

图 3-58 典型的 DLC(acc)工况下纵向车速的时间历程(驶过桩筒区的时间段约为 10~18s)

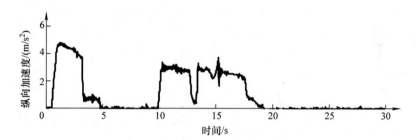

图 3-59 典型的 DLC(acc)工况下纵向加速度的时间历程

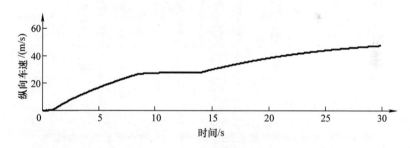

图 3-60 典型的 STP(acc)工况下纵向车速的时间历程(转向盘转角阶跃输入发生在约 11s 时)

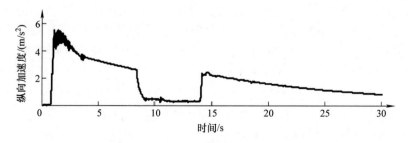

图 3-61 典型的 STP(acc)工况下纵向加速度的时间历程

2. 离线估计

在实验台架的虚拟场景中驾驶轮边驱动电动汽车完成实验工况,用 Micro-AutoBox 采集状态和参数估计算法所需的数据,并利用采集到的数据,离线对横向车速进行参数自适应估计,最后计算得到车辆的质心侧偏角,用质心侧偏角的估计精度指标来评价本书提出的横向车辆动力学状态和参数联合估计算法。

评价质心侧偏角的估计精度的指标选取为质心侧偏角估计值的方均根误差(RMSE)、质心侧偏角的最大绝对估计误差和质心侧偏角的最大相对估计误差。最大相对估计误差用最大绝对估计误差除以该工况中质心侧偏角参考值的绝对值的最大值来得到。

(1)匀速工况 在车辆匀速完成的一系列工况下,验证提出的路面附着系数估计值调整策略的有效性。将标准的 DEKF 与加入路面附着系数估计值调整策略的 DEKF(记为改进的 DEKF)估计质心侧偏角的结果进行对比,如图 3-62 ~ 图 3-64 所示。估计时采用考虑了联合滑移的轮胎模型。

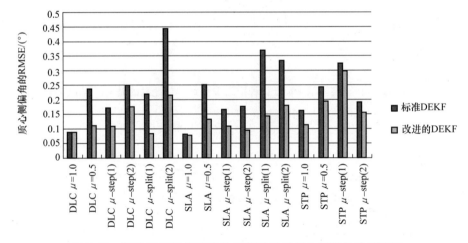

图 3-62 标准 DEKF 与改进的 DEKF 估计质心侧偏角的 RMSE

从图中可以看到,通过对路面附着系数估计值进行适当调整,质心侧偏角的估计效果在大部分工况下有了很大的提高。在 $\mu = 1.0$ 的 DLC、SLA 和 STP 工况下,采用改进的 DEKF 后,质心侧偏角估计精度提升不大,甚至有所下降。在 μ - split 工况下,改进的 DEKF 对质心侧偏角估计精度的提升最为明显。

(2)加速工况 在车辆加速完成的一系列工况下,考察提出的联合滑移侧向力模型对横向车速估计效果的影响。分别采用不考虑联合滑移的纯侧滑 Dugoff 轮胎模型给出的考虑联合滑移的轮胎模型,用改进的 DEKF 对质心侧偏角进行估计。结果对比如图 3-65 ~ 图 3-67 所示。

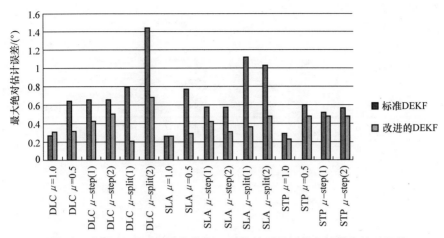

图 3-63 标准 DEKF 与改进的 DEKF 估计质心侧偏角的最大绝对误差

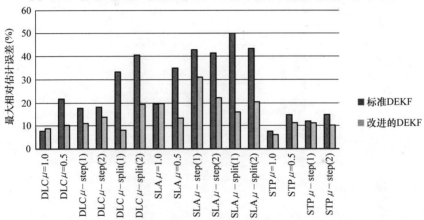

图 3-64 标准 DEKF 与改进的 DEKF 估计质心侧偏角的最大相对误差

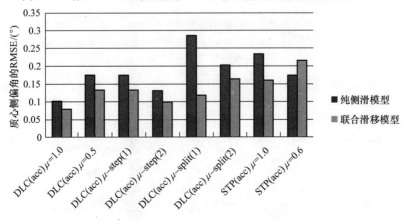

图 3-65 采用不同的轮胎模型估计质心侧偏角的 RMSE

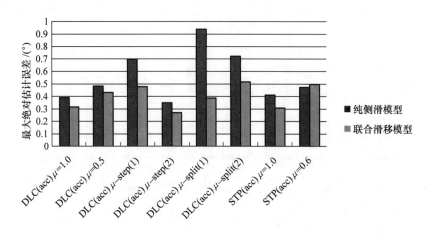

图 3-66 采用不同的轮胎模型估计质心侧偏角的最大绝对误差

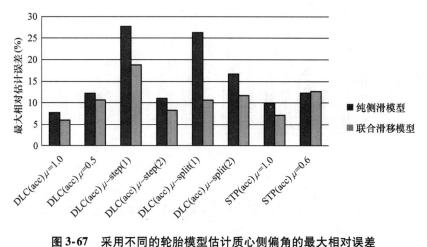

图 3-67 采用不同的轮胎模型估计质心侧偏角的最大相对误差

从图中可以看到,在大部分涉及加速的工况下,采用考虑联合滑移的轮胎模型估计的质心侧偏角比采用纯侧滑轮胎模型的估计值准确。

3. 在线估计

将横向车辆动力学状态和参数联合估计算法编译烧写到 MicroAutoBox 中,在实验台架的虚拟场景中,驱动轮边驱动电动汽车依次完成上述各工况,并用 MicroAutoBox 根据采集的数据,在线对横向车速进行参数自适应估计,计算得到车辆的质心侧偏角。算法的采样周期为 0.01s。

进行两次时长 330s 的在线估计实验,估计质心侧偏角和路面附着系数的结果分别如图 3-68 ~ 图 3-71 所示。

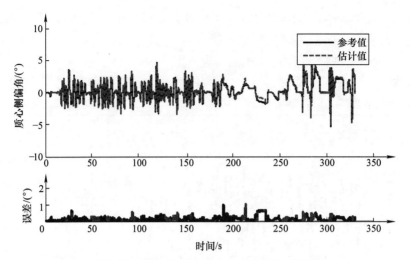

图 3-68　第一次在线估计质心侧偏角的结果

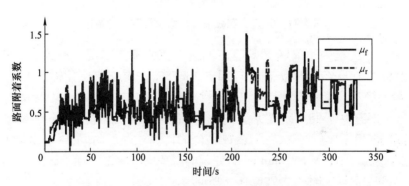

图 3-69　第一次在线估计路面附着系数的结果

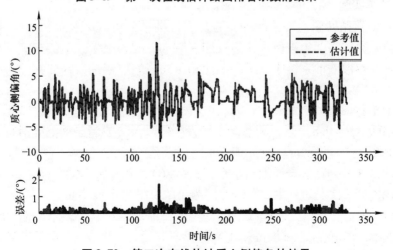

图 3-70　第二次在线估计质心侧偏角的结果

在第一次实验中，车辆主要以匀速完成各实验工况。图3-68显示的质心侧偏角估计误差中，如果某时刻车辆的纵向加速度大于$0.5m/s^2$且横向加速度绝对值大于$1m/s^2$，则图线标记为红色，表示车辆轮胎在这个时刻工作在纵横向联合滑移状态下。在第一次实验中，车辆轮胎工作在联合滑移状态的时间占7.9%，质心侧偏角估计的均方差为0.19°，最大绝对误差为1°。

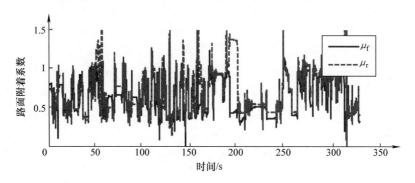

图3-71 第二次在线估计路面附着系数的结果

在第二次实验中，车辆更多地在加速中完成某些工况。在第二次实验中，车辆轮胎工作在联合滑移状态的时间占18.58%，质心侧偏角估计的均方差为0.2°，最大绝对误差为1.7°。

在两次实验中，路面附着系数的估计结果都没有出现发散的现象，说明本书提出的横向车辆动力学状态和参数联合估计算法在长时间连续工作时的性能是稳定的。实验中，MicroAutoBox的处理器以300MHz的主频工作，在一个采样周期中，算法运算耗时为0.796~0.815ms。

4. 实车实验

（1）对接路面紧急加速制动实验及估计结果分析（μ未知） 首先，在变峰值附着系数的路面上进行了紧急加速-制动工况，用于验证实车实验环境下，车辆状态及参数估计系统中，纵向车速和路面峰值附着系数的估计效果有效性、准确性和运算实时性。

由于相对于整车质量而言，轮毂电机的峰值转矩和制动器制动转矩都过小，在普通路面（$\mu \approx 0.8$）上，无法使车轮发生驱动滑转或者制动抱死滑移，因此，设计了如图3-72所示的紧急加速-制动实验工况，在图中灰色区域，铺洒沙砾，降低该区域的路面峰值附着系数（$\mu \leq 0.6$），以确保车辆在该区域内制动可以将车轮抱死。实验过程中，车辆在混凝土的高附着系数路面上，从静止全力加速到10m/s左右，经过红色虚线后，完全踩下制动踏板，车辆全力制动到停止，制动过程中，车辆经过沙砾路面，并穿过沙砾路面，最终停止在混凝土路面上。

实验过程中，部分传感器信息及估计结果如图3-73~图3-76所示。

第3章 基于多信息与多方法融合的质心侧偏角估计方法

图 3-72 阶跃路面上紧急加速 – 制动实验

从图 3-73a 中四轮平均轮速计算结果可以看出，旋转变压器量测的车轮转速信号的噪声较大，因此直接通过数值微分计算得到的车轮旋转加速度信号，其信噪比非常低（图 3-73b），这导致纵向车速融合估计器中信息分配结果的剧烈振荡（图 3-74b）。

当车辆在加速过程中，四轮轮毂电机均处于峰值转矩输出的工况（图 3-73a），车辆的纵向加速度约为 $2m/s^2$（图 3-73b），观察图 3-74b 可知，尽管信息分配结果存在较为剧烈的振荡，但 2s 左右，融合估计器仍然准确地将权重分配给了 $V_x - LF3$，此时，纵向车速的融合估计绝对误差约为 $0.27m/s$（图 3-74a），这导致四轮平均滑移率的计算结果超过了 40%。第 3～9s 时，由于四轮的平均轮速和旋转加速度均未超过切换阈值，因此，主滤波器又将权重切换给了 $V_x - LF1$。

第 9s 以后，车辆纵向车速达到 $12m/s$，并进入紧急制动工况，根据修改后的纵向车速融合估计器的信息分配规则，$V_x - LF2$ 分配到了更多的权重，尤其 9.5s 之后，当车辆制动进入沙砾路面后，车轮完全抱死并持续了 1s 左右，四轮平均纵向滑移率达到 100%，这期间，车轮旋转变压器输出的轮速信号完全为零，并且几乎完全没有信号噪声，因此，$V_x - LF2$ 很稳定地获得了全部权重，纵向车速的融合估计结果与 GPS/INS 的量测参考值较为一致。

整个测试过程中，纵向车速融合估计结果的最大绝对误差不超过 $0.5m/s$，其相对误差约为 3.75%。

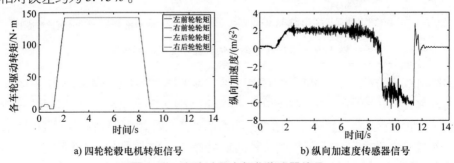

a) 四轮轮毂电机转矩信号　　　　b) 纵向加速度传感器信号

图 3-73 实验过程中部分传感器信号

由于实验车辆的性能水平所限，在高附着系数路面上，不论加速还是制动工况，均无法触发面峰值附着系数融合规则的切换，导致 9.5s 之前，主滤波

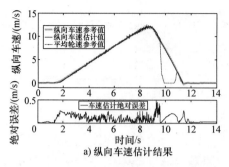
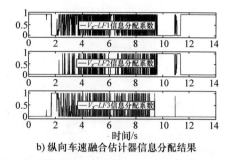

a) 纵向车速估计结果 b) 纵向车速融合估计器信息分配结果

图 3-74　纵向车速融合估计器估计结果

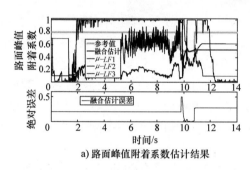
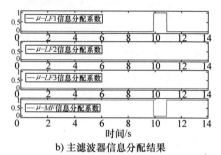

a) 路面峰值附着系数估计结果 b) 主滤波器信息分配结果

图 3-75　路面峰值附着系数融合估计器估计结果

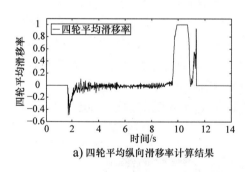
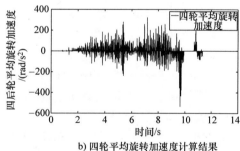

a) 四轮平均纵向滑移率计算结果 b) 四轮平均旋转加速度计算结果

图 3-76　纵向车速融合估计器中工况判断因素

器始终将权重分配给 $\mu-MF$，即任何一个子滤波器的估计结果均未被主滤波器采用，因此，其输出结果始终是初值 $\mu=1$。从第 9.5s 开始，由于车辆进入沙砾路面，车轮发生制动抱死，因此，路面峰值附着系数融合规则被成功触发，$\mu-LF1$ 得到了全部的信息分配系数，其估计结果快速收敛到 $\mu=0.5$ 附近。第 11s 之后，车辆重新回到高附着系数路面，车轮无法继续制动抱死，因此，主滤波器再次将权重系数重新分配给 $\mu-MF$，最终融合估计结果维持在 $\mu=0.53$，尽管此时 μ 的估计误差达到了 0.27，但由于车辆已经停止，因此，没有对车速估计产生影响。

（2）双移线实验及估计结果分析 双移线实验工况如图 3-77 所示。在路面峰值附着系数 $\mu \approx 0.8$ 的高附着系数路面上，车辆由静止加速到接近 10m/s，接着进入双移线工况，最后直线行驶并减速停车。

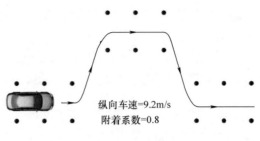

图 3-77 实车双移线实验工况

路面峰值附着系数、纵向车速和质心侧偏角的融合估计结果如图 3-78 所示。

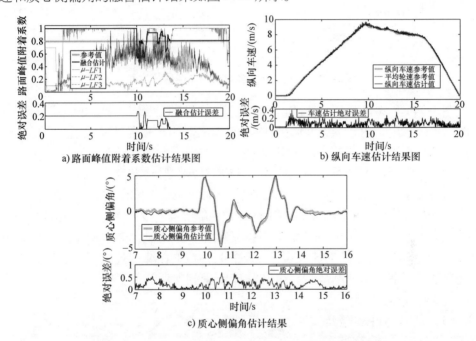

a) 路面峰值附着系数估计结果图

b) 纵向车速估计结果图

c) 质心侧偏角估计结果

图 3-78 实车双移线实验工况车辆状态及参数估计结果

由于车辆的轮毂电机功率太小，驱动转矩无法在加速过程中使车轮发生滑转，因此在 9.6s 以前，峰值附着系数的融合估计结果保持不变，如图 3-78a 所示。从 9.6s 开始，车辆开始双移线动作，由于横向工况足够激烈，不断触发路面峰值附着系数融合规则发生切换，融合估计器交替信任 $\mu-LF3$ 和 $\mu-MF$，估计结果收敛到 0.8 附近，并不断调整。第 13.6s 时，车辆完成双移线动作，μ 的融合估计结果不再波动，保持在 0.8 附近。

如图 3-78c 所示，对比第 7~16s 之间的质心侧偏角融合估计结果，可以看出，融合估计结果能够较好地反映车辆质心侧偏角参考值的变化趋势，10.6s

时，融合估计结果与参考值的绝对误差达到最大，约为0.66°，其相对误差约为15.6%。

为了能够更加清楚地体现各子滤波器估计结果与最终融合估计结果的性能差异，选取横向车速的对比结果，如图3-79所示。

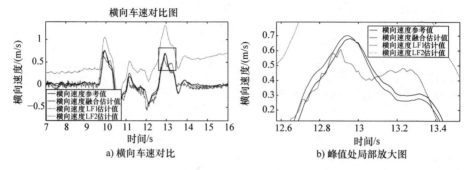

图3-79 实车双移线实验横向车速估计结果

图3-79a和3-79b分别是横向车速估计结果对比图及其峰值处局部放大图。从图中可以看出，由于实际的横向加速度传感器输出信号难以完全消除偏置，因此，基于直接积分法的V_y-LF2的估计结果严重发散。同时，从图3-79b中可以看出，由于基于动力学方法的V_y-LF1不具有足够高的模型精度，导致其估计结果无法准确反映横向车速的量测参考值，例如第10s、10.5s、12.3s、13s和13.5s处；并且为了保证V_y-LF1估计结果能够及时反映车辆质心侧偏角的动态变化，导致V_y-LF1的滤波能力不强，存在严重抖动。选取实验过程中，第13s附近的峰值部分进行对比，可以发现，V_y-LF1在峰值处的误差远远大于融合估计结果，横向车速融合估计结果与GPS量测参考值最接近，最大估计误差不超过0.07m/s。

（3）S形绕桩实验及估计结果分析　S形绕桩实验工况如图3-80所示。在路面峰值附着系数$\mu \approx 0.8$的高附着系数路面上，车辆

图3-80 实车S形绕桩实验工况

由静止加速到接近10m/s，接着进入S形绕桩工况，最后直线行驶并减速停车。

路面峰值附着系数、纵向车速和质心侧偏角的融合估计结果如图3-81所示。

从图3-81a中可以看出，在7.3s以前，峰值附着系数的融合估计结果保持不变，由于车辆尚未进行任何极限工况，因此$\Delta\mu=0.2$的估计误差，并未对质心侧偏角和纵向车速的估计结果产生影响。第7.3s开始，车辆开始S形绕桩动作，由于横向工况足够激烈，不断触发路面峰值附着系数融合规则发生切换，

融合估计器交替信任 $\mu-LF3$ 和 $\mu-MF$，估计结果收敛到 0.8 附近，并不断调整。第 14s 左右，由于车辆基本完成 S 形绕桩动作，$\mu-LF3$ 的估计结果收敛到 1 附近，此时，主滤波器将信息分配系数从 $\mu-LF3$ 切换回 $\mu-MF$，因此 μ 的融合估计结果最终稳定在 1 附近。尽管此时 μ 的估计误差为 0.2，但由于车辆已经停止，因此未对 V_x-LF2 和 V_y-LF1 的估计结果产生影响。

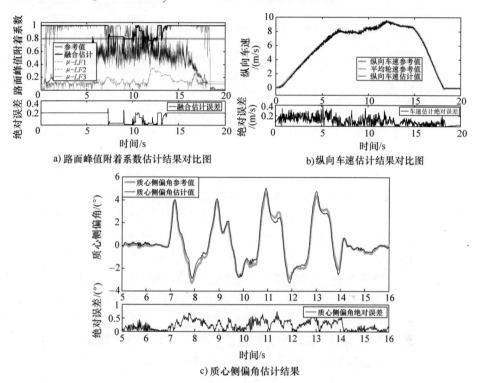

图 3-81 实车 S 形绕桩实验工况各状态及参数的估计结果

如图 3-81c 所示，对比第 5~16s 之间的质心侧偏角融合估计结果，可以看出，融合估计结果能够较好地反映车辆质心侧偏角参考值的大小和变化趋势，第 11.4s 时，融合估计结果的绝对误差达到最大，约为 0.74°，其相对误差约为 25.9%。

为了能够更加清楚地体现各子滤波器估计结果与最终融合估计结果的性能差异，选取横向车速的对比结果，如图 3-82 所示。

图 3-82a 和图 3-82b 分别是实车 S 形绕桩实验工况中横向车速估计结果对比图及其峰值处局部放大图。从图中可以看出，同样地，基于直接积分法的 V_y-LF2 的估计结果出现严重的积分漂移现象；在质心侧偏角估计结果的各个峰值处，基于动力学方法的 V_y-LF1 的估计结果无法准确反映横向车速的量测参考值，且估计结果存在较为严重的抖动。选取实验过程中，第 13s 附近的峰值部分

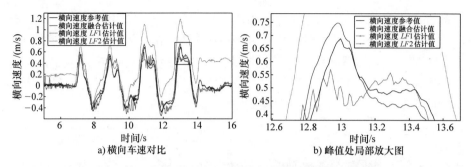

图 3-82　实车 S 形绕桩实验横向车速估计结果对比图

进行对比，可以发现，V_y-LF1 在峰值处的误差远远大于融合估计结果，融合估计结果与量测参考值最为接近，最大估计误差不超过 0.1m/s。

3.6 本章小结

本章基于组合式融合方法和基于误差加权的融合方法构建了质心侧偏角融合估计器，其中包括基于运动学估计方法的子滤波器和基于动力学估计方法的子滤波器，并设计了主滤波器中的信息分配规则；在仿真结果章节中可知，在已知的恒定路面附着条件下，通过标准双移线、S 形绕桩和转向盘角阶跃输入实验，验证了质心侧偏角融合估计器估计结果的准确性；通过转向盘正弦扫频输入实验，证明了融合估计算法相对于单一估计算法的优越性；仿真实验结果显示，融合估计结果的最大相对误差不会超过 10%；最后，指出纵向车速和路面峰值附着系数对质心侧偏角估计的重要性，因此，接下来将对分布式驱动电动汽车的纵向车速和路面峰值附着系数进行估计器设计。

参 考 文 献

[1] ANTON T, VAN ZANTEN. Evolution of Electronic Control Systems for Improving the Vehicle Dynamic Behavior [C]. International Symposium on Advanced Vehicle Control, Hiroshima, Japan, 2002.

[2] GEBRE – EGZIABHER D. Design and Performance Analysis of a Low – Cost Aided Dead – Reckoning Navigator [D]. Palo Alto：Stanford University, 2001.

[3] 张海, 常艳红, 车欢. 基于 GPS/INS 不同量测特性的自适应卡尔曼滤波算法 [J]. 中国惯性技术学报, 2010, 18（6）：696－701.

[4] PACEJKA H B. Tire and Vehicle Dynamics [M]. 3rd ed. Oxford：Elsevier, 2012.

[5] 刘力, 罗禹贡, 李克强. 基于归一化轮胎模型的路面附着系数观测 [J]. 清华大学学报（自然科学版）, 2009, 49（5）：116－120.

[6] RAJAMANI R. Vehicle Dynamics and Control [M]. 2nd ed. New York：Springer, 2012.

[7] LOEB J S, GUENTHER D A, CHEN F H. Lateral Stiffness, Cornering Stiffness and Relaxation

Length of the Pneumatic Tire [C]. SAE 1990 – 90 – 0129.

[8] HEYDINGER G J, GARROTT W R, CHRSTOS J P. The Importance of Tire Lag on Simulated Transient Vehicle Response [C]. SAE 1991 – 91 – 0235.

[9] KALMAN R E. A New Approach to Linear Filtering and Prediction Problems [J]. Transactions of the ASME – Journal of Basic Engineering, 1960, 82 (Series D): 35 – 45.

[10] WELCH G, BISHOP G. An Introduction to the Kalman Filter [R]. Department of Computer Science, University of North Carolina at Chapel Hill, 2006. http://www.cs.unc.edu/welch/kalman/.

[11] KALMAN R E, BUCY R S. New Results in Linear Filtering and Prediction Theory [J]. Transactions of the ASME – Journal of Basic Engineering, 1961, 83 (Series D): 95 – 108.

[12] 余卓平, 高晓杰. 车辆行驶过程中的状态估计问题综述 [J]. 机械工程学报, 2009, 45 (5): 20 – 33.

[13] HAYKIN S. Kalman Filtering and Neural Networks [M]. New York: Wiley, 2001.

[14] CHEN Z. Bayesian Filtering: From Kalman Filters to Particle Filters, and Beyond [R]. Hamilton: McMaster University, 2003.

[15] CARPENTER J, CLIORD P, FEARNHEAD P. Improved Particle Filter for Nonlinear Problems [C]. IEEE Proceedings – Radar, Sonar & Navigation, 1999, 146 (1): 2 – 7.

[16] ARULAMPALAM M S, MASKELL S, GORDON N, et al. A Tutorial on Particle Filters for Online Nonlinear/Non – Gaussian Bayesian Tracking [J]. IEEE Transactions on Signal Processing, 2002, 50 (2): 174 – 188.

[17] VAN DER MERWE R, DOUCET A, DE FREITAS N, et al. The Unscented Particle Filter [R]. Cambridge: Engineering Department, Cambridge University, 2000.

[18] JULIER S J, UHLMANN J K. A New Extension of the Kalman Filter to Nonlinear Systems [C]. Proceedings of SPIE – The International Society for Optical Engineering, 1999.

[19] JULIER S J, UHLMANN J K. Unscented Filtering and Nonlinear Estimation [C]. Proceedings of the IEEE, 2004, 92 (3): 401 – 422.

[20] PIYABONGKARN D, RAJAMANI R, GROGG J A, et al. Development and Experimental Evaluationof a Slip Angle Estimator for Vehicle Stability Control [C]. Proceedings of the 2006 American Control Conference. Minneapolis, Minnesota, USA, 2006.

[21] CHU W, LUO Y, DAI Y, et al. Vehicle State Estimation for In – Wheel Motor Electric Vehicle Using Unscented Particle Filter [C]. International Forum on Advanced Vehicle Technologies and Integration, Changchun, China, 2012.

[22] CHU W, LUO Y, DAI Y, et al. In – wheel motor electric vehicle state estimation by using unscented particle filter [J]. International Journal of Vehicle Design, 2015, 67 (2): 115 – 136.

[23] 褚文博, 罗禹贡, 陈龙, 等. 分布式电驱动车辆的无味粒子滤波状态参数联合观测 [J]. 机械工程学报, 2013, 49 (24): 117 – 127.

[24] 高博麟, 陈慧, 陈威, 等. 汽车质心侧偏角融合估计方法 [J]. 汽车工程. 2013, 38 (8): 716 – 722.

[25] 陈慧, 高博麟, 徐帆. 车辆质心侧偏角估计综述 [J]. 机械工程学报, 2013, 49 (24): 76 – 94.

第 4 章

基于多信息与多方法
融合的纵向车速估计方法

第 4 章 基于多信息与多方法融合的纵向车速估计方法

主要符号对照表

符号	说明	符号	说明
Q_a^*	加速度对应的系统误差方差初始值	W_k	系统过程噪声
Q_v^*	速度对应的系统误差方差初始值	P_i	子滤波器的估计误差矩阵
R_a^*	加速度对应观测误差的方差	β	信息分配系数
R_v^*	速度对应观测误差的方差	a_x	车辆纵向加速度
$v_m(k)$	轮速量测值	a_x^m	车辆纵向加速度量测值
$\hat{v}_t(k)$	估计车速	T_{di}	车轮驱动转矩
V_x^{GPS}	GPS 监测车速值	T_{bi}	车轮制动转矩
a_{dmax}	最大驱动加速度	F_{Ri}	滚动阻力
a_{bmax}	最大制动减速度	F_{xi}	轮胎纵向力
$\boldsymbol{\Phi}_{k,k+1}$	状态转移矩阵		

4.1 运动学估计方法

4.1.1 参数自适应卡尔曼滤波纵向车速估计方法

固定参数的卡尔曼滤波无法适应不同车速及不同路面下的车速估计的要求,因此有很多专家采用参数自适应卡尔曼滤波进行车速估计[1]。常用方法有模糊、基于规则的卡尔曼滤波车速估计算法等。本研究根据文献中的理论设计基于规则的卡尔曼滤波车速估计算法,下面就来介绍规则的具体内容。

定义 Q_a^*、Q_v^* 分别为加速度和车速对应的系统误差方差初始值,R_a^*、R_v^* 分别为加速度和轮速对应观测误差的方差。$v_m(k)$、$\hat{v}_t(k)$ 分别为轮速量测值和估计车速。$\hat{a}_t(k)$ 为加速度的估计值。通过研究,本书基于规则的卡尔曼滤波纵向车速估计算法采用三条规则:

规则1:

$$if |\{\hat{v}_t(k) - v_m(k)\}/\hat{v}_t(k)| > \theta_1$$
$$R_a = 0.5R_a^*, R_v = 1000R_v^* \tag{4-1}$$

规则1即估计车速和轮速之间的差值与估计车速之间的比值超过预定门限值时,说明由于调节轮速与真实车速之间的误差过大,轮速值变得不可靠。这时增大轮速对应量测误差的方差,减小加速度(减速度)值对应的量测误差的方差。减小轮速对滤波结果的影响,增大加速度(减速度)对滤波结果的影响,使估计车速趋向于加速度(减速度)积分。直到估计车速和轮速之间的差值与估计车速之间的比值回到门限值以内,这时使量测误差的方差值恢复到初始值,使轮速重新参与车速估计。

规则2:

$$if |\hat{a}_t(k) - \hat{a}_t(k-1)| > \theta_2$$
$$Q_a = 2Q_a^* \tag{4-2}$$

规则2即当加速度估计值变化较快时,说明实际车辆加速度正处于较快变化之中。此时,提高加速度对应的系统误差方差值,加快加速度估计值的收敛速度。

规则3:

$$if \hat{v}_t(k) < \theta_3$$
$$\hat{v}_k = 0 \ \& \ P = P_0 \tag{4-3}$$

虽然在车辆行驶过程中车速不可能为负,但是由于观测噪声的存在,观测的轮速值有可能为负值,特别是当车速较低的时候。这种情况下,有可能会造成估计车速为负的情况。这时就需要将估计车速置零,并估计误差的方差阵,提高卡尔曼滤波器的收敛速度。

4.1.2 融合 GPS 与 INS 信息的车速估计方法

以 GPS 采样点的纵向车速为基准,利用修正后的纵向加速度及横摆角速度信号进行积分运算,可以得到纵向车速的估计值,如式(4-4)所示。

$$\hat{\dot{x}}_{vGPS} = V_x^{GPS} + \int_0^t (\hat{\ddot{x}}_b + \hat{\dot{\psi}}\hat{y}_v) dt \tag{4-4}$$

在车轮处于小滑移率的正常转动状态时,轮边速度与纵向车速基本相等。在这种状态下,可以利用轮速信息提高 GPS/INS 融合算法中对于纵向车速的估计精度[2]。此外,当 GPS 信号由于遮挡等原因而中断时,轮速就成为了唯一能不经积分直接估计纵向车速的信息源。

在驱动状态下,选取转速最低的车轮作为计算参考轮。而在制动状态下,选取转速最高的车轮作为计算参考轮。则基于轮速信号估计出的纵向车速可表示为

$$\hat{\dot{x}}_{v\omega} = \begin{cases} \omega_{min} R & (驱动) \\ \omega_{max} R & (制动) \end{cases} \tag{4-5}$$

为判断车轮是否处于滑转或抱死状态,设在驱动电机峰值转矩时整车可获得的最大驱动加速度为 a_{dmax},而最大制动减速度为 a_{bmax}。以 GPS 采样点的车速为基准,若在采样间隔内,由轮边速度与 GPS 采样点速度之差计算得到的加速度未超过车辆的最大加减速范围,则认为车轮未发生滑转或抱死,以轮速信息作为纵向车速的估计依据;若计算出的加速度已经超过车辆的最大加减速范围,则认为车轮发生了滑转或抱死,此时以 GPS/INS 信息作为纵向车速的估计依据,如式(4-6)所示。

$$\hat{\dot{x}}_v = \begin{cases} \hat{\dot{x}}_{v\omega} & (V_x^{GPS} + \int_0^t a_{bmax} dt \leq \hat{\dot{x}}_{v\omega} \leq V_x^{GPS} + \int_0^t a_{dmax} dt) \\ \hat{\dot{x}}_{vGPS} & (\hat{\dot{x}}_{v\omega} > V_x^{GPS} + \int_0^t a_{dmax} dt \text{ 或 } \hat{\dot{x}}_{v\omega} < V_x^{GPS} + \int_0^t a_{bmax} dt) \end{cases} \tag{4-6}$$

由于电磁干扰和路面不平等因素的影响,直接量测出的轮速信号具有较大的噪声,需要进行合适的滤波处理。采用巴特沃兹低通滤波器设计方法设计滤波器,对轮速进行滤波处理。考虑到车辆轮速的正常波动范围,选择通带上限截止频率 $\Omega_p = 10Hz$,通带最大衰减系数 $\alpha_p = 2dB$,阻带下限截止频率 $\Omega_s = 100Hz$,阻带最小衰减系数 $\alpha_s = 30dB$。由式(4-7)计算滤波器阶数。

$$N = -\frac{\lg k_{sp}}{\lg \lambda_{sp}} \tag{4-7}$$

其中，

$$\lambda_{sp} = \frac{\Omega_s}{\Omega_p}, \quad k_{sp} = \sqrt{\frac{10^{\alpha_p/10} - 1}{10^{\alpha_s/10} - 1}}$$

依据式（3-70）可计算出滤波器阶数 $N=2$。为使设计统一，将所有的频率归一化，这里采用对 3dB 截止频率 Ω_c 进行归一化，Ω_c 可由式（4-8）计算得到。

$$\Omega_c = \Omega_p (10^{0.1\alpha_p} - 1)^{-\frac{1}{2N}} \tag{4-8}$$

通过查表可得归一化传递函数，如式（4-9）所示。

$$H_a(p) = \frac{1}{p^2 + 1.41p + 1} \tag{4-9}$$

将 $p = s/\Omega_c$ 代入归一化传递函数（4-9）可得低通滤波器传递函数，如式（4-10）所示。

$$H_a(s) = \frac{130}{s^2 + 16s + 130} \tag{4-10}$$

图4-1a、b 所示为两次实车实验中轮速信号的滤波前后对比。从图中可以看出，采用所设计的低通滤波器可以对轮速信号中的噪声进行有效的剔除，同时滤波造成的信号延时可控制在较小的范围内。

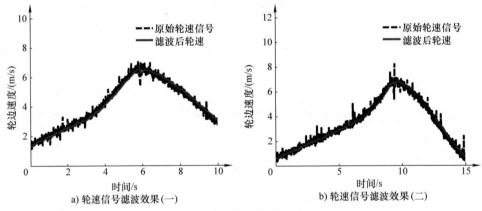

a) 轮速信号滤波效果（一） b) 轮速信号滤波效果（二）

图 4-1 轮速信号滤波

4.1.3 基于联邦卡尔曼的多传感器信息融合的纵向车速估计方法

由于传感器配置为四个轮速传感器和一个纵向加速度传感器，因此根据联邦滤波算法定义，设计了五个子滤波器和一个主滤波器结构来完成分散化滤波，进行最优融合估计，构建成纵向车速估计器的主体。子滤波器 1~4 利用四个轮速传感器信息来估计纵向车速，而子滤波器 5 则利用纵向加速度传感器信息[3]。

本节就联邦卡尔曼滤波器中主要的子滤波器设计、主滤波器设计与信息分配系数选取进行分析阐述。

1. 联邦卡尔曼子滤波器设计

根据之前的分析，本书确定使用简单有效的运动学模型来完成估计状态。运动学模型主要根据位移、速度和加速度之间的微分关系来获得观测结果。因此，设 t 时刻的纵向车速值为 $v(t)$，纵向加速度为 $\dot{v}(t)$，在 t 时刻将 $v(t)$ 按泰勒公式展开，同时为计算方便，取 1 阶导数项即可：

$$v(t+\Delta t) = v(t) + \Delta t \times \dot{v}(t) + w_1(t) \tag{4-11}$$

$$\dot{v}(t+\Delta t) = \dot{v}(t) + w_2(t) \tag{4-12}$$

式中，Δt 是 t 时刻领域内任一时刻；$w_1(t)$ 和 $w_2(t)$ 是泰勒展开余项。

若采样时间为 T，则将式（4-11）和式（4-12）进行离散化并结合随机线性离散系统的方程式，可以得到联邦卡尔曼滤波的系统状态空间模型：

$$\begin{bmatrix} v_{k+1} \\ \dot{v}_{k+1} \end{bmatrix} = \begin{bmatrix} 1 & T \\ 0 & 1 \end{bmatrix} \begin{bmatrix} v_k \\ \dot{v}_k \end{bmatrix} + \begin{bmatrix} w_{1,k} \\ w_{2,k} \end{bmatrix} \tag{4-13}$$

其中，

$$X_k = \begin{bmatrix} v_k & \dot{v}_k \end{bmatrix}^\mathrm{T} \tag{4-14}$$

$$\Phi_{k,k+1} = \begin{bmatrix} 1 & T \\ 0 & 1 \end{bmatrix} \tag{4-15}$$

$$W_k = \begin{bmatrix} w_{1,k} & w_{2,k} \end{bmatrix}^\mathrm{T} \tag{4-16}$$

式中，$\Phi_{k,k+1}$ 是基于运动学的状态转移矩阵，W_k 是系统过程噪声。一般可以假设运动中物体的速度泰勒展开余项为随机量，并取为高斯白噪声。

在五个子滤波器中均使用相同的系统状态空间方程式（4-13）和状态向量 X_k。所不同的是，针对不同的传感器得到的信息，会设计不同的子滤波器系统观测方程来处理观测序列。

由于在小滑移率的工况下，将轮速乘以轮胎半径得到的轮边速度可认为等于纵向车速值。针对轮速信号的子滤波器 1~4 的观测序列为

$$Z_{i(k)} = \omega_{i(k)} r \tag{4-17}$$

式中，r 是轮胎滚动半径；$\omega_{i(k)}$ 是四个轮速信号；$i(i=1,2,3,4)$ 为子滤波器下标。

在大滑移率的工况下，轮速信号将失去体现车速的能力。因而引入纵向加速度信号来进行观测。针对纵向加速度信号的子滤波器 5 的观测序列为

$$Z_{5(k)} = a_{x(k)} \tag{4-18}$$

式中，a_x 是校正后的纵向加速度信号值。

确定了观测序列后就可得到不同的系统观测矩阵 H_i

$$\begin{cases} H_i = \begin{bmatrix} 1 & 0 \end{bmatrix} & (i=1,2,3,4) \\ H_5 = \begin{bmatrix} 0 & 1 \end{bmatrix} \end{cases} \tag{4-19}$$

式中,下标表示所对应的子滤波器。

至此,子滤波器 1~5 的设计完毕。只要观测序列存在,子滤波器就会经卡尔曼滤波独立完成自身的状态更新,输出各自状态估计值 X_i 和估计误差矩阵 P_i。具体的子滤波器参数定义见表 4-1。

表 4-1 纵向车速估计器的子滤波器参数定义表(k 时刻)

参数 \ 编号	子滤波器 1	子滤波器 2	子滤波器 3	子滤波器 4	子滤波器 5
观测序列	$\omega_{lf(k)}r$	$\omega_{lr(k)}r$	$\omega_{rf(k)}r$	$\omega_{rr(k)}r$	$a_{x(k)}$
观测矩阵	$H_i = \begin{bmatrix} 1 & 0 \end{bmatrix}$ ($i=1,2,3,4$)				$H_5 = \begin{bmatrix} 0 & 1 \end{bmatrix}$
系统方程	$\begin{bmatrix} v_{i(k+1)} \\ \dot{v}_{i(k+1)} \end{bmatrix} = \begin{bmatrix} 1 & T \\ 0 & 1 \end{bmatrix} \begin{bmatrix} v_{i(k)} \\ \dot{v}_{i(k)} \end{bmatrix} + \begin{bmatrix} w_{1,i(k)} \\ w_{2,i(k)} \end{bmatrix}$ $X_{i(k)} = \begin{bmatrix} v_{i(k)} & \dot{v}_{i(k)} \end{bmatrix}^T$ ($i=1,2,3,4,5$)				
输出状态	$X_{1(k)}$	$X_{2(k)}$	$X_{3(k)}$	$X_{4(k)}$	$X_{5(k)}$
估计误差方差矩阵	$P_{1(k)}$	$P_{2(k)}$	$P_{3(k)}$	$P_{4(k)}$	$P_{5(k)}$

表 4-1 中,$\omega_{lf(k)}$、$\omega_{lr(k)}$、$\omega_{rf(k)}$ 和 $\omega_{rr(k)}$ 分别表示车辆的左前轮、左后轮、右前轮和右后轮的轮速信号;T 为采样时间。

2. 联邦卡尔曼主滤波器设计

根据表 4-1,在 $k+1$ 时刻各子滤波器的估计误差矩阵为 P_1、P_2、P_3、P_4 和 P_5。因此,融合后的整体估计误差方差矩阵 P_g 为

$$P_{g(k+1)}^{-1} = \sum_{i=1}^{5} P_{i(k+1)}^{-1} \tag{4-20}$$

通过整体估计误差方差矩阵和各子滤波器的输出估计变量 X_1、X_2、X_3、X_4 和 X_5,可以得到最终全局最优估计值 X_g

$$X_{g(k+1)} = P_{g(k+1)} \left[\sum_{i=1}^{5} P_{i(k+1)}^{-1} X_{i(k+1)} \right] \tag{4-21}$$

综上所述,将联邦卡尔曼子滤波器和主滤波器内容确定后,结合联邦滤波算法的固定结构,就可以确定本研究纵向车速估计器的子滤波器和主滤波器结构,如图 4-2 所示。

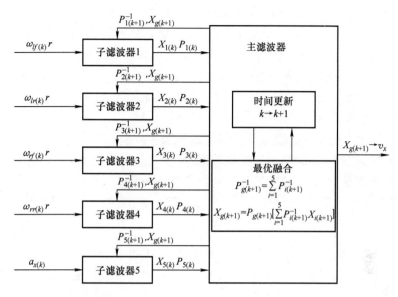

图 4-2　基于联邦滤波算法的纵向车速估计器的子滤波器和主滤波器主体结构

3. 信息分配系数的选取

从图 4-2 可以看到，当联邦滤波算法结构确定后，值得关注的便是信息分配系数的选取。信息分配系数 β 能够决定反馈信息的多少，并间接影响子滤波器输出估计值在主滤波器中的"权重"。可见，当信息量分配趋势改变时，整个联邦卡尔曼滤波算法的结构和特性也随之相应改变。因此在信息分配系数的选取上应着重考虑观测序列的相对可靠性。当观测序列产生的信息相对可靠时，应将其信息尽可能多得分配到联邦滤波器中；当观测序列产生的信息相对不太可靠时，应将其信息尽可能少得分配到联邦滤波器中；但总体的信息分配应满足信息守恒原理。

本书的纵向车速估计器的信息分配策略主要是考虑当轮胎出现大滑移率时，轮胎的轮边速度就难以与车速保持一致性。强烈的轮胎纵向滑移甚至会造成轮胎抱死，使轮边速度为零。此时轮胎的轮速信号就不能产生足够的信息量去估计纵向车速，因此需要提升纵向加速度信号的信息分配系数，以免纵向车速估计器被轮速信号所带来错误的车速估计值所污染。但长时间地将纵向加速度信号置于高信息分配状态会造成一定的累计误差，因此当发现滑移率降低时应及时提高轮速信号的信息分配系数，消除加速度计所带来的累计误差，提高估计精度和可靠性。与此同时，四个轮速信号被认为是等同的信息源，其信息分配一致。

但问题是滑移率的计算又取决于纵向车速估计。为了解决这个问题，本书使用纵向加速度信号来间接体现出滑移率的大小。当然，从本质上讲加速度信号并不能完全代表滑移率，但除了某些非常极限的工况下，加速度的大小确实能够从一定层面上反映出轮胎的工况是否剧烈，滑移率是否超出一定范围。

因此，本书的信息分配系数总策略如下：

① 小加速度下提高子滤波器 1~4 的信息分配系数。
② 大加速度下提高子滤波器 5 的信息分配系数。
③ 小加速度至大加速度过渡区间信息分配系数呈现线性变化。
④ 子滤波器 1~4 的信息分配系数相等。
⑤ 子滤波器 1~5 的总信息分配系数合计为 100%。

根据以上设计策略，本书设计了式（4-22）来满足信息分配要求，

$$\begin{cases} \beta_1 = \beta_2 = \beta_3 = \beta_4 = \begin{cases} 25\% & (a_x \leq 2\mathrm{m/s^2}) \\ 25\% \times (3 - a_x) & (2\mathrm{m/s^2} < a_x \leq 3\mathrm{m/s^2}) \\ 0\% & (a_x > 3\mathrm{m/s^2}) \end{cases} \\ \beta_5 = 100\% - (\beta_1 + \beta_2 + \beta_3 + \beta_4) \end{cases} \quad (4\text{-}22)$$

式中，a_x 是校正后的纵向加速度信号值。可以看到，式（4-22）中的分段函数主要存在两个阈值需要确定。由于文献中并没有提到轮胎滑移率和加速度存在着确切关系，本书利用一些车辆和轮胎的参数进行了简单的计算推导，大致确定这两个阈值。由式（4-22）可以计算出 β_5 的数学表达式

$$\beta_5 = \begin{cases} 0\% & (a_x \leq 2\mathrm{m/s^2}) \\ 100\% \times (a_x - 2) & (2\mathrm{m/s^2} < a_x \leq 3\mathrm{m/s^2}) \\ 100\% & (a_x > 3\mathrm{m/s^2}) \end{cases} \quad (4\text{-}23)$$

根据式（4-22）和式（4-23）可以用绘图画出子滤波器信息分配系数在加速度值定义域下的数值变化图，如图 4-3 所示。图中 μg 是指在路面附着系数 μ 下纵向加速度所能达到的最大值，g 为重力加速度。

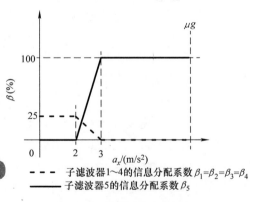

图 4-3 纵向车速估计器的子滤波器信息分配系数

4.1.4 直接加速度积分法

车辆纵向加速度 a_x 可以用加速度传感器量测，量测并经过处理后得到加速度量测值 a_x^m。车辆真

实加速度 a_x 与量测值 a_x^m 之间存在偏差：

$$a_x = a_x^m + q^a \quad (4-24)$$

式中，q^a 是量测误差。

车辆处于直线工况时，不考虑车辆的横摆运动，则根据式 $\dot{v}_x = a_x + r v_y$ 可以得到 $\dot{v}_x = a_x$。此处，直接用量测加速度积分估计纵向车速：

$$\hat{v}_{x,k/k-1} = \hat{v}_{x,k-1} + a_{x,k-1}^m t_s \quad (4-25)$$

式中，$\hat{v}_{x,k/k-1}$ 是 k 时刻加速度积分估计值；$\hat{v}_{x,k-1}$ 是 $k-1$ 时刻的估计值；t_s 是采样间隔，下标 k 表示采样时刻。

式（4-25）所示的估计方法称为运动学估计，即没有用到整车动力学方程，直接用传感器量测信息进行车速估计。这种方法的优点是简单，当传感器精度较高时，估计的车速比较可靠。但该方法存在两个缺点：一是无法降低初始时刻的估计误差，二是如果量测误差 q^a 的均值不为0，则会导致累积误差，如下式所示：

$$e_{k/k-1} = e_{k-1} + q_{k-1}^a t_s \quad (4-26)$$

式中，e_{k-1} 是 $k-1$ 时刻的估计误差，$e_{k-1} = v_{x,k-1} - \hat{v}_{x,k-1}$；$e_{k/k-1}$ 是 k 时刻的估计误差，$e_{k/k-1} = v_{x,k} - \hat{v}_{x,k/k-1}$。

4.1.5　基于平均轮速法的纵向车速估计方法

该子滤波器依据四轮轮速传感器信息 $\omega_{r,k}^{fl}$、$\omega_{r,k}^{fr}$、$\omega_{r,k}^{rl}$、$\omega_{r,k}^{rr}$，估计车辆纵向车速 $\hat{v}_{x,k}^{LF1}$。

选取子滤波器的状态向量：

$$\hat{X}_k^{v_x-LF1} = \begin{bmatrix} \hat{v}_{x,k}^{LF1} & \dot{\hat{v}}_{x,k}^{LF1} \end{bmatrix}^T \quad (4-27)$$

建立子滤波器的状态空间方程：

$$\hat{X}_{k+1}^{v_x-LF1} = A_k^{v_x-LF1} \hat{X}_k^{v_x-LF1} + n_{s,k}^{v_x-LF1} \quad (4-28)$$

且

$$A_k^{v_x-LF1} = \begin{bmatrix} 1 & T \\ 0 & 1 \end{bmatrix} \quad (4-29)$$

子滤波器的量测方程为

$$Z_{k+1}^{v_x-LF1} = H_{k+1}^{v_x-LF1} \hat{X}_{k+1}^{v_x-LF1} + n_{m,k+1}^{v_x-LF1} \quad (4-30)$$

式中，量测变量是四轮平均轮速，即 $Z_k^{v_x LF1} = \dfrac{\omega_{r,k}^{fl} + \omega_{r,k}^{fr} + \omega_{r,k}^{rl} + \omega_{r,k}^{rr}}{4}$，$n_{m,k+1}^{v_x LF1}$ 是白噪声，$H_{k+1}^{v_x-LF1}$ 是观测矩阵，且

$$H_{k+1}^{v_x-LF1} = \begin{bmatrix} \dfrac{1}{R_w} & 0 \end{bmatrix} \quad (4-31)$$

4.1.6 运动学方法小结

分析以上五种运动学车速估计算法可知,直接加速度积分法运算简单,计算量最小,但对传感器信号精度有着很高的要求,而且由于传感器量测噪声的存在,会产生累计误差;融合 GPS 与 INS 信息的车速估计方法通过利用各量测系统的优点,可以达到较高的估计精度及实时性;基于联邦卡尔曼的多传感器信息融合的车速估计方法结合轮胎滑移率的大小,按照设定的规则对车速进行估计。

4.2 动力学估计方法

4.2.1 基于轮胎纵向力的车速估计方法

对于装配 ABS 的车辆,各个车轮转速 ω_i 可以用轮速传感器直接量测得到。由于轮速传感器采集处理后得到的是脉冲信号,脉冲信号对噪声干扰能力非常强,所以,忽略轮速量测值和真实轮速之间的误差,将轮速 ω_i 作为控制变量 u,将 v_x 作为状态变量 x,可以得到如下关系:

$$s_{xi} = \frac{\omega_i R_d - v_x}{\omega_i R_d} \tag{4-32}$$

$$F_{xi} = f(s_{xi}) \tag{4-33}$$

式(4-33)是纵向力-滑移率曲线关系,由轮胎模型得到。

$$\dot{v}_x = \frac{1}{m}\sum_{i=1}^{4} F_{xi} \tag{4-34}$$

式(4-32)和式(4-34)中,R_d 是轮胎转动半径;F_{xi} 是车轮纵向力。

该方法的优点在于需要的传感器信号少,并且当轮胎处于稳定区时,这种算法有一定的自调节能力。这种算法的缺点是需要充分了解轮胎和路面信息,需要知道整车质量等参数,而且当轮胎处于非稳定区时,估计算法将也将失稳。这里采用线性轮胎模型进行说明:

$$\hat{v}_{x,k/k-1} = \hat{v}_{x,k-1} + \frac{t_s}{m}\sum_{i=1}^{4}\left(F_{zi,k-1}k_{si}\frac{\omega_{i,k-1}R_d - \hat{v}_{x,k-1}}{\omega_{i,k-1}R_d}\right) \tag{4-35}$$

$$v_{x,k} = v_{x,k-1} + \frac{t_s}{m}\sum_{i=1}^{4}\left(F_{zi,k-1}k_{si}\frac{\omega_{i,k-1}R_d - v_{x,k-1}}{\omega_{i,k-1}R_d}\right) \tag{4-36}$$

$$e_{k/k-1} = \left(1 - \frac{t_s}{m}\sum_{i=1}^{4}\frac{F_{zi,k-1}k_{si}}{\omega_{i,k-1}R_d}\right)e_{k-1} \tag{4-37}$$

式中,k_{si} 是轮胎纵向滑移刚度;$F_{zi,k-1}$ 是 $k-1$ 时刻的轮胎垂向载荷值;$\omega_{i,k-1}$ 是 $k-1$ 时刻的车轮转速值。

由式（4-37）可以看出，当 k_{si} 为正数时，基于四轮转速的车速自适应估计法能够降低估计误差；当 k_{si} 为负数时，则会放大估计误差。对于非线性轮胎模型，当纵向力-滑移率曲线斜率为正时，则该估计方法能够降低估计误差；当纵向力-滑移率曲线斜率为负时，则会放大估计误差。

4.2.2 直接转矩积分车速估计方法

当已知驱动转矩 T_{di}、制动转矩 T_{bi} 和滚动阻力 F_{Ri} 时，记 $T_i = T_{di} - T_{bi} - F_{Ri}R_d$。那么结合车轮角加速度 $\dot{\omega}_i$，则可以计算轮胎纵向力 F_{xi}，再对整车进行受力分析：

$$F_{xi} = \frac{T_i - I_w \dot{\omega}_i}{R_d} \tag{4-38}$$

$$\dot{v}_x = \frac{1}{m}\sum_{i=1}^{4} F_{xi} \tag{4-39}$$

当然，量测的转矩 T_i^m 与真实的转矩 T_i 之间存在误差：

$$T_i = T_i^m + q_i^m \tag{4-40}$$

采用转矩积分法的误差用下式表示：

$$\hat{v}_{x,k/k-1} = \hat{v}_{x,k-1} + \frac{t_s}{m}\sum_{i=1}^{4}\left(\frac{T_{i,k}^m - I_w \dot{\omega}_{i,k}}{R_d}\right) \tag{4-41}$$

$$v_{x,k} = v_{x,k-1} + \frac{t_s}{m}\sum_{i=1}^{4}\left(\frac{T_{i,k} - I_w \dot{\omega}_{i,ks}}{R_d}\right) \tag{4-42}$$

$$e_{k/k-1} = e_{k-1} + \frac{t_s}{m}\sum_{i=1}^{4}\frac{q_{i,k}^m}{R_d} \tag{4-43}$$

由上式可以看出，基于量测转矩的动态车速估计方法算法简单，无需路面信息，由于 T_i 信号精度高，则估计车速也较高。

4.2.3 扩展卡尔曼滤波车速估计方法

1. 车辆模型的建立

汽车动力学模型是进行车辆参数估计的基础。汽车是一个复杂的非线性系统，而且在极限工况下，其表现出的是高非线性[2]。在计算中，简化的模型不能准确反映车辆动态特性，而过于复杂的车辆模型又会增加计算的负担，严重影响算法的实时性。因此，用于算法的车辆模型既能反映车辆运动的特点，又要满足算法实时性的要求。

本书采用3自由度4轮车辆模型进行算法分析。3个自由度分别为纵向、侧向的平动以及绕车身 z 轴的横摆运动。构造这样的车辆模型是基于以下假设[37]：

① 忽略风阻对车辆运动的影响。

② 假设车辆在水平路面上行驶，忽略悬架作用。

③ 假设车轮只受到轮胎和路面之间的轮胎力，并且各轮胎的机械特性相同。

将汽车质心作为车体坐标系的原点；将车辆的纵向轴线作为坐标系的 X 轴，汽车前进方向作为正方向；Y 轴通过质心，左向为正；坐标平面内的力矩以逆时针方向为正；所有矢量的正负与坐标轴相同。车辆模型如图4-4所示。

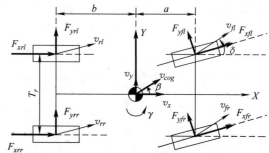

图4-4 7自由度车辆模型示意图

v_x—纵向车速　v_y—侧向车速　v_{cog}—质心车速
γ—横摆角速度　β—质心侧偏角　δ—前轮转角
a—质心到前轴距离　b—质心到后轴距离
T_f—前轴轮距　T_r—后轴轮距　v_{fl}—左前轮中心速度
v_{fr}—右前轮中心速度　v_{rl}—左后轮中心速度
v_{rr}—右后轮中心速度　F_{xfl}—左前轮纵向力
F_{xfr}—右前轮纵向力　F_{xrl}—左后轮纵向力
F_{xrr}—右后轮纵向力　F_{yfl}—左前轮侧向力
F_{yfr}—右前轮侧向力　F_{yrl}—左后轮侧向力
F_{yrr}—右后轮侧向力

对于图4-4所示的车辆模型，其车辆运动的微分方程为

$$\dot{v}_x = a_x + v_y \gamma \tag{4-44}$$

$$\dot{v}_y = a_y - v_x \gamma \tag{4-45}$$

$$\begin{aligned}\dot{\gamma} = \frac{1}{I_z}[&a(F_{xfl}+F_{xfr})\sin(\delta) + a(F_{yfl}+F_{yfr}) - b(F_{yrl}+F_{yrr}) \\ &-\frac{T_f}{2}(F_{xfl}-F_{xfr})\cos(\delta) + \frac{T_f}{2}(F_{yfl}-F_{yfr})\sin(\delta) - \frac{T_r}{2}(F_{xrl}-F_{xrr})]\end{aligned} \tag{4-46}$$

式中，

$$a_x = \frac{1}{m}[(F_{xfl}+F_{xfr})\cos(\delta) - (F_{yfl}+F_{yfr})\sin(\delta) + F_{xrl} + F_{xrr}] \tag{4-47}$$

$$a_y = \frac{1}{m}[(F_{xfl}+F_{xfr})\sin(\delta) + (F_{yfl}+F_{yfr})\cos(\delta) + F_{yrl} + F_{yrr}] \tag{4-48}$$

2. 轮胎模型介绍

按照轮胎的建模机制分类，轮胎模型一般分为理论模型和经验模型两种。理论模型依赖于轮胎本身的物理特性参数，通常根据轮胎形变的物理过程建立轮胎模型，其模型参数要通过大量的实验来获得，因此在一定程度上限制了其应用。目前理论模型主要有线性

模型、UA 模型、Dugoff 模型、LuGre 模型等。

与理论模型相对应的是经验模型，经验模型是通过大量的轮胎特性实验数据进行分析，将轮胎-路面特性通过含有拟合参数的公式有效地表达出来。理论模型包括的种类很多，主要有多项式模型、Burckhardt 模型、魔术公式、UniTire 轮胎模型等。其中魔术公式、UniTire 模型这类根据实验测试数据和理论分析结果之间建立联系的轮胎模型是目前轮胎模型研究的重点[3]。

不同轮胎模型各有自己的特点和优势，如在产品设计、汽车动态模拟、实验对比等要求精确描述轮胎力学特性的领域，需要拟合精度高的轮胎模型，如魔术公式。而在汽车动力学模拟控制等需要用模型进行理论分析和基本预测的领域，则需要拟合系数少、计算简便的轮胎模型，如 Dugoff 轮胎模型。本选取魔术公式轮胎模型。

魔术公式是用三角函数的组合公式拟合轮胎实验数据，用一套相同的公式就可以完整地表达轮胎的纵向力 Fx、侧向力 Fy、回正力矩 Mz、翻转力矩 Mx、阻力矩 My 等相互作用的联合工况。魔术公式计算输入输出如图 4-5 所示：

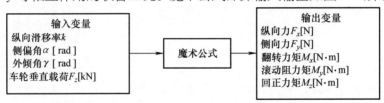

图 4-5　魔术公式计算输入输出示意图

这套模型统一性强，能描述轮胎所有的稳态力学性能，另外有编程方便、简单实用、模拟精度高的特点。轮胎动力学分析中所用的一般为对称魔术公式，对称魔术公式的表达式如下所示：

$$Y(x) = D\sin(C\arctan(Bx - E(Bx - \arctan(Bx)))) \quad (4\text{-}49)$$

式中，$Y(x)$ 可以是纵向力、侧向力，也可以是回正力矩。x 在不同情况下可以分别表示轮胎的纵向滑移率或者轮胎侧偏角。式中拟合参数的表示意义及计算公式如下所示：

C：曲线形状因子。确定参数 C 对实验台的要求很高，在实际中不可能精确得知，在实际计算中对于纵向力来说可以取 1.65，对于侧向力可取 1.3，回正力矩可取 2.4。

（1）纵向力

D：颠因子，表示曲线的最大值，$D = B_1 F_z^2 + B_2 F_z$

BCD：表示曲线的最大值，$BCD = (B_3 F_z^2 + B_4 F_z) e^{-B_5 F_z}$

B：刚度因子，$B = BCD/(C \times D)$

E：曲线曲率因子，表示曲线最大值附近的形状，$E = B_6 F_z^2 + B_7 F_z + B_8$

（2）侧向力

D：颠因子，表示曲线的最大值，$D = A_1 F_z^2 + A_2 F_z$

BCD：表示曲线的最大值，$BCD = A_3 \sin\left(2\arctan \dfrac{F_z}{A_4}\right)(1 - A_5|\gamma|)$

B：刚度因子，$B = BCD/(C \times D)$

E：曲线曲率因子，表示曲线最大值附近的形状，$E = A_6 F_z + A_7$

3. 扩展卡尔曼滤波车速估计过程

车辆在实际行驶过程中，工况远比直线行驶来得复杂。这样就不能简单简化为线性问题来处理。因此需要使用其他方法来处理非线性工况下的车速估计问题。对于非线性问题，目前应用最广泛的是扩展卡尔曼滤波（Extended Kalman Filter，EKF）算法。扩展卡尔曼滤波基本原理是将非线性系统在最佳估计点附近进行泰勒级数展开，忽略高阶项，对模型进行线性化近似。对于非线性模型，是通过求解系统方程和量测方程在最佳估计点的雅克比矩阵实现模型的线性化，然后通过卡尔曼滤波的流程进行当前的估计[4]。

目前，扩展卡尔曼滤波（EKF）中使用的线性化方法为求解非线性系统（包括状态方程和量测方程）的雅克比矩阵。假设非线性系统的系统方程和量测方程如下：

$$\begin{cases} x_{k+1} = f(x_k, u_k, w_k) \\ y_k = h(x_k, u_k, v_k) \end{cases} \tag{4-50}$$

式中，x_k 是系统状态向量；u_k 是系统的输入量；w_k 和 v_k 分别是随机过程噪声和观测噪声向量，并且两者都是相互独立的高斯噪声。状态量 x_k 与观量测 y_k 满足非线性观测方程 h。

首先确定系统方程的状态量 $x(t) = [v_x, v_y, \gamma]$，选取前轮转角 δ 为系统输入，此时系统方程为

$$\dot{x}(t) = f(x(t), u(t), w(t)) = \begin{cases} a_x + v_y \gamma + w_1 \\ a_y - v_x \gamma + w_2 \\ M_z / I_z + w_3 \end{cases} \tag{4-51}$$

式中，$w = [w_1, w_2, w_3]$，为加性系统噪声。

纵向加速度：

$$a_x = \frac{1}{m}[(F_{xfl} + F_{xfr})\cos(\delta) - (F_{yfl} + F_{yfr})\sin(\delta) + F_{xrl} + F_{xrr}] \tag{4-52}$$

侧向加速度：

$$a_y = \frac{1}{m}[(F_{xfl} + F_{xfr})\sin(\delta) + (F_{yfl} + F_{yfr})\cos(\delta) + F_{yrl} + F_{yrr}] \tag{4-53}$$

车辆垂直方向所受的力矩：

$$M_z = a(F_{xfl} + F_{xfr})\sin(\delta) + a(F_{yfl} + F_{yfr}) - b(F_{yrl} + F_{yrr})$$
$$- \frac{T_f}{2}(F_{xfl} - F_{xfr})\cos(\delta) + \frac{T_f}{2}(F_{yfl} - F_{yfr})\sin(\delta) - \frac{T_r}{2}(F_{xrl} - F_{xrr}) \tag{4-54}$$

目前，车载传感器可以提供丰富的状态量信息，如转向盘转角传感器、横纵向加速度传感器、横摆角速度传感器等。这些传感器提供的状态信息为扩展卡尔曼滤波算法的实现提供了可能。本文选取车辆纵向、侧向加速度和横摆角速度为观量测，即 $z(t) = [a_x, a_y, \gamma]$，建立扩展卡尔曼滤波量测方程：

$$y(t) = h(x(t), u(t), v(t))$$

$$= \begin{cases} \frac{1}{m}[(F_{xfl} + F_{xfr})\cos(\delta) - (F_{yfl} + F_{yfr})\sin(\delta) + F_{xrl} + F_{xrr}] + v_1 \\ \frac{1}{m}[(F_{xfl} + F_{xfr})\sin(\delta) + (F_{yfl} + F_{yfr})\cos(\delta) + F_{yrl} + F_{yrr}] + v_2 \\ \gamma + v_3 \end{cases}$$

(4-55)

式中，$v = [v_1, v_2, v_3]$，为传感器的观测噪声。

式（4-52）~式（4-55）中，F_{xfl}、F_{xfr}、F_{xrl}、F_{xrr} 分别是左前轮、右前轮、左后轮、右后轮的纵向轮胎力；F_{yfl}、F_{yfr}、F_{yrl}、F_{yrr} 分别是左前轮、右前轮、左后轮、右后轮的侧向轮胎力。

计算轮胎力需要车身坐标系下的纵、侧向速度变换为轮胎坐标系下轮胎中心纵、侧向速度。对于图 4-4 中所示的车辆坐标系和前轮转角情况下，各轮轮胎中心速度计算式为

$$v_{xfl} = \left(v_x - \frac{T_f}{2}\gamma\right)\cos\delta + (v_y + a\gamma)\sin\delta \quad (4-56)$$

$$v_{xfr} = \left(v_x + \frac{T_f}{2}\gamma\right)\cos\delta + (v_y + a\gamma)\sin\delta \quad (4-57)$$

$$v_{xrl} = v_x - \frac{T_r}{2}\gamma \quad (4-58)$$

$$v_{xrr} = v_x + \frac{T_r}{2}\gamma \quad (4-59)$$

式中，v_{xfl}、v_{xfr}、v_{xrl}、v_{xrr} 分别是左前轮、右前轮、左后轮、右后轮中心速度在各自坐标系纵向上的投影速度。

$$v_{yfl} = (v_y + a\gamma)\cos\delta - \left(v_x - \frac{T_f}{2}\gamma\right)\sin\delta \quad (4-60)$$

$$v_{yfr} = (v_y + a\gamma)\cos\delta - \left(v_x + \frac{T_f}{2}\gamma\right)\sin\delta \quad (4-61)$$

$$v_{yrl} = v_y - b\gamma \quad (4-62)$$

$$v_{yrr} = v_y + b\gamma \quad (4-63)$$

式中，v_{yfl}、v_{yfr}、v_{yrl}、v_{yrr} 分别是左前轮、右前轮、左后轮、右后轮中心速度在各自坐标系侧向上的投影速度。

忽略空气阻力和滚动阻力，轮胎的垂直载荷为

$$F_{zfl} = mg\frac{b}{2l} - ma_x\frac{h_g}{2l} + ma_y\frac{h_g}{T_f}\frac{b}{l} \qquad (4\text{-}64)$$

$$F_{zfr} = mg\frac{b}{2l} - ma_x\frac{h_g}{2l} - ma_y\frac{h_g}{T_f}\frac{b}{l} \qquad (4\text{-}65)$$

$$F_{zrl} = mg\frac{b}{2l} + ma_x\frac{h_g}{2l} + ma_y\frac{h_g}{T_f}\frac{b}{l} \qquad (4\text{-}66)$$

$$F_{zrr} = mg\frac{b}{2l} + ma_x\frac{h_g}{2l} - ma_y\frac{h_g}{T_f}\frac{b}{l} \qquad (4\text{-}67)$$

式中，F_{zfl}、F_{zfr}、F_{zrl}、F_{zrr} 分别是左前轮、左后轮、右前轮、右后轮的轮胎载荷；h_g 是车身质心高度；$l = a + b$。根据式（4-64）~式（4-67）可求得轮胎载荷，借助上述轮胎模型和路面附着系数，就可以计算出纵向和侧向轮胎力。

用于轮胎力计算的滑移率和轮胎侧偏角的计算公式如下所示：

$$\lambda_{fl} = \frac{\omega_{fl} - v_{xfl}}{\max(\omega_{fl}, v_{xfl})} \qquad (4\text{-}68)$$

$$\lambda_{rl} = \frac{\omega_{fr} - v_{xfr}}{\max(\omega_{fr}, v_{xfr})} \qquad (4\text{-}69)$$

$$\lambda_{rl} = \frac{\omega_{rl} - v_{xrl}}{\max(\omega_{rl}, v_{xrl})} \qquad (4\text{-}70)$$

$$\lambda_{rr} = \frac{\omega_{rr} - v_{xrr}}{\max(\omega_{rr}, v_{xrr})} \qquad (4\text{-}71)$$

$$\alpha_{fl} = \delta - \arctan\left(\frac{v_y + a\gamma}{abs(v_x)}\right) \qquad (4\text{-}72)$$

$$\alpha_{fr} = \delta - \arctan\left(\frac{v_y + a\gamma}{abs(v_x)}\right) \qquad (4\text{-}73)$$

$$\alpha_{rl} = -\arctan\left(\frac{v_y - b\gamma}{abs(v_x)}\right) \qquad (4\text{-}74)$$

$$\alpha_{rr} = -\arctan\left(\frac{v_y - b\gamma}{abs(v_x)}\right) \qquad (4\text{-}75)$$

式中，下标 fl、fr、rl、rr 分别表示左前、右前、左后、右后。

扩展卡尔曼滤波的基本流程如下：

（1）时间更新　更新状态量的预测值：

$$\hat{x}_{k+1}^- = f(\hat{x}_k, u_k, 0) \qquad (4\text{-}76)$$

更新估计误差协方差阵的先验值：

$$P_{k+1}^- = A_k P_k A_k^{\mathrm{T}} + F_k Q_k F_k^{\mathrm{T}} \tag{4-77}$$

式中，A_k 和 F_k 分别是 k 时刻状态方程 $f(x,u,w)$ 分别对状态向量 x 和系统噪声向量 w 的雅克比矩阵，计算方法如式（4-78）和式（4-79）所示。

$$A_k = \frac{\partial f(x,u,w)}{\partial x} = \begin{bmatrix} \frac{\partial f_1}{\partial x_1} & \frac{\partial f_1}{\partial x_2} & \cdots & \frac{\partial f_1}{\partial x_n} \\ \frac{\partial f_2}{\partial x_1} & \frac{\partial f_2}{\partial x_2} & \cdots & \frac{\partial f_2}{\partial x_n} \\ \vdots & \vdots & \ddots & \vdots \\ \frac{\partial f_n}{\partial x_1} & \frac{\partial f_n}{\partial x_2} & \cdots & \frac{\partial f_n}{\partial x_n} \end{bmatrix}_{[x=\hat{x}_k, u=u_k, w=0]} \tag{4-78}$$

$$F_k = \frac{\partial f(x,u,w)}{\partial w} = \begin{bmatrix} \frac{\partial f_1}{\partial w_1} & \frac{\partial f_1}{\partial w_2} & \cdots & \frac{\partial f_1}{\partial w_n} \\ \frac{\partial f_2}{\partial w_1} & \frac{\partial f_2}{\partial w_2} & \cdots & \frac{\partial f_2}{\partial w_n} \\ \vdots & \vdots & \ddots & \vdots \\ \frac{\partial f_n}{\partial w_1} & \frac{\partial f_n}{\partial w_2} & \cdots & \frac{\partial f_n}{\partial w_n} \end{bmatrix}_{[x=\hat{x}_k, u=u_k, w=0]} \tag{4-79}$$

（2）过程更新　计算滤波增益矩阵：

$$K = P_{k+1}^- H_{k+1}^{\mathrm{T}} [H_{k+1} P_{k+1}^- H_{k+1}^{\mathrm{T}} + G_{k+1} R_{k+1} G_{k+1}^{\mathrm{T}}]^{-1} \tag{4-80}$$

式中，H_{k+1} 和 G_{k+1} 分别是观测方程 $h(x,u,v)$ 对状态向量 x 和观测噪声向量 v 的雅克比矩阵，计算方法如式（4-81）和式（4-82）所示：

$$H_{k+1} = \frac{\partial h(x,u,v)}{\partial x} = \begin{bmatrix} \frac{\partial h_1}{\partial x_1} & \frac{\partial h_1}{\partial x_2} & \cdots & \frac{\partial h_1}{\partial x_n} \\ \frac{\partial h_2}{\partial x_1} & \frac{\partial h_2}{\partial x_2} & \cdots & \frac{\partial h_2}{\partial x_n} \\ \vdots & \vdots & \ddots & \vdots \\ \frac{\partial h_m}{\partial x_1} & \frac{\partial h_m}{\partial x_2} & \cdots & \frac{\partial h_m}{\partial x_n} \end{bmatrix}_{[x=\hat{x}_{k+1}^-, u=u_k, v=0]} \tag{4-81}$$

$$G_{k+1} = \frac{\partial h(x,u,w)}{\partial v} = \begin{bmatrix} \frac{\partial h_1}{\partial v_1} & \frac{\partial h_1}{\partial v_2} & \cdots & \frac{\partial h_1}{\partial v_m} \\ \frac{\partial h_2}{\partial v_1} & \frac{\partial h_2}{\partial v_2} & \cdots & \frac{\partial h_2}{\partial v_m} \\ \vdots & \vdots & \ddots & \vdots \\ \frac{\partial h_m}{\partial v_1} & \frac{\partial h_m}{\partial v_2} & \cdots & \frac{\partial f_m}{\partial v_m} \end{bmatrix}_{[x = \hat{x}_{k+1}^-, u = u_k, v = 0]} \quad (4\text{-}82)$$

更新估计状态：

$$\hat{x}_{k+1} = \hat{x}_{k+1}^- + K[z_k - h(\hat{x}_{k+1}^-, u_k, 0)] \quad (4\text{-}83)$$

更新估计误差协方差阵：

$$P_{k+1} = [I - KH_{k+1}]P_{k+1}^- \quad (4\text{-}84)$$

与卡尔曼滤波类似，扩展卡尔曼滤波也是使用新息 $z_k - h(\hat{x}_{k+1}^-, u_k, 0)$ 修正估计状态的预估计值。式（4-77）和式（4-80）中的 Q_k 和 R_k 分别为系统误差的协方差阵和量测误差的协方差阵。扩展卡尔曼滤波算法流程图如图4-6所示。

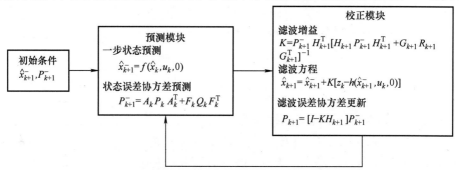

图4-6 扩展卡尔曼滤波算法流程图

4.2.4 无迹卡尔曼滤波车速估计方法

1. 神经网络轮胎模型

使用查表的方法时，为了提高精度，表格数据会很大，本节采用神经网络拟合轮胎模[5,6]用来解决高速、高频、大幅度、瞬变工况等轮胎的非线性问题，具有应用简单，计算量小，并行性和预测能力强、非线性逼近能力好等特点[55]。

目前应用最广泛的多层前馈神经网络训练方法采用的是误差反向传播算法，即BP算法，它有很强的非逻辑归纳特性。这种网络在学习训练过程中，误差沿着信号的反方向，即由输出层往输入层逐层传播，并以此计算各层权值W和偏移b的修改量，因此被称为反向传播网络。图4-7所示的是一个典型的两层BP神经网络模型。

第 4 章　基于多信息与多方法融合的纵向车速估计方法

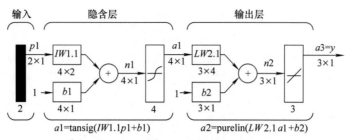

图 4-7　两层 BP 神经网络结构

对于图 4-7 所示网络的一个神经元，其输出计算过程如式（4-85）所示：

$$a = f(WP + b) = f\left(\sum_{j=1}^{R} w_j p_j + b\right) \quad (4\text{-}85)$$

式中，w_j 是输入 p_j 对应的权值；b 是偏移；f 是激发函数。由式（4-85）的形式可以看出激发函数的特性会影响整个网络的性质。表 4-2 列举了三种常用激发函数类型及其图形。

表 4-2　常用激发函数表达式及图形

激发传递函数类型	函数表达式	图形
线性函数（purelin）	$f(u) = u$	$a = \text{purelin}(n)$
对数函数（logsig）	$f(u) = \dfrac{1}{1+e^{-u}}$	$a = \text{logsig}(n)$
双曲正切函数（tansig）	$f(u) = \dfrac{2}{1+e^{-2u}} - 1$	$a = \text{tansig}(n)$

本书采用单隐含层两输入 BP 神经网络轮胎模型，纵向力和侧向力之间的关系如式（4-86）和式（4-87）所示。

$$T = \{\varphi_x\} = BP\left\{\begin{bmatrix}\lambda \\ \mu\end{bmatrix}\right\} = BP\{P\} \quad (4\text{-}86)$$

$$T = \{\varphi_y\} = BP\left\{\begin{bmatrix}\alpha\\ \mu\end{bmatrix}\right\} = BP\{P\} \tag{4-87}$$

本书使用 Matlab 神经网络工具箱默认训练类型,讨论分别在隐含层神经元数目为 3、5、8 时,使用三种常用的隐含层激发函数即双曲正切(tansig)、对数函数(logsig)和线性函数(purelin)时,训练 40 次轮胎模型的拟合情况。

神经网络训练集选取轮胎载荷 $F_z = 3000N$ 的轮胎特性曲线上的点,取点方式如表 4-3 所示。

表 4-3 训练集取点方式

		范围	取值个数(均匀取点)
路面附着系数 μ		0.2 ~ 0.9	15
纵向	滑移率 slip	0 ~ 0.276	70
		0.28 ~ 0.98	40
侧向	侧偏角 α/rad	0 ~ 0.0385	70
		0.039 ~ 0.137	40

为了校验网络是否过度拟合,需选取校验数据对生成网络进行验证,校验集的取值为轮胎载荷 $F_z = 3000N$ 的轮胎特性曲线上的点,取点方式如表 4-4 所示。

表 4-4 校验集取点方式

		范围	取值个数(均匀取点)
路面附着系数 μ		0.2 ~ 0.9	15
纵向	滑移率 slip	0.002 ~ 0.278	70
		0.282 ~ 0.982	40
侧向	侧偏角 α/rad	0.0002 ~ 0.0387	70
		0.0389 ~ 0.1372	40

(1)纵向轮胎模型 图 4-8 ~ 图 4-10 分别为激发函数 tansig、logsig 和 pure-

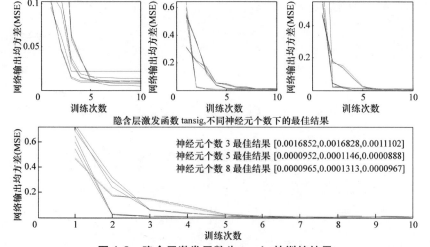

图 4-8 隐含层激发函数为 tansig 的训练结果

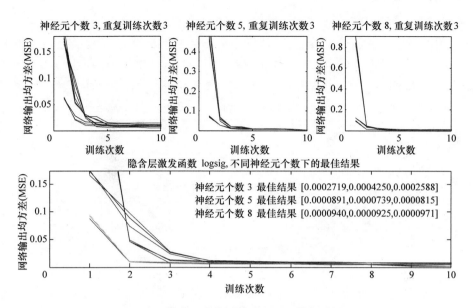

图 4-9　隐含层激发函数为 logsig 的训练结果

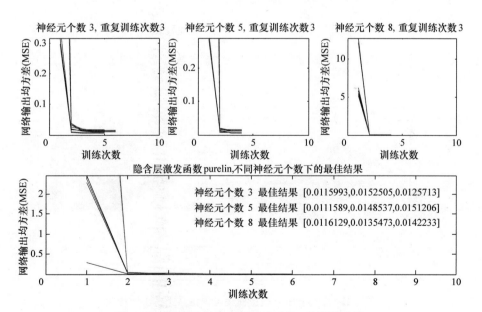

图 4-10　隐含层激发函数为 purelin 的训练结果

lin 使用不同神经元数量的神经网络的训练结果。

　　隐含层激发函数分别为 tansig、logsig、purelin 时，由图 4-8～图 4-10 显示 5 次训练后，神经网络已经收敛；当神经元数目大于等于 5 时，增加隐含层神经元的数量对神经网络性能没有明显改善。同时结果表明隐含层激发函数为 purelin 时两次既已收敛,使用 tansig 函数和 logsig 函数的网络训练效果比 purelin 理想,logsig 函数的网络收敛速度最快,并且 logsig 函数的均方差最小。因此本书选择 logsig 网络对纵向轮胎模型进行拟合,隐含层神经元数量为 5 个。

图 4-11 ~ 图 4-13 为 tansig、logsig 和 purelin 激发函数校验数据代入训练网络生成的曲面与原曲面的误差对比图。

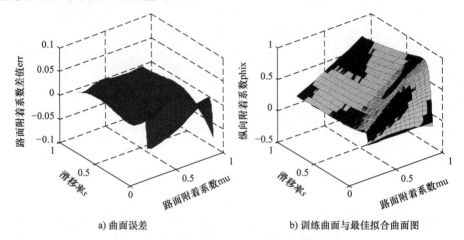

图 4-11 tansig 校验数据曲面与训练数据曲面对比图

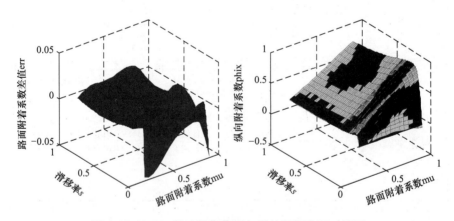

图 4-12 logsig 校验数据曲面与训练数据曲面对比图

由图 4-11 ~ 图 4-13 的拟合曲面误差图显示,logsig 激发函数的拟合效果最好,验证了上述分析结果。

(2)侧向轮胎模型 图 4-14 ~ 图 4-16 为激发函数 tansig、logsig 和 purelin 使用不同神经元数量的神经网络的训练结果。

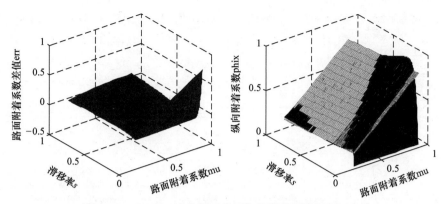

图 4-13 purelin 校验数据曲面与训练数据曲面对比图

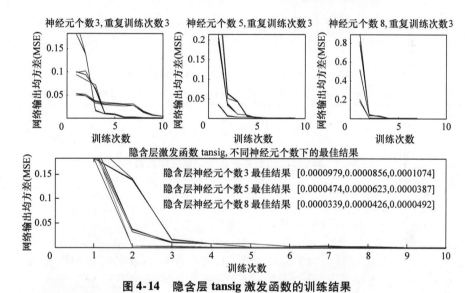

图 4-14 隐含层 tansig 激发函数的训练结果

与分析纵向轮胎模型的方法相同,logsig 激发函数的拟合效果最好。因此,本书选取 logsig 作为拟合侧向轮胎模型的激发函数,选取的隐含层神经元数量为 5 个。

图 4-17 ~ 图 4-19 为激发函数 tansig、logsig 和 purelin 激发函数校验数据代入训练网络生成的曲面与原曲面的误差对比图。

图 4-17 ~ 图 4-19 的拟合曲面误差图显示,logsig 激发函数的拟合效果最好,验证了上述分析结果。

基于上述分析,本书选用隐含层激发函数为 logsig,5 个隐含层神经元的神经网络训练轮胎模型。

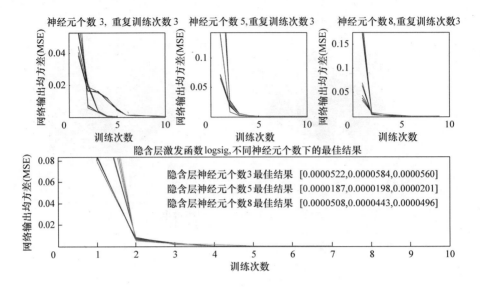

图 4-15 隐含层 logsig 激发函数的训练结果

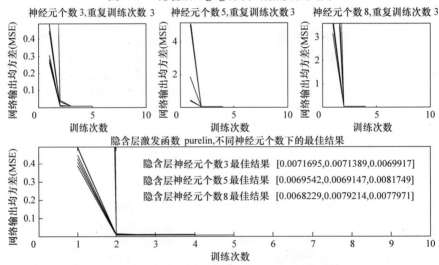

图 4-16 隐含层 purelin 激发函数的训练结果

2. 无迹卡尔曼滤波车速估计过程

从卡尔曼滤波的发展技术路线来看,卡尔曼滤波算法的发展先后经历了经典卡尔曼滤波(KF)、扩展卡尔曼滤波(EKF)、无迹卡尔曼滤波(UKF)和粒子滤波(PF)[7,8]。其中经典卡尔曼滤波和扩展卡尔曼滤波算法属于传统卡尔曼滤波。目前传统卡尔曼滤波方法已经应用于汽车工业的各个领域。扩展卡尔曼滤波是一种次优滤波。扩展卡尔曼滤波能够广泛应用于各种非线性系统,但是系统的非线性较强时,忽略高阶项可能会造成滤波发散。

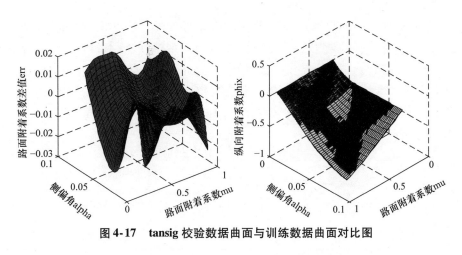

图 4-17 tansig 校验数据曲面与训练数据曲面对比图

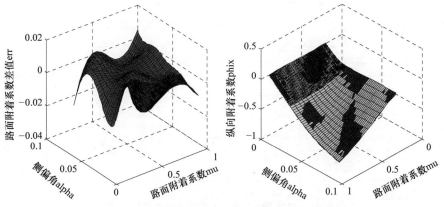

图 4-18 logsig 校验数据曲面与训练数据曲面对比图

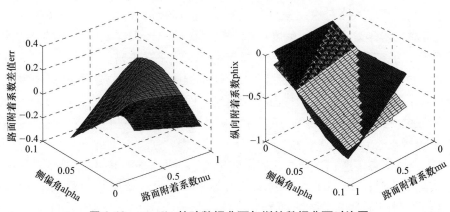

图 4-19 purelin 校验数据曲面与训练数据曲面对比图

由于扩展卡尔曼滤波算法的不足和缺陷，1995 年，牛津大学的 Julier 等学者提出了无迹卡尔曼滤波算法。不同于传统卡尔曼滤波，无迹卡尔曼滤波在处理非线性问题上有良好的效果，因此被逐渐应用于车辆状态估计问题中。用非线性系统概率分布的近似代替传统的线性化近似，即是一种非线性近似[9,10]。

UT 变换（非线性变换）是 UKF 算法的核心，它用对随机变量的概率密度分布的近似代替对非线性函数的线性化近似。UT 变换的基本过程如下：

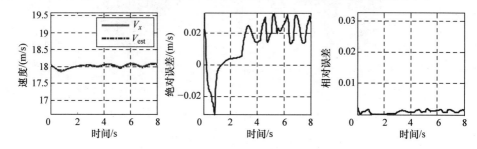

图 4-20　神经网络轮胎模型纵向车速估计结果

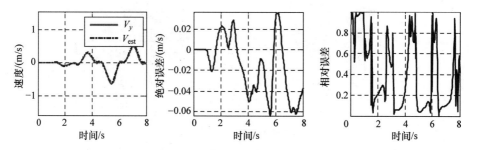

图 4-21　神经网络轮胎模型侧向车速估计结果

1) 利用采样策略对状态量进行采样，构造 Sigma 点集。UT 变换中采样策略[50]有对称采样策略、最小偏度单形策略、球体单形采样策略、采样点的比例修正策略，通常 UT 变换中采用的采样策略为对称采样策略。

2) 通过非线性变换得到变换后的 Sigma 点的统计量。这个过程通常是将 Sigma 点代入非线性系统的状态方程和观测方程进行传播。

3) 将状态传递后的 Sigma 点集中点的均值和协方差进行加权处理，得到非线性系统状态的最优均值和协方差。

UT 变换状态传递和不同方法随机变量传递过程差异如图 4-22 所示。

实际计算过程中，UT 变换的求解过如下：假设一个随机过程为 $y=f(x)$，状态量 x 的均值和协方差阵分别为 $\bar{x}$ 和 P_x。为了计算状态量传递后的统计特性，首先需要利用状态量 x 构造 Sigma 点 $\{\chi_i | i=1,2,\cdots,2n+1\}$（其中 n 为状态量 x 的维数）以及进行加权处理时，均值和协方差阵加权对应的权重 W_i^m 和 W_i^c。采

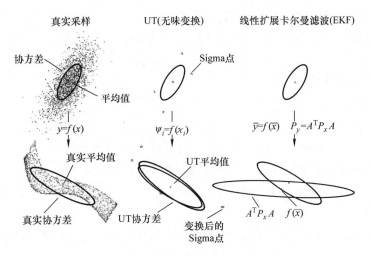

图 4-22　UT 变换随机变量传递过程差异比较

用对称采样的方法，UT 变换的求解过程如下：

$$\chi_0 = \bar{x} \tag{4-88}$$

$$\chi_i = \begin{cases} \chi_0 + (\sqrt{(n+\lambda)P_x})_i & i=1,2,\cdots,n \\ \chi_0 + (\sqrt{(n+\lambda)P_x})_{i-n} & i=n+1,n+2,\cdots,2n \end{cases} \tag{4-89}$$

式中，$(\sqrt{(n+\lambda)P_x})_i$ 是矩阵 $(\sqrt{(n+\lambda)P_x})$ 的第 i 列。

$$W_0^m = \lambda/(n+\lambda) \tag{4-90}$$

$$W_0^c = \lambda/(n+\lambda) + (1-\alpha^2+\beta) \tag{4-91}$$

$$W_i^m = W_i^c = \frac{1}{2(n+\lambda)} \quad i=1,2,\cdots,2n \tag{4-92}$$

$$\lambda = \alpha^2(n+\kappa) - n \tag{4-93}$$

式中，λ 是比例参数；$\alpha(10^{-4} \leq \alpha \leq 1)$ 通常取一个很小的正数（如 10^{-3}），用来确定 Sigma 点在 $\bar{x}$ 附近的分布范围；κ 是一个二阶比例系数（通常取 0）；β 是状态分布参数，用来合并 x 分布的先验状态（对于高斯分布，$\beta=2$ 最佳）。适当调节 α 和 κ 可以提高估计均值的精度，调节 β 可以提高估计方差的精度。

由 UT 变换的求解过程可以看出，UT 变换具有如下优点：

① UT 变换的思想是利用非线性函数的概率密度分布代替对非线性函数的线性化近似，从而避免了求解非线性函数雅可比矩阵的大量计算。

② 对称采样策略的 UT 变换可以得到三阶精度的状态量统计特性，若采用更特殊的采样策略，如高斯分布四阶采样等则可以达到更高的精度。

③ 不需要计算雅克比矩阵，因此可以处理不可导的非线性函数和黑箱问题，滤波精度高于 EKF。

对于如下所示的加性噪声非线性系统：

$$\begin{cases} x_{k+1} = f(x_k, u_k) + w_k \\ y_k = h(x_k, u_k) + v_k \end{cases} \quad (4\text{-}94)$$

具体算法流程如下：

1）初始化。

$$\hat{x}_0 = E[x_0] \quad (4\text{-}95)$$

$$P_0 = E[(x_0 - \hat{x}_0)(x_0 - \hat{x}_0)^T] \quad (4\text{-}96)$$

2）根据上文介绍的 UT 变换算法流程构造 Sigma 点。

$$\chi(k) = [x(k) \quad x(k) \pm \sqrt{(n+\lambda)P_i(k)}] \quad i = 1, 2, \cdots, n \quad (4\text{-}97)$$

3）时间更新。

将 Sigma 点代入系统方程，计算得出状态传递后的 Sigma 点预测值。

$$\chi(k+1|k) = f(\chi(k), u(k)) \quad (4\text{-}98)$$

将 Sigma 点进行加权，得到状态预测的均值。

$$\hat{\chi}(k+1|k) = \sum_{i=0}^{2n} W_i^m \chi_i(k+1|k) \quad (4\text{-}99)$$

式中，$\chi_i(k+1|k)$ 是 Sigma 点集中的第 i 个向量。

将协方差阵进行加权，得到预测状态的估计误差的协方差阵。

$$P_{xx} = \sum_{i=0}^{2n} W_i^c (\chi_i(k+1|k) - \hat{\chi}(k+1|k))(\chi_i(k+1|k) - \hat{\chi}(k+1|k))^T + Q_k$$

$$(4\text{-}100)$$

将 Sigma 点预测值代入观测方程，进行非线性变换。

$$\varsigma(k+1|k) = h(\chi(k+1|k), u(k)) \quad (4\text{-}101)$$

将式（4-101）得到的计算值进行加权，得到观量测的预测值。

$$\hat{y}(k+1|k) = \sum_{i=0}^{2n} W_i^m \varsigma_i(k+1|k) \quad (4\text{-}102)$$

式中，$\varsigma_i(k+1|k)$ 是点集 $\varsigma(k+1|k)$ 的第 i 个向量。

4）量测更新。

计算观量测的预测协方差阵。

$$P_{yy} = \sum_{i=0}^{2n} W_i^c (\varsigma_i(k+1|k) - \hat{y}(k+1|k))(\varsigma_i(k+1|k) - \hat{y}(k+1|k))^T + R_k$$

$$(4\text{-}103)$$

计算互相关矩阵。

$$P_{xy} = \sum_{i=0}^{2n} W_i^c (\chi_i(k+1|k) - \hat{x}(k+1|k))(\varsigma_i(k+1|k) - \hat{y}(k+1|k))^T \quad (4\text{-}104)$$

计算卡尔曼增益。

$$K = P_{xy} P_{yy}^{-1} \qquad (4\text{-}105)$$

计算状态更新后的滤波值。

$$\hat{x}(k+1|k+1) = \hat{x}(k+1|k) + K(y(k+1) - \hat{y}(k+1|k)) \qquad (4\text{-}106)$$

计算估计误差协方差阵。

$$P = P_{xx} - K P_{yy} K^{\mathrm{T}} \qquad (4\text{-}107)$$

UKF 算法流程如图 4-23 所示。

由以上的 UKF 求解过程可以看出，UKF 的均值和方差是通过 UT 变化和加权求和得到的。因此 UKF 具有如下的优点：

① 计算过程是对非线性系统概率分布进行近似，而不是对系统函数线性化等价。因此计算得到的状态均值和协方差的估计值更为精确。

② 计算过程不需要计算雅克比矩阵，虽然计算量与扩展卡尔曼滤波（EKF）相当，但是精度却大大高于扩展卡尔曼滤波。

③ 系统可以是离散的和非高斯噪声的，扩展了其应用范围。

因为 UKF 具有以上的优点，在一定程度上克服了 EKF 方法在现阶段应用在汽车状态估计中的不足，所以 UKF 也逐渐应用于汽车领域中。本书采用 UKF 作为车辆参考车速估计方法，并且加性噪声系统模型比较准确时，无迹卡尔曼滤波可以不采用扩展状态量，这样就能平衡计算量与滤波精度。

4.2.5 基于简化魔术公式的车速估计方法

$V_x - LF2$ 选用简化魔术公式轮胎模型为研究对象，根据简化的纵向轮胎模型和车辆纵向动力学模型[2]，构建状态空间方程：

$$\begin{cases} \hat{F}_{x,k+1}^{fl,v_x-LF2} = D_{x,k}^{fl} \sin[C_x \arctan(B_x S_k^{fl})] \\ \hat{F}_{x,k+1}^{fr,v_x-LF2} = D_{x,k}^{fr} \sin[C_x \arctan(B_x S_k^{fr})] \\ \hat{F}_{x,k+1}^{rl,v_x-LF2} = D_{x,k}^{rl} \sin[C_x \arctan(B_x S_k^{rl})] \\ \hat{F}_{x,k+1}^{rr,v_x-LF2} = D_{x,k}^{rr} \sin[C_x \arctan(B_x S_k^{rr})] \\ \hat{v}_{x,k+1}^{LF2} = \hat{v}_{x,k}^{LF2} + \left[\dfrac{1}{m} \sum_{i,j} \hat{F}_{x,k}^{ij,v_x-LF2} + \hat{v}_{y,k}^{g} \gamma_k\right] T \end{cases} \qquad (4\text{-}108)$$

该子滤波器的状态向量为

$$\hat{X}_k^{v_x-LF2} = \begin{bmatrix} \hat{F}_{x,k}^{fl,v_x-LF2} & \hat{F}_{x,k}^{fr,v_x-LF2} & \hat{F}_{x,k}^{rl,v_x-LF2} & \hat{F}_{x,k}^{rr,v_x-LF2} & \hat{v}_{x,k}^{LF2} \end{bmatrix}^{\mathrm{T}} \qquad (4\text{-}109)$$

轮胎纵向滑移率为

$$S_k^{ij} = \dfrac{\hat{v}_k^{ij} - v_{w,k}^{ij}}{\max[\hat{v}_k^{ij}, v_{w,k}^{ij}]} \qquad (4\text{-}110)$$

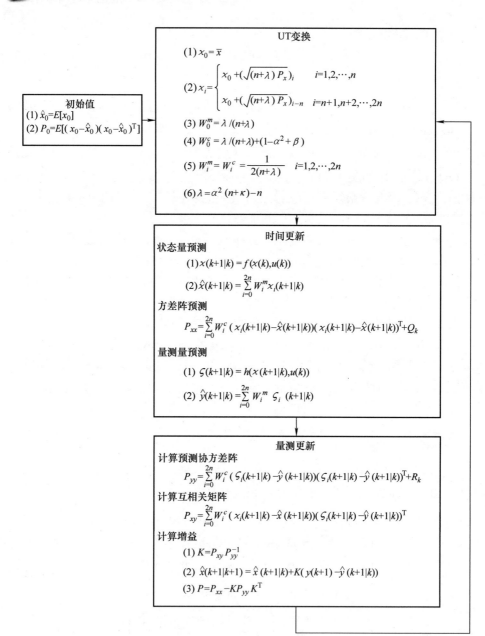

图 4-23 UKF 算法流程图

该子滤波器的输入变量为 $u_k^{v_x-LF2} = [\ddot{\omega}_{r,k}^{ij} \quad \hat{v}_{y,k}^g \quad \gamma_k]^T$。因此，系统的状态空间方程为

$$\hat{X}_{k+1}^{v_x-LF2} = f_k^{v_x-LF2}[\hat{X}_k^{v_x-LF2}, u_k^{v_x-LF2}] + n_{s,k}^{v_x-LF2} \tag{4-111}$$

式中，$n_{s,k}^{v_x-LF2}$ 是白噪声。

量测变量为传感器测得的纵向加速度信号，即

$$Z_{k+1}^{v_x-LF2} = a_{x,k+1} \tag{4-112}$$

量测方程为

$$Y_{k+1}^{v_x-LF2} = \frac{1}{m}\sum_{i,j}\hat{F}_{x,k+1}^{ij,v_x-LF2} + n_{m,k+1}^{v_x-LF2} \tag{4-113}$$

式中，$n_{m,k+1}^{v_x-LF2}$ 是白噪声。

由式（4-111）和式（4-113），得到状态方程在 k 时刻的雅克比矩阵和输出方程在 $k+1$ 时刻的雅克比矩阵为

$$A_{k+1}^{v_x-LF2} = \frac{\partial f_k^{v_x-LF2}}{\partial \hat{X}}\bigg|_{\hat{X}=\hat{X}_k^{v_x-LF2}} \tag{4-114}$$

$$H_{k+1}^{v_x-LF2} = \frac{\partial Y_{k+1}^{v_x-LF2}}{\partial \hat{X}}\bigg|_{\hat{X}=\hat{X}_{k/k+1}^{v_x-LF2}} \tag{4-115}$$

4.2.6 基于车轮动力学的车速估计方法

由于分布式驱动电动汽车采用了四轮轮毂电机，便可通过电机驱动器实时地获取各车轮上的电机转矩和转速信息，这就为实时估计每个轮胎纵向驱制动力开辟了新的思路和途径，本书充分利用分布式驱动电动汽车的这一优势，来估计四轮纵向驱制动力，进而估计极限工况下的车辆纵向车速和路面峰值附着系数。

值得注意的是，与 V_x-LF2 不同，V_x-LF3 估计车轮纵向驱制动力时，完全不依赖于任何路面附着条件的信息，也就是说，V_x-LF3 在估计车轮纵向驱制动力和纵向车速时，对路面峰值附着系数的变化鲁棒，这也是 V_x-LF3 最大的优势所在。

因此，V_x-LF3 选用车轮动力学模型作为估计用模型，根据车轮动力学模型和车辆纵向动力学模型公式，构建状态空间方程：

$$\begin{cases}\hat{F}_{x,k+1}^{fl,v_x-LF3} = \dfrac{1}{R_w}[T_{m,k}^{fl} - I_r\dot{\omega}_{r,k}^{fl} - f_w\omega_{r,k}^{fl}R_w] \\[6pt] \hat{F}_{x,k+1}^{fr,v_x-LF3} = \dfrac{1}{R_w}[T_{m,k}^{fr} - I_r\dot{\omega}_{r,k}^{fr} - f_w\omega_{r,k}^{fl}R_w] \\[6pt] \hat{F}_{x,k+1}^{rl,v_x-LF3} = \dfrac{1}{R_w}[T_{m,k}^{rl} - I_r\dot{\omega}_{r,k}^{rl} - f_w\omega_{r,k}^{fl}R_w] \\[6pt] \hat{F}_{x,k+1}^{rr,v_x-LF3} = \dfrac{1}{R_w}[T_{m,k}^{rr} - I_r\dot{\omega}_{r,k}^{rr} - f_w\omega_{r,k}^{fl}R_w] \\[6pt] \hat{v}_{x,k+1}^{LF3} = \hat{v}_{x,k}^{LF3} + \Big[\dfrac{1}{m}\sum_{i,j}\hat{F}_{x,k}^{ij,v_x-LF3} + \hat{v}_{y,k}^g\gamma_k\Big]T\end{cases} \tag{4-116}$$

该子滤波器的状态向量为

$$\hat{X}_k^{v_x-LF3} = [\begin{array}{cccccc} \hat{F}_{x,k}^{fl,v_x-LF3} & \hat{F}_{x,k}^{fr,v_x-LF3} & \hat{F}_{x,k}^{rl,v_x-LF3} & \hat{F}_{x,k}^{rr,v_x-LF3} & \hat{v}_{x,k}^{LF3} \end{array}]^T \quad (4-117)$$

该子滤波器的输入变量为 $u_k^{v_x-LF3} = [\begin{array}{cccc} \omega_{r,k}^{ij} & T_{m,k}^{ij} & \hat{v}_{y,k}^g & \gamma_k \end{array}]^T$

建立该子滤波器的状态空间方程：

$$\hat{X}_{k+1}^{v_x-LF3} = f_k^{v_x-LF3}[\hat{X}_k^{v_x-LF3}, u_k^{v_x-LF3}] + n_{s,k}^{v_x-LF3} \quad (4-118)$$

式中，$n_{s,k}^{v_x-LF3}$ 是白噪声。

量测变量为传感器测得的纵向加速度信号，即

$$Z_{k+1}^{v_x-LF3} = a_{x,k} \quad (4-119)$$

子滤波器的输出方程为

$$Y_{k+1}^{v_x-LF3} = \frac{1}{m}\sum_{i,j}\hat{F}_{x,k+1}^{ij,v_x-LF3} + n_{m,k+1}^{v_x-LF3} \quad (4-120)$$

式中，$n_{m,k+1}^{v_x-LF3}$ 是白噪声。

由式（4-118）和式（4-120），得到状态方程在 k 时刻的雅克比矩阵和输出方程在 $k+1$ 时刻的雅克比矩阵为

$$A_k^{v_x-LF3} = \frac{\partial f_k^{v_x-LF3}}{\partial \hat{X}}\bigg|_{\hat{X}=\hat{X}_k^{v_x-LF3}} \quad (4-121)$$

$$H_{k+1}^{v_x-LF3} = \frac{\partial Y_{k+1}^{v_x-LF3}}{\partial \hat{X}}\bigg|_{\hat{X}=\hat{X}_{k/k+1}^{v_x-LF3}} \quad (4-122)$$

4.2.7 动力学估计方法小结

分析上述六种动力学车速估计方法可知，基于轮胎纵向力车速估计方法与基于简化魔术公式车速估计方法都是基于轮胎纵向力与滑移率的关系，该方法的优点在于需要的传感器信号少，但该算法需要充分了解轮胎和路面信息，需要知道整车质量等参数。直接转矩积分车速估计方法与基于车轮动力学的车速估计方法都是通过获取精确的车轮驱制动转矩，来实现车速估计，算法简单，无需路面信息，由于转矩信号精度高，则估计精度也较高。相对于 EKF 方法，UKF 车速估算方法在一定程度上克服了 EKF 方法在现阶段应用在汽车状态估计中的不足，并且加性噪声系统模型比较准确时，无迹卡尔曼滤波可以不采用扩展状态量，能平衡计算量与滤波精度，取得较好的估计精度与实时性。

4.3 融合估计方法

4.3.1 基于联邦卡尔曼滤波技术的纵向车速融合估计方法

联邦卡尔曼滤波器的主滤波器主要完成两项工作：①对子滤波器的局部估

计结果进行融合，得到全局融合估计结果；②对全局融合估计结果进行信息分配，并反馈给各子滤波器用于下一工作循环的局部估计[10]。

(1) 信息融合　首先，根据重置型的联邦卡尔曼滤波器，各个子滤波器的局部估计值 $\hat{v}_{x,k}^{LFi}$ 及其估计误差协方差 $P_k^{v_x\text{-}LFi}$ 被引入主滤波器做融合估计，得到全局融合估计结果 $\hat{v}_{x,k}^g$ 及其协方差 $P_k^{v_xg}$。

$$\begin{cases} P_k^{v_xg} = \left[\sum_{i=1}^{3} (P_k^{v_x\text{-}LFi})^{-1} \right]^{-1} \\ \hat{v}_{x,k}^g = P_k^{v_xg} \left\{ \sum_{i=1}^{3} \left[(P_k^{v_x\text{-}LFi})^{-1} \hat{v}_{x,k}^{LFi} \right] \right\} \end{cases} \tag{4-123}$$

主滤波器的另一项工作是：根据信息分配规则，计算各子滤波器下一工作循环的初始协方差 $P_{g,k}^{v_x\text{-}LFi}$，并将全局融合估计结果 $\hat{v}_{x,k}^g$ 和协方差 $P_{g,k}^{v_x\text{-}LFi}$ 反馈到各子滤波器，以重置子滤波器的估计初值，即

$$\begin{cases} P_{g,k}^{v_x\text{-}LFi} = (w_k^{v_x\text{-}LFi})^{-1} P_k^{v_xg} \\ \sum_{i=1}^{3} w_k^{v_x\text{-}LFi} = 1 \end{cases} \tag{4-124}$$

式中，$w_k^{v_x\text{-}LFi}(i=1,2,3)$ 是根据信息分配原则来确定的。

因此，建立一个准确的、有效的信息分配规则就显得尤为重要。

(2) 信息分配规则　如前所述，三个子滤波器中分别采用了三种不同的估计方法，每一种方法在不同的工况下都有着它们各自的优势和不足，如表4-5所示。

表4-5　纵向车速子滤波器估计方法性能对比

项目工况	运动学方法	动力学方法	
子滤波器	V_x-LF1（平均轮速法）	V_x-LF2（简化魔术公式）	V_x-LF3（车轮动力学）
正常行驶工况	O	O	O
驱动滑转工况	X	O	O
制动抱死工况	X	O	X
长时间尺度计算可靠性	O	X	X
对路面峰值附着系数敏感性	O	X	O
对滑移率的敏感性	O	X	O

注：优点用 O 表示，缺点用 X 表示。

从表中可以看出，没有一种方法的性能是全面胜出的，每种方法都有各自的优点和不足。基于平均轮速法的 V_x-LF1 在长时间尺度下计算结果的可靠性是动力学方法所不具备的；而在剧烈的驱制动工况下，基于简化魔术公式的

V_x-$LF2$具有很好的优势,但缺点是对路面附着条件和轮胎横纵向滑移率的依赖性较高;在车轮制动抱死的情况下,V_x-$LF3$的估计结果不再适用。因此,在车轮不抱死的情况下,能够尽可能多地利用基于车轮动力学的V_x-$LF3$估计纵向车速,可以最大程度地发挥动力学方法的优势,而这也恰恰是分布式驱动电动汽车的优势所在。

因此,为了充分利用各子滤波器的优势,补偿它们的劣势,建立了如图4-24所示的信息分配规则。采用四轮平均纵向滑移率$\bar{S}_k$和四轮平均角加速度$\dot{\bar{\omega}}_{r,k}$作为工况判定条件,来分配各子滤波器的信息权重系数$w_k^{v_x LFi}$。

图4-24中,当$S<0$时,表示车辆处于驱动状态。其中,第四象限内,当$\dot{\bar{\omega}}_{r,k} > \dot{\omega}_{r1}$,$-100\% < \bar{S}_k < -S_1$时,表示车辆处于急加速工况,车轮出现严重驱动滑转;第三象限内,当$\dot{\bar{\omega}}_{r,k} < -\dot{\omega}_{r1}$,$-100\% < \bar{S}_k - S_1$时,表示车辆急加速过程中,轮速反而减小的工况,例如:车辆驱动过程中,由低附着系数路面进入高附着系数路面时,车轮恢复附着力的工况。此时,由于轮毂电机的驱动转矩可以实时准确获得,并且根据车轮动力学模型可以估计出车轮纵向驱动力,因此,V_x-$LF3$起主要作用,$w_k^{v_x-LF3}=1$。

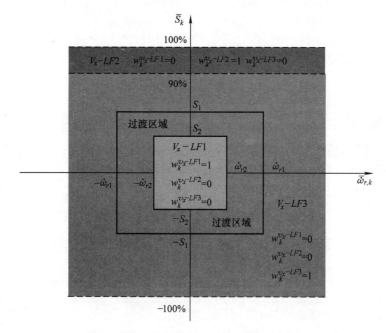

图4-24 纵向车速融合估计方法信息分配规则

对应地，当 $S>0$ 时，表示车辆处于制动状态。其中，第二象限内，当 $\bar{\dot{\omega}}_{r,k}<-\dot{\omega}_{r1}$，$90\%>\bar{S}_k>S_1$ 时，表示车辆处于紧急制动，但轮胎还没有抱死的工况；第一象限内，当 $\bar{\dot{\omega}}_{r,k}>\dot{\omega}_{r1}$，$90\%>\bar{S}_k>S_1$ 时，表示车辆紧急制动过程中，轮速反而增加的工况，例如：车辆制动过程中，由低附着系数路面进入高附着系数路面的瞬间，车轮恢复附着力的工况。此时，电机制动转矩可以实时获得，液压制动转矩可以根据轮缸压力估算出来，并且车轮未被抱死，根据车轮动力学模型可以估计出车轮纵向制动力，因此，V_x-LF3 仍然有效，$w_k^{v_x-LF3}=1$。

但是，当 $90\%\leqslant\bar{S}_k\leqslant100\%$，表示四个车轮均已经发生或几乎发生抱死，此时，车轮静止不再旋转，如图 4-25 所示，由于基于车轮动力学的 V_x-LF3 估计的地面-轮胎

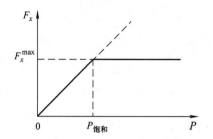

图 4-25　轮缸制动压力与地面-轮胎制动力关系图

制动力仍然会随着制动器轮缸制动压力的增加而增加，而实际上，由于地面附着力已经饱和，地面-轮胎制动力不会再随着制动器制动力的增加而增加，因此，此时，V_x-LF3 失效，不再能够准确计算出车轮纵向制动力，V_x-LF2 起主要作用，$w_k^{v_x-LF2}=1$。

当 $\bar{\dot{\omega}}_{r,k}<|\dot{\omega}_{r2}|$，$|\bar{S}_k|<|S_2|$ 时，表示车轮的角加速度和滑移率均处于一个很小的数值范围内，车辆处于正常行驶工况，并且车辆总是长时间处于该工况下，因此，长时间尺度下，运算极其可靠的 V_x-LF1 起主要作用，$w_k^{v_x-LF1}=1$。

为了能够在 V_x-LF1 和 V_x-LF3 生效的区域之间平滑切换，设计了过渡区域内 $w_k^{v_x-LFi}$ 的信息分配规则，如图 4-26 所示。

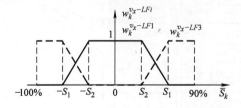 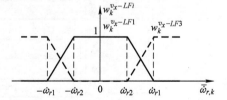

图 4-26　过渡区域内信息分配系数随 $\bar{S}_k$ 和 $\bar{\dot{\omega}}_{r,k}$ 的变化规则

进一步地，根据轮胎纵向特性可以看出，当轮胎纵向滑移率超过 5% 以后，低附着系数路面上的轮胎纵向力进入饱和区域，轮胎很容易发生剧烈的滑转或滑移，而高附着系数路面上的轮胎纵向力逐渐进入非线性区域，此时虽然轮胎不会发生激烈的滑转或滑移，但由轮速估计的纵向车速已经与实际车速之间有

了5%以上的偏差了,平均轮速法得到的估计结果不再准确,需要改变信息分配系数,使 $V_x - LF1$ 的权重下降,$V_x - LF3$ 的权重上升,因此定义 $S_2 = 5\%$ 。

当轮胎纵向滑移率超过10%以后,在路面峰值附着系数 $\mu \leq 1$ 的不同附着条件的路面上,轮胎纵向驱制动力均会下滑,即轮胎纵向特性进入饱和区域,此时,轮胎很容易因为电机或制动器的驱制动转矩过大,而瞬间引起车轮剧烈的滑转或滑移,即 $|\bar{\omega}_{r,k}|$ 将会急剧增大,单纯根据轮速来估计纵向车速的 $V_x - LF1$ 将会出现严重偏差,因此,定义当 $|\bar{S}_k| > 10\%$ 时,融合估计器完全不信任 $V_x - LF1$ 的估计结果,而相信 $V_x - LF3$ 的估计结果,即 $S_1 = 10\%$ 。

同时,通过仿真研究可知,当滑移率 $5\% \leq |\bar{S}_k| \leq 10\%$ 时,轮胎的旋转角加速度的区间大约为 $8 \text{rad/s}^2 \leq |\bar{\omega}_{r,k}| \leq 15 \text{rad/s}^2$,因此,定义 $\dot{\omega}_{r1} = 15 \text{rad/s}^2$,$\dot{\omega}_{r2} = 8 \text{rad/s}^2$。

4.3.2 基于自适应UKF滤波的两级分布式纵向车速估计方法

图4-27是基于自适应UKF滤波的两级分布式纵向车速估计器结构图。估计器由车辆加速度、四轮转速以及四轮纵向力构成的估计器信息源、子滤波器及主滤波器构成。其中,主滤波器由基于"加速度积分/四轮转速自调节估计"估计模块及车速融合模块构成;子滤波器为基于"加速度积分/直接转矩积分车速估计"模型的噪声自适应UKF估计。子滤波器将估计的轮胎纵向力与轮心速度输入主滤波器;主滤波器在线计算加权因子,然后对主/子滤波器估计结果进行融合,最后用融合估计结果对子滤波器重置。

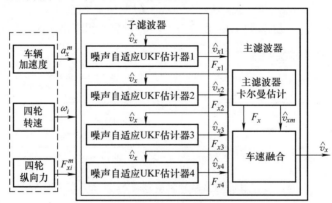

图4-27 估计器结构图

1. 加速度积分/基于轮胎纵向力车速估计组合模型

将加速度积分法和基于轮胎纵向力车速估计法融合起来,用量测加速度信号进行系统更新,用基于轮胎纵向力车速估计的手段构成量测方程。构建卡尔曼系统用到的传感器信号包括：2次加速度量测值 $a_{x,k-1}^m$、$a_{x,k}^m$ 以及轮速信号 $\omega_{i,k}$。

$$v_{x,k} = v_{x,k-1} + a_{x,k-1}^m t_s + q_{k-1}^a t_s \tag{4-125}$$

$$a_{x,k}^m = \frac{1}{m}\sum_{i=1}^{4} f\left(\frac{\omega_{i,k}R_d - v_{x,k}}{\omega_{i,k}R_d}\right) - q_k^a \tag{4-126}$$

根据卡尔曼滤波理论，可以得到估计算法的最终表达式为

$$\hat{v}_{x,k} = \hat{v}_{x,k-1} + a_{x,k-1}^m t_s + K_k\left[a_{x,k}^m - \frac{1}{m}\sum_{i=1}^{4} f\left(\frac{\omega_{i,k}R_d - \hat{v}_{x,k-1} - a_{x,k-1}^m t_s}{\omega_{i,k}R_d}\right)\right] \tag{4-127}$$

式中，K_k 为卡尔曼增益。

同加速度积分 - 转矩校正中误差推导过程类似，可以得到：

$$e_k = \left(1 + \frac{K_k}{m}\sum_{i=1}^{4}\frac{k_{si}F_{zi,k}}{\omega_{i,k}R_d}\right)e_{k-1} + \left(t_s + \frac{K_k}{m}\sum_{i=1}^{4}\frac{k_{si}F_{zi,k}t_s}{\omega_{i,k}R_d}\right)q_{k-1}^a + K_k q_k^a \tag{4-128}$$

卡尔曼滤波的误差来自两方面：一是前一时刻的估计误差；二是加速度传感器的误差。结合卡尔曼波和观测方程，可以分析出 K_k 与 k_{si} 符号相反，那么 e_{k-1} 的系数是小于 1 的，则容易证明 e_k 是有界的。如果 $E(q_k^a) = 0$，$E(e_0) = 0$，则估计是无偏的；如果 $E(q_k^a) = 0$，$E(e_0) \neq 0$，则估计是渐进无偏的。

2. 加速度积分/直接转矩积分车速估计组合模型

将加速度积分法和滑移率逆推法融合起来，用量测加速度信号进行系统更新，用转矩信号去校正系统更新值。构建卡尔曼系统用到的传感器信号有加速度量测值 $a_{x,k-1}^m$、车轮转矩信号 $T_{i,k}^m$ 以及轮速信号 $\omega_{i,k}$。

$$v_{x,k} = v_{x,k-1} + a_{x,k-1}^m t_s + q_{k-1}^a t_s \tag{4-129}$$

$$T_{i,k}^m = f\left(\frac{\omega_{i,k}R_d - v_{x,k}}{\omega_{i,k}R_d}\right)R_d + I_w \dot{\omega}_{i,k} - q_{i,k}^m \tag{4-130}$$

根据卡尔曼滤波理论，可以得到估计算法的最终表达式为

$$\hat{v}_{x,k} = \hat{v}_{x,k-1} + a_{x,k-1}^m t_s + K_k\left[T_{i,k}^m - f\left(\frac{\omega_{i,k}R_d - \hat{v}_{x,k-1} - a_{x,k-1}^m t_s}{\omega_{i,k}R_d}\right)R_d - I_w \dot{\omega}_{i,k}\right] \tag{4-131}$$

用线性轮胎模型进行误差分析，可以得到：

$$\hat{v}_{x,k} = \hat{v}_{x,k-1} + a_{x,k-1}^m t_s + K_k\left(T_{i,k}^m - k_{si}F_{zi,k}\frac{\omega_{i,k}R_d - \hat{v}_{x,k-1} - a_{x,k-1}^m t_s}{\omega_{i,k}} - I_w \dot{\omega}_{i,k}\right) \tag{4-132}$$

$$v_{x,k} = v_{x,k-1} + a_{x,k-1}^m t_s + K_k\left(T_{i,k} - k_{si}F_{zi,k}\frac{\omega_{i,k}R_d - v_{x,k-1} - a_{x,k-1}^m t_s}{\omega_{i,k}} - I_w \dot{\omega}_{i,k}\right) \tag{4-133}$$

$$e_k = e_{k-1} + q_{k-1}^a t_s + K_k \left(q_{i,k}^m + k_{si} F_{zi,k} \frac{e_{k-1} + q_{k-1}^a t_s}{\omega_{i,k}} \right) \tag{4-134}$$

为了方便分析，对式（4-134）改写得到：

$$e_k = \left(1 + \frac{K_k k_{si} F_{zi,k}}{\omega_{i,k}} \right)(e_{k-1} + t_s q_{k-1}^a) + K_k q_{i,k}^m \tag{4-135}$$

由式（4-135）可以看出，滤波器误差来自三方面：一是前一时刻的估计误差；二是加速度传感器的误差；三是转矩量测误差。关于误差 e_k 的有界性和无偏性，和上面描述情况一样。

$$e_k = \left(1 + \frac{K_k k_{si} F_{zi,k}}{\omega_{i,k}} \right)(e_{k-1} + t_s q_{k-1}^a) + K_k q_{i,k}^m \tag{4-136}$$

由式（4-136）可以看出，滤波器误差来自3方面：一是前一时刻的估计误差；二是加速度传感器的误差；三是转矩量测误差。关于误差 e_k 的有界性和无偏性，和上面描述情况一样。

3. 量测噪声方差自适应估计

在实际应用过程中，应考虑到系统模型和观测模型存在误差或参数变动。此外，系统过程噪声和量测噪声的均值和协方差也难以获得，甚至噪声统计特性是时变的。因此，参数自适应和噪声自适应的卡尔曼滤波算法得到了应用[11-13]。其基本思想为利用状态预测误差以及新息信息，在线估计系统噪声和量测噪声。

式（4-126）所示的观测方程具有较强的非线性，并且观测方程难以求解雅克比矩阵。因此采用 UKF 算法设计滤波器。此外，观测模型不准确所导致的误差以及转矩量测误差，均可看成观测噪声。本书假设观测噪声均值、方差时变，采用限定记忆指数加权噪声自适应算法在线估计观测噪声的均值和方差[12]，考虑到同时对过程噪声和观测噪声调节的自适应算法鲁棒性较差，容易导致滤波不稳定[11]，设定过程噪声是均值为 0，方差时不变的高斯白噪声。

噪声自适应无味卡尔曼滤波算法具体步骤如下：

（1）状态方程　定义状态量 $x_k = v_{x,k}$，控制输入量 $\boldsymbol{u} = [\omega_k, \omega_{k-1}, a_{k-1}^m]^T$，观量测 $z = T_{i,k}^m$，系统方程为

$$\begin{cases} x_k = f(x_{k-1}, \boldsymbol{u}_{k-1}) + \Gamma(q_{k-1}, \boldsymbol{u}_{k-1}) \\ z_k = h(x_{k-1}) + \psi_k \end{cases} \tag{4-137}$$

其中，$\Gamma(q_{k-1}, \boldsymbol{u}_{k-1}) = q_{k-1}^a t_s$，$f(x_{k-1}, \boldsymbol{u}_{k-1})$ 为式（4-125）等号右侧剩余部分；$\psi_k = -q_{i,k}^m$，$h(x_{k-1})$ 为式（4-126）等号右侧剩余部分。

假设噪声 q 和 ψ 服从如下统计特性：

$$\begin{cases} E(q) = 0, E(q, q) = Q_k \\ E(\psi) = \bar{\psi}_k, E(\psi, \psi) = \Psi_k \\ E(q, \psi) = 0 \end{cases} \tag{4-138}$$

(2) 初始化滤波器　在许多情况下,初始状态是一个随机变量。采用初始状态的统计特性初始化滤波器是最优的。

$$\begin{cases} \hat{x}_0 = E(x_0) \\ P_0 = E[(x_0 - \hat{x}_0)(x_0 - \hat{x}_0)^T] \end{cases} \quad (4\text{-}139)$$

实际过程中,初始误差方差 P_0 选取过大会导致估计初期振荡,选取过小则导致收敛速度变慢。通常 P_0 主对角线上的值选取比较大些。

(3) Sigma 点采样　根据上一时刻的状态值和误差方差,按照对称采样策略,生成 Sigma 点和权重系数[13,14]。

$$\boldsymbol{\xi}_{k-1} = [\hat{x}_{k-1}, \hat{x}_{k-1} \pm (\sqrt{(n+\kappa)P_{k-1}})_i] \quad (4\text{-}140)$$

$$W_i^m = W_i^c = \begin{cases} \kappa/(n+\kappa) & i = 0 \\ 1/[2(n+\kappa)] & i \neq 0 \end{cases} \quad (4\text{-}141)$$

式中,n 为状态维数,κ 为比例系数,取 $n+\kappa=3$,减少预测误差。

(4) 时间更新　利用式(4-125)中系统方程,对 Sigma 点 $\boldsymbol{\xi}_{k-1}$ 更新得到预测 Sigma 点 $\boldsymbol{\gamma}_{k|k-1}$,结合对应的加权系数计算状态量预测值的均值和方差。考虑过程噪声均值为 0,故

$$\boldsymbol{\gamma}_{i,k|k-1} = f_k(\boldsymbol{\xi}_{i,k-1}, \boldsymbol{u}_{k-1}) \quad (4\text{-}142)$$

$$\hat{x}_{k|k-1} = \sum_{i=0}^{L} W_i^m \quad (4\text{-}143)$$

$$P_{k|k-1} = \sum_{i=0}^{L} W_i^c (\boldsymbol{\gamma}_{i,k|k-1} - \hat{x}_{k|k-1})(\boldsymbol{\gamma}_{i,k|k-1} - \hat{x}_{k|k-1})^T + Q_{k-1} \quad (4\text{-}144)$$

(5) 量测噪声自适应及量测更新　利用预测观测值与量测值误差,基于限定记忆指数加权噪声自适应算法,在线估计观测噪声的均值和方差,然后进行量测更新。

设定时间窗口 m 和遗忘因子 b:

$$d_m = \frac{1-b}{1-b^m} (0 < m < k, 0 < b < 1) \quad (4\text{-}145)$$

量测噪声均值估计:

$$\begin{cases} \hat{\psi}_k = b\hat{\psi}_{k-1} + d_m \Lambda_k^\psi - d_m b^m \Lambda_{k-m}^\psi \\ \Lambda_j^\psi = z_j - \sum_{i=0}^{L} W_i^m h_k(\boldsymbol{\gamma}_{i,j|j-1}) \end{cases} \quad (4\text{-}146)$$

带量测噪声估计均值的预测观测值:

$$\chi_{i,k|k-1} = h_k(\boldsymbol{\gamma}_{i,j|j-1}) + \hat{\psi}_k \quad (4\text{-}147)$$

$$\hat{z}_{k|k-1} = \sum_{i=0}^{L} W_i^m \chi_{i,k|k-1} \qquad (4\text{-}148)$$

量测噪声方差估计：

$$\begin{cases} \hat{\Psi}_k = b\hat{\overline{\Psi}}_{k-1} + d_m \Lambda_k^\Psi - d_m b^m \Lambda_{k-m}^\Psi \\ \Lambda_j^\Psi = \varepsilon_j \varepsilon_j^T - \sum_{i=0}^{L} W_i^c (\chi_{i,k|k-1} - \hat{z}_{k|k-1})(\chi_{i,k|k-1} - \hat{z}_{k|k-1})^T \\ \varepsilon_j = z_j - \hat{z}_{j|j-1} \end{cases} \qquad (4\text{-}149)$$

自协方差和互协方差计算：

$$P_{zz,k} = \sum_{i=0}^{L} W_i^c (\chi_{i,k|k-1} - \hat{z}_{k|k-1})(\chi_{i,k|k-1} - \hat{z}_{k|k-1})^T + \hat{\Psi}_k \qquad (4\text{-}150)$$

$$P_{xz,k} = \sum_{i=0}^{L} W_i^c (\gamma_{i,k|k-1} - \hat{x}_{k|k-1})(\chi_{i,k|k-1} - \hat{z}_{k|k-1})^T \qquad (4\text{-}151)$$

滤波更新：

$$\begin{cases} \hat{x}_k = \hat{x}_{k|k-1} + K_k(z_k - \hat{z}_{k|k-1}) \\ K_k = P_{xz,k} P_{zz,k}^{-1} \\ P_k = P_{k|k-1} - K_k P_{zz,k} K_k^T \end{cases} \qquad (4\text{-}152)$$

至此，k 时刻限定记忆指数加权量测噪声均值方差自适应 UKF 设计完毕。

4. 基于纵向力的车速融合估计

不考虑车辆垂直、俯仰以及侧倾运动，假设车辆左右前轮转向角度一致，可将整车简化成四轮三自由度模型，包括纵向、横向和横摆运动，如图 4-28 所示。

图中，d_1、d_2 为车辆前后轮距；L_f、L_r 为前后轮到质心距离；

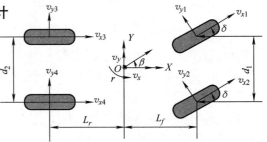

图 4-28 四轮三自由度车辆模型

δ 为车轮转角；r 为车辆横摆角速度；v_{xi}、v_{yi} 为车轮轮心坐标系下纵向速度和侧向速度；v_x、v_y 为车辆纵向速度和侧向速度。

根据运动学方程，建立轮心速度与车速关系

$$\begin{cases} v_{x1} = (v_x - d_1 r/2)\cos\delta + (v_y + L_f r/2)\sin\delta \\ v_{x2} = (v_x + d_1 r/2)\cos\delta + (v_y + L_f r/2)\sin\delta \\ v_{x3} = v_x - d_2 r/2 \\ v_{x4} = v_x + d_2 r/2 \end{cases} \qquad (4\text{-}153)$$

根据式（4-153），分别利用前后轮心速度得到车速

$$\begin{cases} v_x = (v_{x1} + v_{x2})/(2\cos\delta) - (v_y + L_f r/2)\tan\delta \\ v_x = (v_{x3} + v_{x4})/2 \end{cases} \quad (4\text{-}154)$$

式（4-154）中，v_y、r 不可知，计算时忽略这两项的影响。因此，由前轮轮心速度所推算的车速含有侧向运动和横摆运动所引起的偏差。

一般驱动力越大，子滤波器误差也越大，采用驱动力代替方差调节比例因子，并引入车轮转角信号以减小转弯工况时前轮轮心速度的权重。考虑到主滤波器估计车速与子滤波器估计车速的融合，整车驱动力采用传感器量测的纵向加速度量测信号计算得到的惯性力。

因此，可以得到主滤波器中车速融合算法如下：

$$F_g^{-1} = \frac{1}{(F_{x1}+F_{x2})(1+|\tan\delta|)} + \frac{1}{(F_{x3}+F_{x4})} + \frac{2}{ma_x^m} \quad (4\text{-}155)$$

$$\hat{v}_x = \beta_1 \frac{\hat{v}_{x1}+\hat{v}_{x2}}{2\cos\delta} + \beta_2 \frac{\hat{v}_{x3}+\hat{v}_{x4}}{2} + \beta_3 \hat{v}_{xm} \quad (4\text{-}156)$$

式中，F_g 为车速融合因子；$\hat{v}_{x1}$，$\hat{v}_{x2}$，$\hat{v}_{x3}$，$\hat{v}_{x4}$ 为子滤波器估算的车速；$\hat{v}_{xm}$ 为主滤波器估算的车速；δ 为前轮转角；a_x^m 为传感器量测的车辆加速度，$\beta_1 = \dfrac{F_g}{(F_{x1}+F_{x2})(1+|\tan\delta|)}$，$\beta_2 = \dfrac{F_g}{F_{x3}+F_{x4}}$，$\beta_3 = \dfrac{2F_g}{ma_x^m}$。

分布式自适应车速估计总体算法结构如图 4-29 所示。

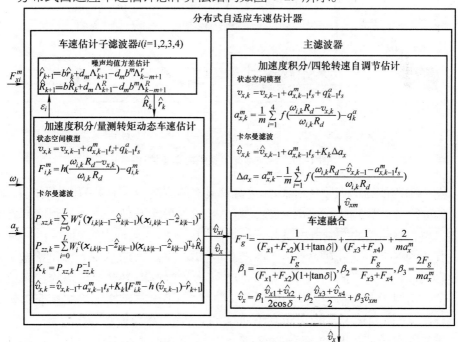

图 4-29 分布式自适应车速估计总体算法结构

4.4 纵向车速估计方法应用实例

4.4.1 融合 GPS 与 INS 信息的车速估计方法

在附着系数约为 0.2 的冰雪路面上进行了车轮抱死和滑转工况下的纵向车速估计实验。图 4-30 所示工况下，车辆进行直线加速，在 15s 左右驾驶人踩下制动踏板，由于路面附着系数较低，四个车轮同时抱死。图 4-30a 所示为由电机转速计算得到的四轮轮边速度，在制动抱死后，四轮转速均为零。此时轮速信息不能用于计算车速，通过 GPS 提供的纵向速度以及修正后的纵向加速度传感器对车速进行估计。图 4-30b 所示为该过程中纵向车速的估计值与 RT3100 量测得到的参考值间的对比，可以看出在四轮均抱死后，车速估计算法仍然能够较好地估计出纵向车速，平均误差为 0.11m/s，估计值与参考值较为接近。

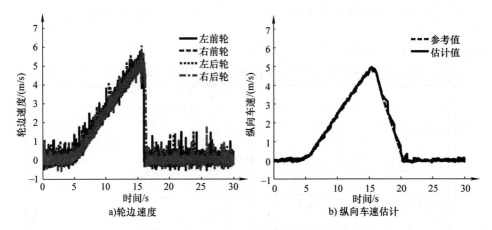

图 4-30 制动抱死工况纵向车速估计

图 4-31 所示工况下，车辆同样进行直线加速测试。从图 4-31a 中可以看到，由于路面附着系数较低，在 6s 左右，右前轮首先发生滑转，由于短时间内转速升高过快，右前轮的控制电机进入了超速保护模式，不再输出转矩。而在 10s 左右，其余的三个车轮也同时发生了滑转。在 12s 左右，驾驶人踩下制动踏板，左前轮和右前轮发生了制动抱死。图 4-31b 所示为该过程中纵向车速的参考值与估计值，可以看出在车轮发生滑转和抱死的状态下，车速估计算法均能够较好地估计出纵向车速，平均误差为 0.16m/s，估计值与参考值较为接近。

表 4-6 统计了两组实验中纵向车速的估计平均误差与最大误差。在制动抱死和驱动滑转两组实验中，尽管轮速信息已经不能用于对车速的计算，但通过

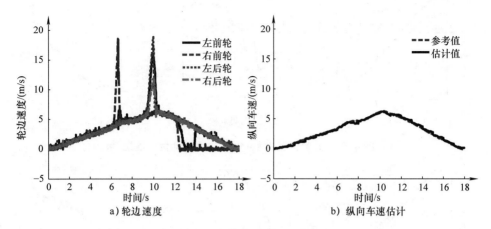

a) 轮边速度　　　　　　　　　　b) 纵向车速估计

图 4-31　驱动滑转工况纵向车速估计

GPS 与 INS 的信息融合，纵向车速的估计结果仍较为准确，两种实验工况下的最大误差分别为 0.61m/s 与 0.46m/s，能够满足纵横向运动综合控制系统对于纵向车速估计精度的要求。

表 4-6　纵向车速估计误差统计

工况	平均误差/(m/s)	最大误差/(m/s)
制动抱死	0.11	0.61
驱动滑转	0.16	0.46

4.4.2　参数自适应卡尔曼滤波纵向车速估计方法

算法参数设置如下：
左前轮速量测误差方差初值：$r_1^* = 0.5$；
右前轮速量测误差方差初值：$r_2^* = 0.5$；
左后轮速量测误差方差初值：$r_3^* = 0.02$；
右前轮速量测误差方差初值：$r_4^* = 0.02$；
加速度量测误差方差值：$r_5^* = 0.1$；
系统误差 w_1 方差初值：$q_1^* = 1$；
系统误差 w_2 方差初值：$q_2^* = 1$；
规则门限值分别为：$\theta_1 = 0.01$，$\theta_2 = 0.6$，$\theta_3 = 0$；
估计误差方差阵初值：$P_0 = \begin{bmatrix} 1 & 0 \\ 0 & 1 \end{bmatrix}$。

采用如上数据进行纵向车速的估计，仿真结果如图 4-32 ~ 图 4-37 所示。

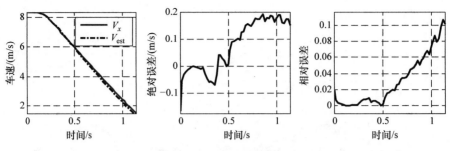

图 4-32　高附路面 30km/h 初速度制动估计结果

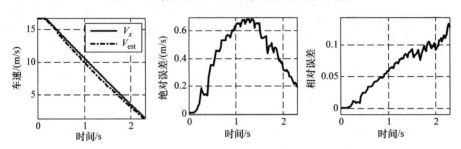

图 4-33　高附路面 60km/h 初速度制动估计结果

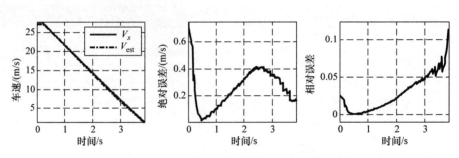

图 4-34　高附路面 100km/h 初速度制动估计结果

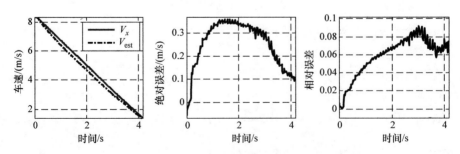

图 4-35　低附路面 30km/h 初速度制动估计结果

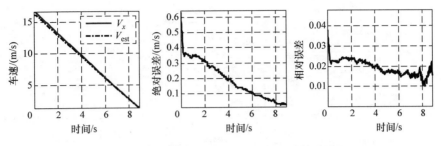

图 4-36 低附路面 60km/h 初速度制动估计结果

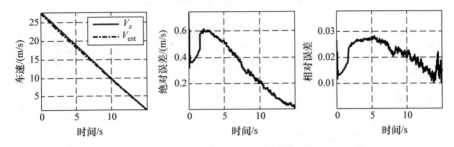

图 4-37 低附路面 100km/h 初速度制动估计结果

由图 4-32~图 4-37 可以看出，基于规则的卡尔曼滤波纵向车速估计算法的相对误差都在 10% 以下。结果表明基于规则的卡尔曼滤波具有很好的自适应性。

图 4-38 显示基于规则的卡尔曼滤波 XPC 运行结果，图中显示平均任务执行时间为 1.631×10^{-6}s，换算后平均任务执行时间为 1.631×10^{-4}s，小于采样时间 0.02s，满足实时性要求。

图 4-38 基于规则的卡尔曼滤波算法 XPC 运行结果

4.4.3 扩展卡尔曼滤波车速估计方法

采用双移线工况验证仿真的结果如图 4-39 和图 4-40 所示。算法参数设置如下：

仿真步长：0.02s；

滤波器参数 Q：$diag([e^{-6},e^{-6},e^{-6}])$；

滤波器参数 R：$diag([2,2,2])$。

图 4-39 和图 4-40 显示了扩展卡尔曼滤波在该仿真条件下能较好地估计出车辆纵向侧向速度，但侧向速度估计值波动较为剧烈。

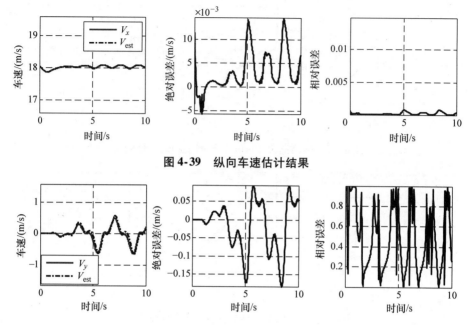

图 4-39　纵向车速估计结果

图 4-40　侧向车速估计结果

图 4-41 显示，算法在 XPC 环境的平均任务执行时间为 0.0001228s，换算后平均任务执行时间为 0.01228s，小于采样时间 0.02s，说明算法满足实时性的要求。

图 4-41　XPC 环境运行结果

4.4.4　无迹卡尔曼滤波车速估计方法

1. 仿真实例

因具有程序简单和计算速度快的优点故采用查表轮胎模型。选取滑移率 λ 和路面附着系数 μ 作为计算纵向轮胎力的查表输入，轮胎侧偏角 α 和路面附着系数 μ 作为计算侧向轮胎力的查表输入。数值的取值范围如表 4-7 所示。

表 4-7　表格轮胎模型各索引量取值

变量名	取值范围	取值间隔（每隔）	量纲
滑移率 λ	$-1 \sim 1$	0.05	
轮胎侧偏角 α	$-0.15 \sim 0.15$	0.005	rad
路面附着系数 μ	$0.2 \sim 0.9$	0.05	

由于轮胎是一个复杂的非线性系统，利用等间隔取点的方法并不能精确描述轮胎曲线在拐点和日常行驶时轮胎所处的特性区域。为了解决这个问题本书

将表4-7的取值进行重新划分，取值方式如表4-8所示。

表4-8 非等间隔取点表格索引量取值方法

变量名	取值范围	取值间隔（每隔）	量纲
滑移率 λ	-0.2 ~ 0.2	0.02	
	-1 ~ -0.2 和 0.2 ~ 1	0.05	
轮胎侧偏角 α	-0.1 ~ 0.1	0.001	rad
	-0.15 ~ -0.1 和 0.1 ~ 0.15	0.005	
路面附着系数 μ	0.2 ~ 0.9	0.05	

双移线工况的仿真结果如图4-42 ~ 图4-45所示。

仿真步长：0.02s；

UKF参数 α：0.1；

UKF参数 β：2；

UKF参数 κ：0；

滤波器参数 Q：$diag([e^{-6}, e^{-6}, e^{-6}])$；

滤波器参数 R：$diag([2, 2, 2])$。

等间隔取点查表轮胎模型：

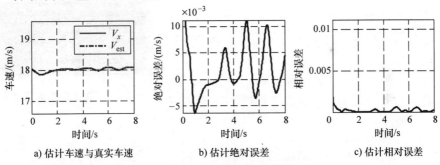

a) 估计车速与真实车速　　b) 估计绝对误差　　c) 估计相对误差

图4-42 等间隔表格轮胎模型纵向车速估计结果

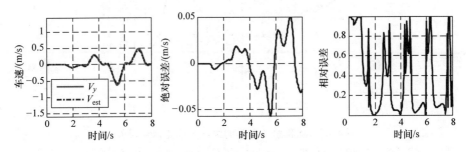

图4-43 等间隔表格轮胎模型侧向车速估计结果

非等间隔表格轮胎模型:

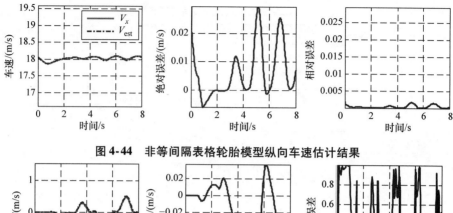

图 4-44 非等间隔表格轮胎模型纵向车速估计结果

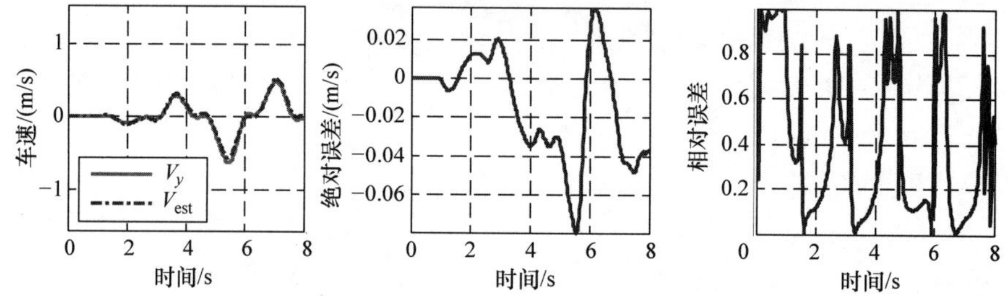

图 4-45 非等间隔表格轮胎模型侧向车速估计结果

图 4-46 是 XPC 环境查表轮胎模型运行结果。图中显示查表模型平均任务执行时间为 2.583×10^{-5} s,换算后的平均任务执行时间为 0.002583s。

2. 实验实例

为了验证算法的准确性和实时性,进行了如图 4-47 ~ 图 4-50 的双移线工况和稳态环形工况实车实验验证。

图 4-46 XPC 环境运行结果

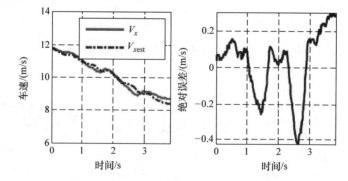

图 4-47 双移线工况下的纵向车速变化和误差

图 4-47 和图 4-49 说明基于 UKF 的纵向车速估计很好地跟踪了实际车速,图 4-48 和图 4-50 说明尽管在波峰和波谷存在误差,但估计的横向车速越来越趋

近于真实值。误差主要来源于理论的轮胎模型和传感器的误差。

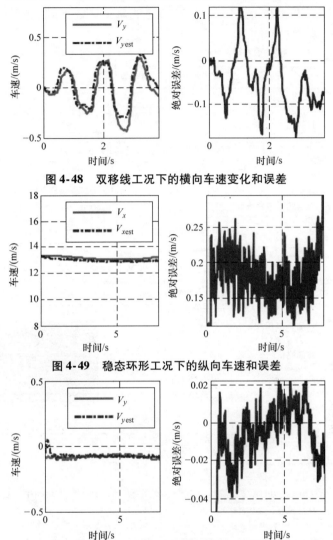

图 4-48　双移线工况下的横向车速变化和误差

图 4-49　稳态环形工况下的纵向车速和误差

图 4-50　稳态环形工况下的横向车速和误差

4.4.5　基于联邦卡尔曼滤波技术的纵向车速融合估计方法

1. 仿真实例

利用 veDYNA 动力学软件,验证基于联邦卡尔曼的纵向车速估计器的效果。

(1) 车辆状态及参数估计系统验证　实验过程中,假设路面条件固定且已知,通过仿真实验工况,验证车辆状态及参数估计系统,对车辆状态估计的准确性,以及对路面峰值附着系数自适应估计的有效性。

1) 双移线工况。仿真过程中，仿真车辆在路面峰值附着系数分别为0.8、0.7、0.6、0.5四种路面条件下，首先加速到80km/h，再稳定车速后进行标准双移线实验。其估计结果如图4-51所示。

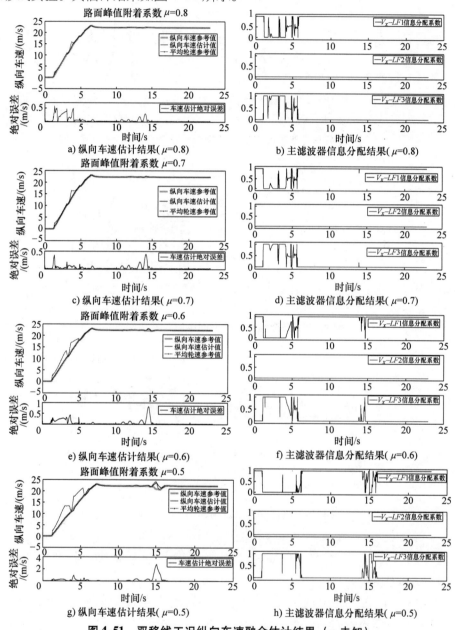

图4-51 双移线工况纵向车速融合估计结果（μ未知）

从图4-51中可以看出，在第1～6s期间，车辆处于加速过程中，由于驱动转矩过大，车轮出现驱动滑转。尤其在附着系数为 0.5 和 0.6 的道路上，平均轮速已经远远超过了车速参考值，因此基于平均轮速法的 V_x-LF1 的估计结果严重失真，此时，主滤波器能够将信息分配系数的权重转移到基于车轮动力学的 V_x-LF3 上，即 $w_k^{v_x-LF1}=0$，$w_k^{v_x-LF2}=0$，$w_k^{v_x-LF3}=1$，充分发挥了轮毂电机转矩和转速实时可知的优势。纵向车速估计结果的绝对误差都不超过 0.7m/s，具有较高估计精度，同时，由于 V_x-LF3 中不需要已知 μ，因此估计结果对路面附着信息又具有很好的鲁棒性。

从第 6s 开始，由于车速进入平稳阶段，此时主滤波器将权重转移到算法简单、长时间运算可靠的 V_x-LF1 上，即 $w_k^{v_x-LF1}=1$，$w_k^{v_x-LF2}=0$，$w_k^{v_x-LF3}=0$。在 $\mu=0.5$ 的中低附着系数路面上进行双移线实验，第 15s 左右，横向车速达到了 7m/s，此时车辆处于大侧向滑移工况，纵向车速损失较为严重。

结合图 4-52 和图 4-53 中加速踏板和制动踏板信号时间历程可知，14～15s 期间，驾驶人为了维持 80km/h 的实验车速，完全踩下加速踏板，但由于车辆此时处于侧滑状态，轮胎附着力已经达到饱和，四个驱动车轮受到驱动转矩的作用开始发生打滑，因此，V_x-LF1 的权重在下降，V_x-LF3 的权重在上升。但整体上讲，14～15s 期间，V_x-LF1 的权重仍然所占比例较大，因此，车速融合估计结果基本与平均轮速法的结果相近，比实际纵向车速略高，估计误差为 3m/s，其相对误差约为 13.5%。

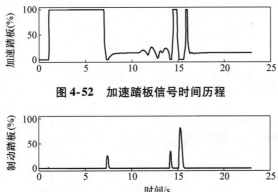

图 4-52 加速踏板信号时间历程

图 4-53 制动踏板信号时间历程

第 15～16s 期间，由于车辆侧滑过程中，车轮驱动打滑，车辆侧滑状态持续恶化，驾驶人迅速松开加速踏板，并调整转向盘和制动踏板，操控车辆保持临界稳定状态，因此，四轮转速迅速下降，车辆真实的纵向车速最低只有 74km/h，由于驾驶人制动的原因，车轮转速下降明显，但并未抱死，因此，V_x-LF3 开始起主要作用，车速融合估计结果开始向真值附近收敛。

第 16s 以后，待到车辆侧滑状态开始收敛时，驾驶人为了恢复 80km/h 的纵向车速,再次踩下加速踏板,由于车辆已经逐渐趋于稳定,轮胎附着力尚未饱和,因此,四个车轮并未因驱动转矩的作用而发生打滑,待到车辆恢复并稳定在 80km/h 的实验车速后,$V_x - LF1$ 再次起主要作用。

车辆在 $\mu = 0.6$ 的中低附着系数路面上进行双移线实验,纵向车速估计结果与上述情况类似,故不再详述。

2)紧急加速-制动工况。进一步地,为了验证在紧急制动抱死的极限工况下,纵向车速融合估计算法的有效性,选取紧急加速-制动工况进行验证。由于在制动抱死的过程中,基于平均轮速法的 $V_x - LF1$ 和基于车轮动力学的 $V_x - LF3$ 均不能正确地反映当前车辆的纵向行驶车速,只能通过基于简化魔术公式的 $V_x - LF2$ 来估计,因此,需要在制动抱死工况下,假设 $V_x - LF2$ 事先已知路面峰值附着系数,验证纵向车速融合估计算法的准确性,验证结果如图 4-54 所示。

从图 4-54 中可以看出,车辆紧急加速过程中,由于驱动转矩过大,即使在高附着系数路面上,车轮也出现驱动滑转现象,因此,从 1~6s 期间,基于平均轮速法的 $V_x - LF1$ 的估计结果几乎对最终估计结果没有贡献,主滤波器将信息分配系数的权重转移到基于车轮动力学的 $V_x - LF3$ 上,即 $w_k^{v_x-LF1} = 0$,$w_k^{v_x-LF2} = 0$,$w_k^{v_x-LF3} = 1$。

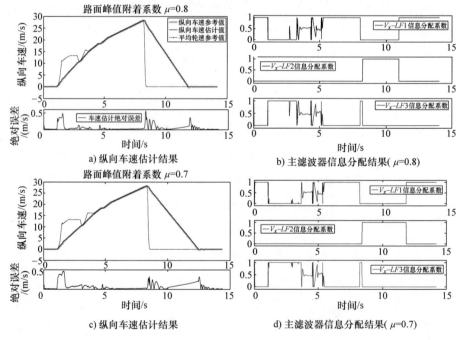

图 4-54 紧急加速-制动工况纵向车速融合估计结果(μ 已知)

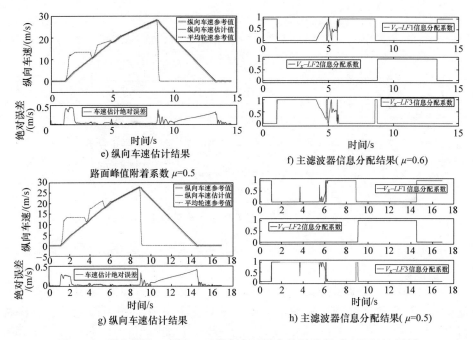

图4-54 紧急加速－制动工况纵向车速融合估计结果（μ 已知）（续）

第6~9s期间，由于不论是车轮旋转加速度还是滑移率均较小，此时主滤波器转而相信 $V_x - LF1$，因此各子滤波器的权重为：$w_k^{v_x-LF1} = 1$，$w_k^{v_x-LF2} = 0$，$w_k^{v_x-LF3} = 0$。

从第9s左右开始，车辆达到峰值车速28m/s后，车辆进入紧急制动工况，在制动初始的0.2s期间，尽管车轮尚未被抱死，车轮滑移率未超过90%，但车轮角减速度远远超过了角减速度的切换阈值 $\dot{\omega}_{r1} = 15 \text{rad/s}^2$，因此主滤波器在制动初始的0.2s期间，将信息分配系数的权重完全转移到 $V_x - LF3$ 上。

但0.2s之后，由于车轮已经被完全抱死，车轮滑移率已经达到100%，因此，主滤波器将信息分配系数的权重完全切换到基于简化魔术公式的 $V_x - LF2$ 上，即 $w_k^{v_x-LF1} = 0$，$w_k^{v_x-LF2} = 1$，$w_k^{v_x-LF3} = 0$。同时，由于 $V_x - LF2$ 事先已知当前路面峰值附着系数，因此，在将近5s的制动抱死过程中，纵向车速的融合估计结果仍然能够准确估计车辆的实际车速，制动过程中，纵向车速的最大估计误差均不超过0.5m/s。

3）对开路面驱动工况。为了验证分布式驱动电动汽车对质心侧偏角估计带来的优势，建立基于单轨二自由度（2DOF）动力学模型的非线性观测器作为对比对象，估计车辆质心侧偏角。在已知 $\mu = 1.0$ 的均匀路面附着条件下，进行双移线实验，其估计结果如图4-55所示。

从图4-55中可以看出，基于传统2DOF的非线性观测器，在已知 $\mu = 1.0$ 的

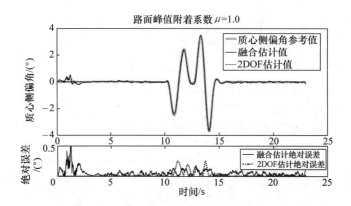

图 4-55 双移线工况质心侧偏角估计结果对比（μ 已知）

均匀路面附着条件下，其质心侧偏角估计精度与质心侧偏角融合估计器的估计精度均较高。

但是，由于本书是以分布式驱动电动汽车为研究对象，建立起来的车辆状态及参数估计系统，其四轮轮毂电机的转矩信息和转速信息可以为估计系统提供更多传感器信息，基于这些信息，V_x-$LF3$ 可以实时地估计出各车轮的纵向驱制动力 $\hat{F}_x^{ij}$，并将 $\hat{F}_x^{ij}$ 的估计结果输入到 V_y-$LF1$ 中，利用 V_y-$LF1$ 来估计当前的质心侧偏角。即，估计过程中，不涉及含有轮胎公式模型的子滤波器（见 4.2.4 节的信息分配规则部分），质心侧偏角和纵向车速的估计算法均无需使用路面峰值附着系数，因此，仿真实验中，不论对开路面两侧的附着系数如何变化，都不会对质心侧偏角的估计产生影响。这说明，建立的质心侧偏角及纵向车速融合估计器能够充分发挥分布式驱动电动汽车结构优势，扩大了特殊路面附着条件下，车辆状态估计的准确性和对路面峰值附着系数变化的鲁棒性。

为了验证这一优势，进行了对开路面下的紧急加速实验，如图 4-56 所示，车辆左半侧所在路面的 $\mu=0.4$，右半侧所在路面的 $\mu=1.0$，加速过程中，驾驶人在踩下加速踏板的同时，不断调整转向盘转角，使得车辆能够维持在道路中间，并加速到 $80km/h$。整个实验过程中，质心侧偏角和纵向车速的融合估计算法对路面峰值附着系数未知，均设置为 $\mu=1.0$。

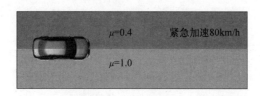

图 4-56 对开路面附着条件时紧急加速实验工况

实验过程中的部分传感器信号如图 4-57 所示，可以看出，紧急加速过程中，由于车辆左右两侧的路面附着系数不同，导致左侧路面上的车轮，尤其是左前轮出现了严重的打滑（图 4-57b），同时，由于左侧路面上车轮的纵向驱动力小于右侧路面上车轮的纵向驱动力，如果保持转向盘处于中位，由于四轮纵向力引起的横摆力矩作用，车辆将向左侧偏离，因此，仿真中为了维持车辆的前进方向，驾驶人不断调整着转向盘，如图 4-57a 所示。

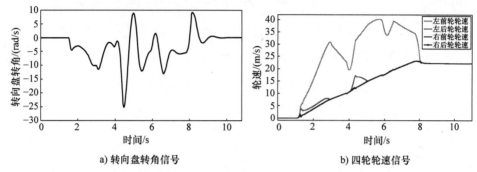

图 4-57　对开路面附着条件下紧急加速工况部分传感器信号

$V_x - LF3$ 对四个车轮纵向驱动力的估计结果如图 4-58 所示，由于 $V_x - LF3$ 不需要事先获取路面峰值附着系数，因此尽管左右车轮所处路面附着条件不同，但各车轮纵向力估计结果仍然可以准确地收敛到参考值。

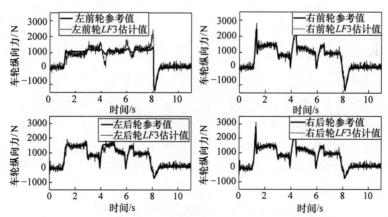

图 4-58　$V_x - LF3$ 对四轮纵向力估计结果（μ 未知）

纵向车速的融合估计结果如图 4-59 所示，可以看出，在紧急加速过程中，由于左侧车轮出现了严重滑移，导致车辆平均轮速出现了非常大的误差，但是，由于主滤波器此时将权重转移到 $V_x - LF3$ 上，纵向车速融合估计器的最终估计结果与参考值仅有不超过 0.5m/s 的绝对误差。

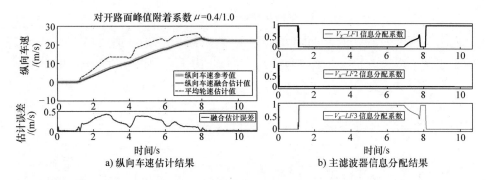

图 4-59 对开路面附着条件下紧急加速工况纵向车速估计结果对比图

在此基础上，质心侧偏角的融合估计结果如图 4-60 所示，红色点画线为基于 2DOF 的非线性观测器的质心侧偏角估计结果。

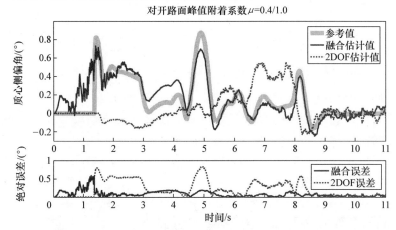

图 4-60 对开路面紧急加速工况质心侧偏角估计结果对比

可以看出，在对开路面上的紧急加速过程中，不论是当前车辆质心侧偏角的数值大小还是变化趋势，2DOF 估计值完全无法反映。但是，由于分布式驱动电动汽车在电机转矩信息上的优势，以及建立的 $V_x - LF3$ 对电机转矩信息的充分利用，质心侧偏角的融合估计结果基本可以准确地反映出质心侧偏角的变化趋势，其最大绝对误差约为 $0.52°$。

相对于传统的基于 2DOF 的非线性观测器而言，质心侧偏角融合估计器具有明显优势。

对比各仿真工况下利用平均轮速法和融合估计法得到的纵向车速估计结果，将两种估计结果的最大绝对误差记录下来，如表 4-9 所示。

从表 4-9 中可以看出，不论是在已知还是未知路面峰值附着系数时，纵向车速的融合估计结果都远远优于平均轮速法的估计结果，大部分工况下的估计误差均未超过 $1m/s$。

表4-9 纵向车速估计结果的误差对比

工况	最大绝对误差 估计结果	平均轮速/(m/s)	融合估计/(m/s)
双移线实验（未知μ）	$\mu=0.5$	5.64	2.84※
	$\mu=0.6$	3.99	0.93※
	$\mu=0.7$	3.29	0.42※
	$\mu=0.8$	2.53	0.58※
紧急加速-制动实验（已知μ）	$\mu=0.5$	26.73	0.42※
	$\mu=0.6$	26.91	0.45※
	$\mu=0.7$	26.95	0.46※
	$\mu=0.8$	26.89	0.56※
对开路面驱动实验（未知μ）	$\mu=0.4/1.0$	6.36	0.43※

注：表格中误差较小的数据用※表示。

需要指出的是，在大部分不涉及制动抱死的工况下，纵向车速融合估计器都不需要路面峰值附着系数信息，这对分布式驱动电动汽车的驱动防滑控制来说是有利的。然而，当车辆需要紧急制动时，纵向车速融合估计器就必须事先已知准确的路面峰值附着系数信息，否则将无法给出准确的估计结果。因此，这就需要建立实时的路面峰值附着系数辨识算法，来有效地支持纵向车速融合估计器和质心侧偏角融合估计器。

(2) 基于噪声和坡度自适应的纵向车速估计方法验证

1) 高附路面仿真结果。高附路面上的仿真结果如图4-61所示。红色细线代表了本书所设计的纵向车速估计器估计结果；深黑色粗线代表车辆模型输出的参考车速；浅黑色细线代表使用传统的最大轮速法估计车速结果。可以看到，当车辆在紧急制动中导致轮胎抱死时，最大轮速法无法避免地完全失去表征纵向车速的能力。

与最大轮速法相对应，从图4-61可以看到，本书所设计的纵向车速估计器的估计结果则能在全范围内消除噪声以及轮胎存在大滑移率对纵向车速估计的影响，得到理想有效的纵向车速估计值。估计的误差如图4-61b所示。最大估计绝对误差为0.3319m/s。

图4-62为过程噪声估计器的估计结果。理论上当车速发生剧烈变化时，基于运动学模型的卡尔曼滤波方程将无法很好地起到预测作用，换句话说就是会产生较大的过程噪声，因此Q矩阵中的变量参数α_1、α_2会随着车速变化程度的激增而变大，其中α_1、α_2的定义可参见式(3-22)。而图4-62显示的结果和理

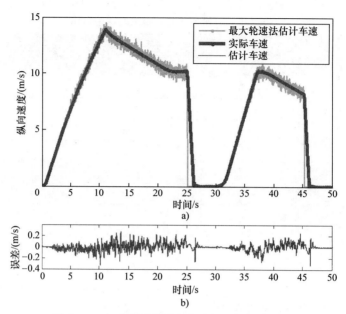

图 4-61 高附路面上纵向车速估计器仿真结果

论预测相一致。此外，图 4-62 中只显示了子滤波器 1 和子滤波器 5 的过程噪声估计结果。由于子滤波器 1~4 利用了几乎相同的信息源，一般认为其过程噪声估计结果也会较为相似，又因篇幅有限，此处就不再以图解的形式说明子滤波器 2~4 的过程噪声估计结果。

图 4-63 为子滤波器 1~4 量测噪声标准差的估计结果。从中可以看到，当车轮轮速变大时，子滤波器 1~4 中量测噪声方差值（标准差为方差的平方根）也随之增大，这就避免了当轮速噪声变大后，不正确的量测噪声方差所导致的卡尔曼滤波过程失效或发散等不良后果。

图 4-64 所示为坡度角补偿模块的估计结果。从图中可以看到，在 25s 左右，车辆在 3% 坡度的坡道上紧急制动时，坡度角补偿模块被触发，并估计出需要补偿 0.3216m/s^2 的加速度值，而理论影响值则为 $9.81 \times 3\% \text{m/s}^2$，约为 0.294m/s^2，已经基本能够补偿重力经过坡度角对加速度计的偏置影响。在 45s 左右，车辆在平坦路面上紧急制动，此时坡度角补偿模块虽然也被触发，但补偿值极小（-0.0404m/s^2），因此几乎可以忽略不计。补偿加速度为零时则表示坡度角补偿模块没有被触发。

图 4-65 为纵向车速估计器中子滤波器的信息分配系数图。图 a 为子滤波器 1~4 的信息分配系数变化图；图 b 为子滤波器 5 的信息分配系数变化图。可以看到，当车辆在紧急制动时，子滤波器 5 的分配信息系数快速提高，避免了大滑移率下的轮边速度信号污染整个估计器运作；当车辆恢复正常工况时，子滤波器 1~4 的分配系数恢复至正常值，消除加速度信号的累积误差，保证了估计精度。

第 4 章 基于多信息与多方法融合的纵向车速估计方法

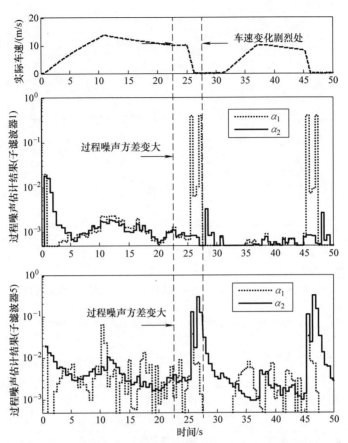

图 4-62 过程噪声估计器的估计结果（高附路面仿真实验）

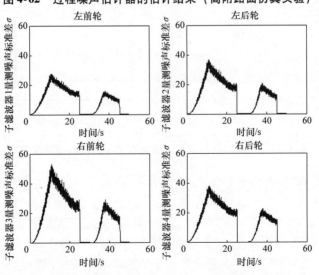

图 4-63 量测噪声估计器的估计结果（高附路面仿真实验）

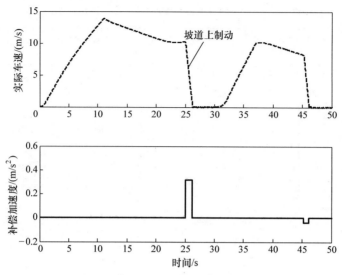

图4-64 坡度角补偿模块的估计结果（高附路面仿真实验）

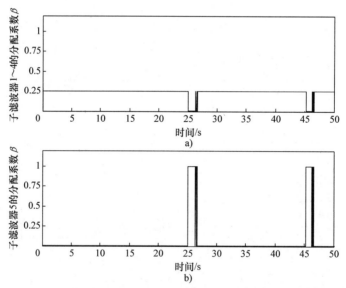

图4-65 子滤波器的信息分配系数 β（高附路面仿真实验）

2）低附路面仿真结果。图4-66为低附路面上，仿真得到的纵向车速估计器估计结果。

可以看到，本书所设计的纵向车速估计器在低附路面上也能表现良好，其估计的误差如图4-66b所示。最大估计绝对误差为0.3341m/s，略大于高附路面的仿真结果。图4-67是过程噪声估计器在低附路面下的估计结果，由于低附路面使得车辆的最大减速度受到限制，因而车速变化强度不如高附路面强烈，使得

第4章 基于多信息与多方法融合的纵向车速估计方法

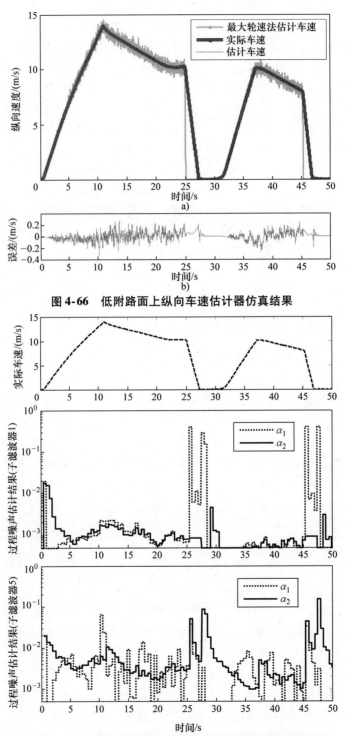

图4-66 低附路面上纵向车速估计器仿真结果

图4-67 过程噪声估计器的估计结果（低附路面仿真实验）

估计结果中的过程噪声方差略小于高附路面下的过程噪声方差，这与理论预测也一致。其他仿真结果，包括坡度角补偿结果、量测噪声变化情况以及信息分配系数等由于篇幅有限，不再一一叙述。其仿真结果与高附路面下的仿真结果相似。

综上所述，本书所设计的纵向车速估计器能够从仿真层面验证成功。基于联邦滤波算法使得该估计器能够滤除噪声并融合纵向加速度传感器克服轮胎大滑移率所带来的估计困难，估计结果能为主动安全控制所用。表 4-10 所示为该纵向车速估计器的估计误差以及与传统的最大轮速法进行对比。

表 4-10　纵向车速估计器的估计误差表

路面环境 估计精度	高附着系数路面 ($\mu = 0.9$)		低附着系数路面 ($\mu = 0.5$)	
	最大轮速法	联邦滤波算法	最大轮速法	联邦滤波算法
最大绝对误差	9.1243m/s	0.3319m/s	9.6415m/s	0.3341m/s
误差标准差	0.9521m/s	0.0628m/s	1.3298m/s	0.0636m/s

2. 实验实例

在实车实验完成后，通过记录文件可以离线导出实际量测到的传感器数据。图 4-68 所示为有坡度角的低附路面紧急制动实验传感器数据图。

从图 4-68 中可以看到，当车辆在沙地上进行紧急制动时，由于路面附着系数较低，后轮轮边速度瞬间降低至零，即存在车轮抱死的现象。此时，传统的基于轮速的纵向车速估计算法将失效。当车辆停止时（19~20s），纵向加速度值偏置了约 $1m/s^2$，这是由于车辆停在了有坡度角的路面上，重力使加速度计的输出产生偏差。需要注意的是，这里只给出了比较有代表性的有坡度角低附路面实验记录数据。

（1）高附路面离线数据验证估计结果　图 4-69 和图 4-70 为高附路面下，无坡度和有坡度道路环境下的实车实验数据离线验证结果。图中红色细线为本书所设计的纵向车速估计器所得到的估计结果；淡黑色细线为最大轮速法所得到的估计车速结果；深黑色粗线为 GPS 导航仪所测得的纵向车速参考值。同时，还给出了车速误差图，红色细线为本书所设计的纵向车速估计器的估计误差；淡黑色细线为最大轮速法所产生的估计误差。从图 4-70 中可以得到，在平坦高附路面上基于联邦滤波算法的估计车速最大绝对误差为 0.4062m/s；而传统的最大轮速法的最大绝对误差为 0.7620m/s。这主要是由于基于轮速信号的最大轮速法受轮速噪声的影响而造成估计精度降低。而本书使用联邦卡尔曼滤波器并结合事先用小波分析得到的量测噪声估计器去滤除轮边速度中的噪声，降低了轮速噪声对估计器的污染影响从而提高了估计精度。

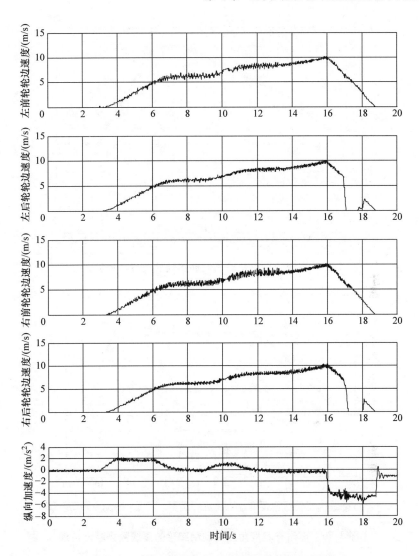

图 4-68　有坡度角的低附路面实验数据记录图

图 4-70 是在校园内坡道上的实验结果。可以看到，联邦滤波估计器可以克服坡度影响，得到理想的车速值；而最大轮速法则深受轮速噪声信号污染，估计精度较低。纵向车速估计器最大绝对误差值为 0.3635m/s；最大轮速法最大绝对误差为 0.7634m/s。此外值得一提的是，由于本书所使用的研究平台处于样车开发阶段，其较弱的最大制动能力无法使轮胎在高附路面上形成很大的轮胎滑移率，因此最大轮速法仍然可以得到较好的估计效果。

（2）低附路面离线数据验证估计结果　低附路面无坡度和有坡度道路的实验结果如图 4-71 和图 4-72 所示。从图 4-71 可以看到，当车辆在低附的沙地路

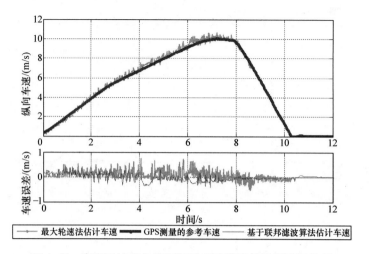

图 4-69　高附无坡度角路面制动实验的离线数据验证结果

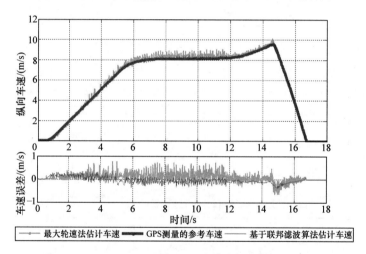

图 4-70　高附有坡度角路面制动实验的离线数据验证结果

面上制动时，轮胎会出现较大的滑移现象。并且当地面无法提供足够附着力时，轮胎会发生抱死现象。此时，若四个车轮均出现大滑移率或抱死现象则最大轮速法将失去估计能力，无法表征出纵向车辆速度这一重要参数。在图 4-71 中可以看到，纵向车速估计器最大绝对误差值为 0.4392m/s；而最大轮速法的最大绝对误差飙升至 1.1916m/s，难以满足主动安全控制的需要。

图 4-72 是图 4-71 的局部放大图（13～15s）。在图 4-72 中的 14s 附近可以看到，此时由于四个车轮的轮边速度均受大滑移率的影响，没有一个车轮的轮边速度可以继续表征车速值，因此最大轮速计算方法在此类工况下将失去功能。

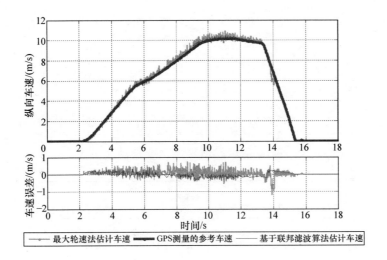

图 4-71 低附无坡度角路面制动实验的离线数据验证结果

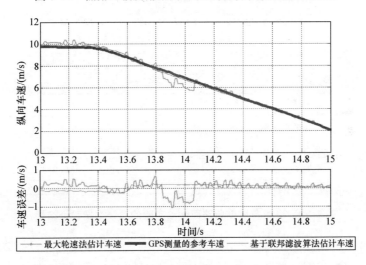

**图 4-72 低附无坡度角路面制动实验的离线数据验证结果
（13~15s 放大图）**

图 4-73 是低附有坡度道路上的制动实验结果，其估计结果的最大绝对误差为 0.4033m/s；最大轮速法的最大绝对误差为 0.6764m/s。由于此时在坡道上制动，出现了后轮抱死、前轮未抱死现象。因此最大轮速法没有出现如图 4-71 所示的巨大误差。

综上所述，本书所设计的纵向车速估计器能够在高低附平坦路面或高低附

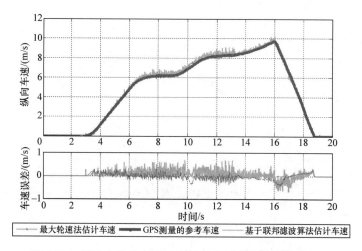

图 4-73 低附有坡度角路面制动实验的离线数据验证结果

坡道上准确实时地估计出纵向车速值，最大绝对误差约为 0.44m/s，误差降低 40% 以上。基本满足分布式驱动电动汽车的主动安全控制系统的控制需求，为实现主动安全控制打下坚实的基础。表 4-11 所示为估计算法的误差总结表。

表 4-11 离线数据验证实验估计误差总结表

实验工况		估计算法	最大轮速法		联邦卡尔曼滤波算法		误差降低比率[1]
高附着系数路面	无坡度角	最大绝对误差/(m/s)	0.7620	最大绝对误差	0.4062		46.69%
		平均绝对误差/(m/s)	0.1352	平均绝对误差	0.1026		24.11%
	有坡度角	最大绝对误差/(m/s)	0.7634	最大绝对误差	0.3635		52.38%
		平均绝对误差/(m/s)	0.1348	平均绝对误差	0.0890		33.98%
低附着系数路面	无坡度角	最大绝对误差/(m/s)	1.1916	最大绝对误差	0.4392		63.14%
		平均绝对误差/(m/s)	0.1230	平均绝对误差	0.0915		25.61%
	有坡度角	最大绝对误差/(m/s)	0.6764	最大绝对误差	0.4033		40.38%
		平均绝对误差/(m/s)	0.1272	平均绝对误差	0.0780		38.68%

[1] 误差降低比率 =（最大轮速法误差 − 联邦滤波算法误差）/最大轮速法误差

4.4.6 基于自适应 UKF 滤波的两级分布式纵向车速估计方法

1. 仿真实例

（1）驱动工况仿真　在四驱混合动力模式下，进行转向盘角阶跃输入仿真。在附着系数为 0.9 的路面上，轿车从较低的车速直线加速，当得到目标车速 110km/h 后，以 300（°）/s 的速度转动转向盘到 45°。仿真结果如图 4-74 所示。

第 4 章 基于多信息与多方法融合的纵向车速估计方法

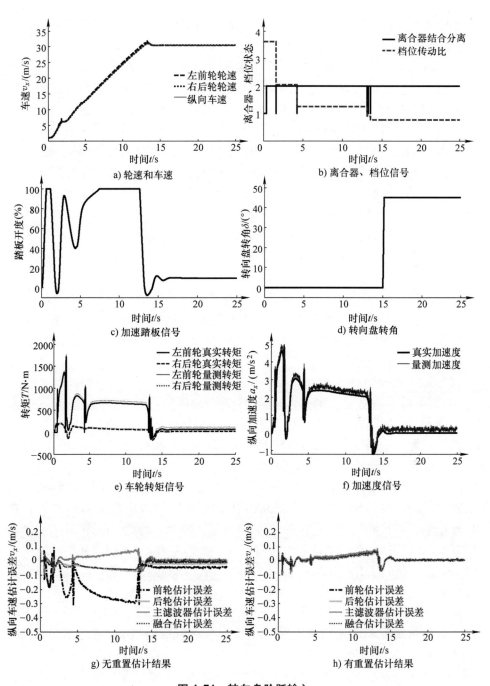

图 4-74 转向盘阶跃输入

从图 4-74 可以看出，车辆在加速到目标车速后，突然转动转向盘至 45°。图 4-74b 中，离合器状态为 1 表示分离，状态为 2 表示结合。加速过程中，变速器传动比不断降低，离合器状态也不断切换，传递到车轮的转矩在离合器切换前后会急剧变化，车辆加速度也相应改变。

量测转矩和车轮实际所受转矩存在偏差。仿真时，将车轮所受真实转矩加上一个噪声干扰，然后再经过低通滤波器滤波，得到的结果看成量测转矩。对于前轮，加入的干扰是均值为 50N·m、均方差为 20N·m 的白噪声；对于后轮，认为轮毂电机量测的转矩较可靠，因此加入的干扰是均值为 20N·m、均方差为 10N·m 的白噪声。图 4-74e 为左前轮和右后轮的真实转矩和量测转矩。

量测加速度和实际加速度存在偏差。仿真时，将车辆真实加速度加上一个噪声干扰，然后再经过低通滤波器滤波，得到的结果看成量测加速度。加入的干扰是均值为 $0.2m/s^2$、均方差为 $0.4m/s^2$ 的白噪声。图 4-74f 为真实加速度和量测加速度。另外，图中还有由量测转矩计算得到的车辆加速度。

从图 4-74g 和图 4-74h 可以看出，车辆档位切换过程中，特别是变速器档位变化比较大时，前轮子滤波器估计精度降低。但后轮为轮毂电机驱动，不存在换档冲击，轮胎滑移率较小。主滤波器融合各子滤波器估计值，最终估计结果精度仍然较高。在车辆开始转向后，由于车辆横摆运动和侧向运动对车辆纵向运动的影响，子滤波器出现估计偏差，但主滤波器降低了各子滤波的估计偏差，使得最终估计偏差较小。

（2）制动工况仿真

1) 高附着系数路面中度制动。高附着系数路面进行中度制动，车轮没有出现抱死倾向，车轮需求液压转矩和车轮实际液压转矩基本一致。纵向车速估计器取得了理想的结果。对比图 4-75g 和图 4-75h 可以发现，用主滤波器估计结果对子滤波进行滤波重置，可以提高估计精度。

2) 湿滑路面 ABS 制动。湿滑路面附着系数为 0.4，在此路面上进行重度制动会触发 ABS。在 ABS 启动前，需求液压转矩和实际液压转矩基本一致；在 ABS 启动后，需求液压转矩和实际液压转矩差别很大。为此，采用 ABS 启动前的需求液压转矩作为车速估计算法的输入量，如图 4-76e 和图 4-76f 所示。从图 4-76g 和图 4-76h 可知，当液压转矩增大时，估计器的效果下降，但依然取得较好的结果。

3) 冰雪路面 ABS 制动。冰雪路面附着系数在 0.2 以下，在此路面进行重度制动，其仿真情况和湿滑路面类似。制动后很快就触发 ABS，防止车轮抱死。由图 4-77h 可知，车速估计精度总体较好，但由于冰雪路面附着系数很低，估计器的估计效果没有在其他路面上的估计效果好。针对冰雪路面的车速估计算法，仍有待进一步研究。

2. 实验实例

在四驱混合动力轿车硬件在环仿真实验台架上进行 ABS 工况下自适应纵向

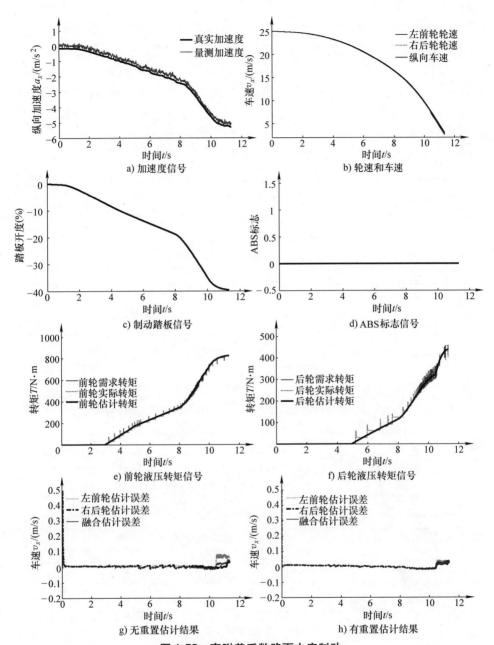

图 4-75　高附着系数路面中度制动

车速估计实验验证,包括湿滑路面 ABS 制动和冰雪路面 ABS 制动。算法所需的加速度和转矩信号均按照本书方法处理获得。

(1) 湿滑路面 ABS 制动　湿滑路面峰值附着系数在 0.4 左右。图 4-78 为实验结果,当进行紧急制动时,轮速会迅速下降,进而触发 ABS,车轮转速出现

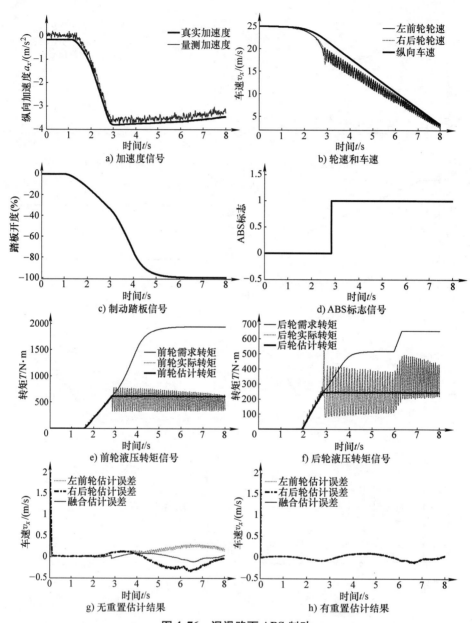

图 4-76 湿滑路面 ABS 制动

波动。图 4-78h 中，Box 车速为 MicroAutoBox 运行结果，EABS 车速为 EABS 运行结果。显然，EABS 车速和 Box 车速基本相等并且估计误差较小。因此可以推断 EABS 控制器能够实时运行估计算法。由图 4-78e 和图 4-78f 可知，轮毂电机参与了制动。由图 4-78c 和图 4-78d 可以发现，计算的液压制动转矩与真实液压制动转矩差距较大，液压制动转矩计算方法仍有待提高。

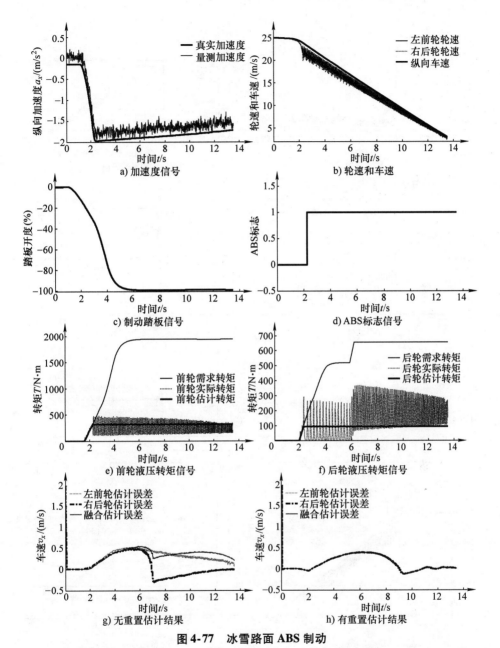

图 4-77 冰雪路面 ABS 制动

（2）冰雪路面 ABS 制动 冰雪路面峰值附着系数在 0.2 以下，图 4-79 为冰雪路面台架实验结果。车速估计结果如图 4-79h 所示，估计误差没有出现持续发散情况，并且估计精度较高。但是，相对于附着系数较高的路面，车速估计误差明显增大。可能的原因有：

1）冰雪路面峰值附着系数低，制动减速度小，加速度传感器的信噪降低。

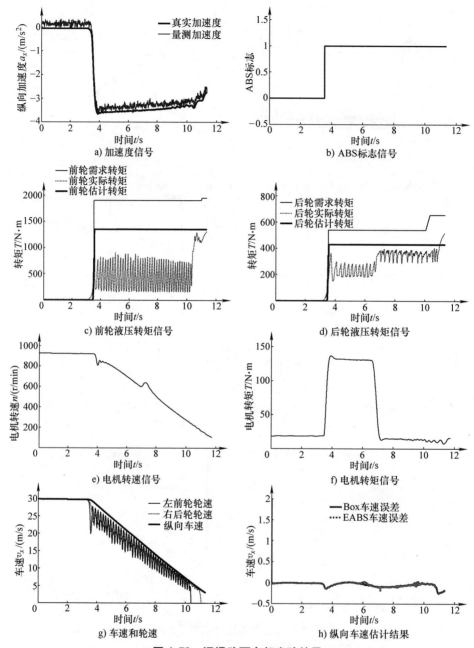

图 4-78 湿滑路面台架实验结果

2)需求液压制动转矩和实际液压制动转矩的差别会相对增大。

3)冰雪路面的轮胎模型有待进一步改进。

第4章 基于多信息与多方法融合的纵向车速估计方法

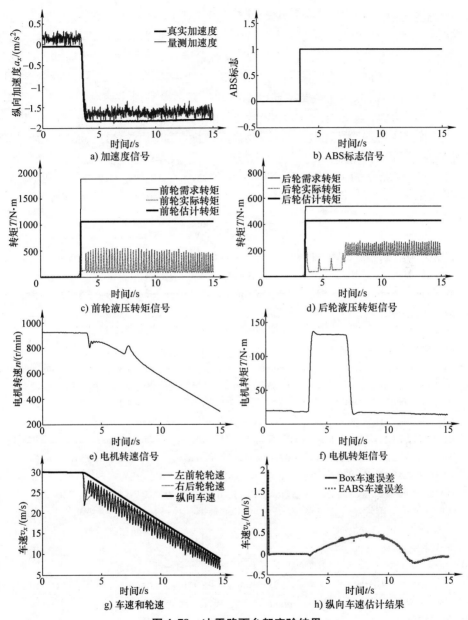

图 4-79 冰雪路面台架实验结果

4.5 本章小结

本章对基于多信息与多方法融合的纵向车速估计方法进行了研究。采用运动学方法建立卡尔曼滤波器，利用 GPS 提供的较为准确的车速和航向角信息对

INS 的偏差进行修正，并结合四轮轮速信息对纵向车速和质心侧偏角进行估计，并通过 GPS 量测噪声方差的自适应估计提高卡尔曼滤波算法精度。同时提出了基于误差加权的运动学与动力学估计结果融合算法，利用运动学与动力学估计方法具有互补特性的误差特征对两种方法的质心侧偏角估计结果进行融合，以进一步提高车辆状态估计精度。通过本章的研究，得到以下结论：

1）利用 GPS 提供的较为准确的车速和航向角信息可以对 INS 的偏差进行修正，得到修正后的车辆横摆角速度以及纵向、横向加速度信号。通过结合电机控制器提供的四轮轮速信息，可以得到对纵向车速以及车辆质心侧偏角的估计结果。

2）利用 GPS 与 INS 具有互补性质的误差特性，可以对 GPS 的量测噪声方差进行自适应估计，从而提高卡尔曼滤波器中量测噪声协方差矩阵的精度。

参 考 文 献

[1] ZHAO Z, CHEN H, YANG J, et al. Estimation of the Vehicle Speed in the Driving Mode for a Hybrid Electric Car Based on an Unscented Kalman Filter [J]. Proceedings of the Institution of Mechanical Engineers, Part D: Journal of Automobile Engineering, 2014: 0954407014546918.

[2] 戴一凡. 分布式电驱动车辆纵横向运动综合控制 [D]. 北京：清华大学, 2013.

[3] 褚文博, 李深, 江青云. 基于多信息融合的全轮独立电驱动车辆车速估计 [J]. 汽车工程, 2011, 33 (11)：962-966.

[4] LI L, SONG J, KONG L, et al. Vehicle Velocity Estimation for Real-time Dynamic Stability Control [J]. International Journal of Automotive Technology, 2009, 10 (6)：675-685.

[5] 郭孔辉, 刘青. 稳态条件下用于车辆动力学分析的轮胎模型 [J]. 汽车工程, 1998, 20 (3)：129-134.

[6] BE K W, KOBAYASHI K Z, CHEOK K C. Absolute Speed Measurement of Automobile from Noisy Acceleration and Erroneous Wheel Speed Information [C]. SAE, 1992-92-0644.

[7] ANTON T. VAN ZANTEN. Bosch ESP System: 5 Years of Experience [C]. SAE Automotive Dynamics & Stability Conference, Troy, Michigan. SAE 2000-01-1633.

[8] 高晓杰. 行驶极限工况下汽车质心侧偏角的非线性估计 [D]. 上海：同济大学, 2008.

[9] 秦永元, 洪钺, 自动化技术研究者, 等. 卡尔曼滤波与组合导航原理 [M]. 西安：西北工业大学出版社, 1998.

[10] 赵琳. 非线性系统滤波理论 [M]. 北京, 国防工业出版社, 2012.

[11] JULIER S J, UHLMANN J K. A New Approach for Filtering Nonlinear System [C]. Proc. of the 1995 American Control Conference. 1995：1628-1632.

[12] JULIER S J, UHLMANN J K. A New Extension of the Kalman Filter to Nonlinear System [C]. The 11th Int Symposium on Aerospace/Defense Sensing, Simulation and Controls. Orlando, 1997：54-65.

[13] 傅惠民, 吴云章, 娄泰山, 等. 自校准 Kalman 滤波方法 [J]. 航空动力学报, 2014 (06)：1363-1368.

[14] 赵治国, 杨杰, 陈海军, 等. 四驱混合动力轿车驱动工况无迹卡尔曼车速估计 [J]. 机械工程学报, 2015, 51 (4)：96-107.

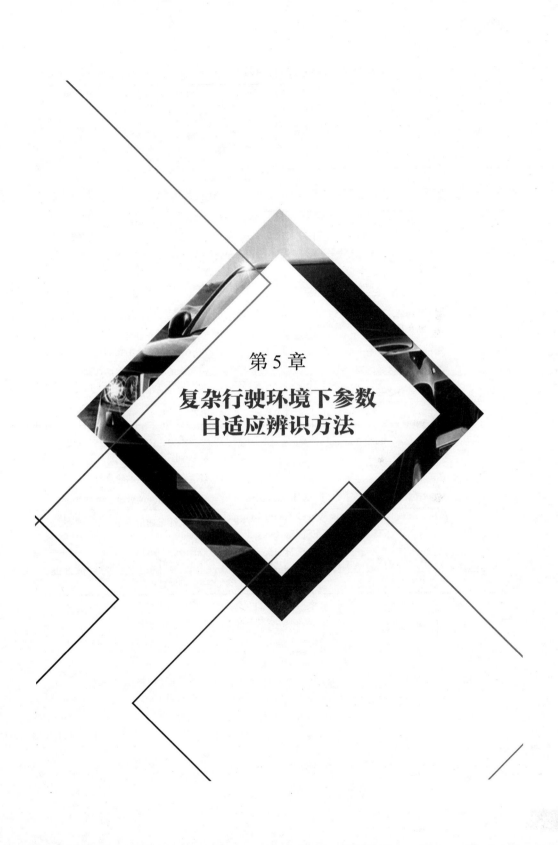

第 5 章

复杂行驶环境下参数自适应辨识方法

主要符号对照表

F_x	纵向驱动力	b	时间偏移量
m	车辆的质量	$\delta(t)$	噪声信号
$\dot{v}_x$	车辆行驶加速度	$\varphi_a(t)$	小波函数
ρ	空气密度	$W_\delta(a,t)$	小波变换后噪声分量变换所得的小波系数
C_d	风阻系数		
A	迎风面积	$Med(\cdot)$	中值函数
a_x	车辆纵向加速度	$\hat{\sigma}$	估计的量测噪声标准差
θ	路面坡度	L_f	车辆质心到前轴的距离
f	路面滚阻系数	L_r	车辆质心到后轴的距离
$\hat{m}$	整车质量的估计值	L	质心离地高度
k	当前的采样时刻	F_{zf}	前轮法向力
P	误差协方差阵	F_{zr}	后轮法向力
Q	过程噪声方差矩阵	F_{zfb}	力平衡的状态下前轮的法向力
R	量测噪声方差矩阵	F_{zrb}	力平衡的状态下后轮的法向力
$F_{x,sum}$	轮胎纵向力之和	ΔF_{zf}	载荷转移造成的前轮法向力变化量
F_{grade}	坡度阻力	ΔF_{zr}	载荷转移造成的后轮法向力变化量
F_{aero}	空气阻力	K_f	前悬架刚度
y	纵向驱动力	K_r	后悬架刚度
λ	遗忘因子	ΔX_{zf}	载荷转移造成的前轮悬架位移量
Θ	参数空间	ΔX_{zr}	载荷转移造成的后轮悬架位移量
$L(\theta)$	似然函数	a_{xest}	纵向估计车速值的求导,即纵向加速度估计值
$\ln(\cdot)$	自然对数函数		
$\widetilde{X}_{k,k-1}$	状态量的估计误差	α_{fix}	紧急工况时不变的路面坡度角
a	尺度因子	$delay$	一个时间延迟

在第 2~4 章中，已经搭建完成了纵向车速、质心侧偏角、路面附着系数估计器。但在实际使用过程中，估计器需要有一定的自适应性，主要包括估计器参数能自适应调整、对传感器环境变化能具有自适应性等。本书对整车质量和轮胎侧偏刚度进行实时估计以校准估计器中模型参数，还针对过程噪声方差矩阵 Q 和量测噪声方差矩阵 R 进行估计和自适应调整，对路面坡度角和车身俯仰角对加速度计造成的影响估计出来并进行补偿。

5.1 质量估计方法

5.1.1 基于高频信息提取的整车质量估计方法

整车质量（本书以下所述的质量，均特指整车质量）影响着车辆控制系统的设计，准确的质量估计值将会改善 ABS/ESP/ACC/HAC 等主动安全辅助控制器的控制效果[1]。但一般的质量估计算法都与路面坡度耦合在一起，使得质量估计精度受制于路面坡度观测精度，往往估计精度较差，收敛速度较慢。

本书提出了一种全新的利用分布式电驱动车辆的结构特点对质量进行估计的方法。该方法在进行质量估计时，将质量与坡度解耦，在精度和收敛速度方面都有提高。图 5-1 为本书所设计的质量估计算法结构。

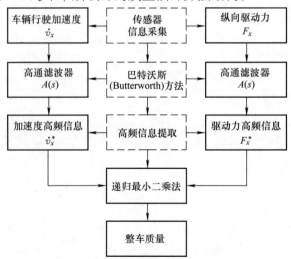

图 5-1 整车质量估计子系统算法结构

1. 纵向动力学模型分析

车辆纵向加速度是由驱动力、滚阻、风阻、坡道阻力综合作用引起的，如图 5-2 所示。车辆的纵向动力学模型可以简化为如式（5-1）所示。

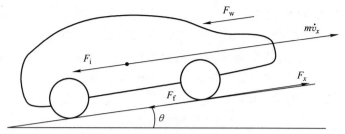

图 5-2 纵向动力学模型示意图

$$F_x = m\dot{v}_x + \frac{1}{2}\rho C_d A v_x^2 + mg(\sin\theta + f\cos\theta) \tag{5-1}$$

式（5-1）中，F_x 为纵向驱动力；m 为车辆的质量；$\dot{v}_x$ 为车辆的纵向加速度；ρ 为空气密度；C_d 为风阻系数；A 为迎风面积；v_x 为车辆的纵向速度；g 为重力加速度；θ 为路面坡度；f 为路面滚阻系数。

将式（5-1）对加速度进行微分，得到式（5-2）。

$$\frac{dF_x}{d\dot{v}_x} = m + \rho C_d A v_x \frac{dv_x}{d\dot{v}_x} + mg(\cos\theta - \sin\theta)\frac{d\theta}{d\dot{v}_x} \tag{5-2}$$

本方法在进行坡度估计时，假设坡度变化较小，与车辆行驶加速度并不直接相关，且坡度的变化是随机的，因此坡度对加速度的微分为式（5-3）所示。

$$\frac{d\theta}{d\dot{v}_x} \doteq 0 \tag{5-3}$$

驱动电机的驱动力矩变化频率一般较高，而在驱动力变化率较大时，行驶加速度的变化率要远大于速度的变化率。因此，与行驶加速度的微分信号相比，可以认为速度的微分信号是很小的量，如式（5-4）所示。

$$\frac{dv_x}{d\dot{v}_x} \doteq 0 \tag{5-4}$$

由式（5-3）和式（5-4）知，当驱动力变化频率较高时，式（5-2）可以简化为

$$m \doteq \frac{dF_x}{d\dot{v}_x} \tag{5-5}$$

由式（5-5）得知，当驱动力的变化较大时，可以忽略掉风阻、滚阻和路面坡度对质量估算的影响。采用式（5-5）可以得到车辆在行驶过程中每一时刻的整车质量，其近似等于驱动力信息与对加速度信息求微分。

2. 滤波器设计

通过频率分析可知，纵向驱动力对行驶加速度的微分可以近似为二者的高频信息之比。因此，可通过对二者进行高通滤波得到高频信息，进而得到所求微分。

本方法对高通滤波器的主要要求是滤除风阻、滚阻和路面坡度等低频部分的影响。截止频率 f_L 选择过低,则无法剔除路面坡度和风阻的影响,f_L 过高,则滤除了过多的信息,需要根据不同的车型综合考虑设计截止频率。本书用实验方法得到了合适的截止频率,并采取 Butterworth 方法设计带通滤波器[2]。高通滤波器的传递函数为式 (5-6)。

$$A(s) = \frac{bs^2}{s^2 + a_1 s + a_o} \tag{5-6}$$

通过对行驶加速度信号 $\dot{v}_x$ 和驱动力信号 F_x 进行高通滤波,得到了行驶加速度的高频信息 $\dot{v}_x^*$ 和驱动力的高频信息 F_x^*。由于是用同一个滤波器进行滤波,高通滤波器原理可以得到式 (5-7)。

$$\frac{\mathrm{d}F_x}{\mathrm{d}\dot{v}_x} \doteq \frac{F_x^*}{\dot{v}_x^*} \tag{5-7}$$

联立式 (5-5) 和式 (5-7),可以得到估计质量的基本公式 (5-8)。

$$m \doteq \frac{F_x^*}{\dot{v}_x^*} \tag{5-8}$$

3. 最小二乘估计算法设计

实际信号的噪声一般较大,直接运用式 (5-8) 进行整车质量估计,受加速度和驱动力噪声影响较大,可能使得观测结果变差。因此无法直接应用,需要对所得到的结果进行回归处理。

令 $y = F_x^*$ 和 $\phi = \dot{v}_x^*$,式 (5-8) 变为式 (5-9)。

$$y = \phi \hat{m} \tag{5-9}$$

其中,$\hat{m}$ 为整车质量的估计值。该问题可以用最小二乘法[3]进行求解,在线性系统中,相当于找到参数 $\hat{m}(k)$ 使得函数 $V(\hat{m}(k), k)$ 取得极小值。其中,k 为当前的采样时刻。

$$V(\hat{m}(k), k) = \frac{1}{2} \sum_{i=1}^{k} (y(i) - \phi(i)\hat{m}(k))^2 \tag{5-10}$$

当式 (5-11) 取得极小值时,有

$$\hat{m}(k) = \left(\sum_{i=1}^{k} \phi(i)^2\right)^{-1} \left(\sum_{i=1}^{k} \phi(i)y(i)\right) \tag{5-11}$$

从式 (5-11) 可以得知,随着 k 的增加,$\hat{m}(k)$ 的计算量将不断增加。由于车辆的整车质量估计是实时进行的,所以在实际应用时采用了递归最小二乘法 (Recursive Least Squares, RLS) 估计质量,也就是利用当前采样时刻的量测值对上一采样时刻的估计值进行修正。RLS 算法为式 (5-12)~式(5-14) 所示。

$$\hat{m}(k) = \hat{m}(k-1) + L(k)(y(k) - \phi(k)\hat{m}(k-1)) \tag{5-12}$$

$$L(k) = P(k-1)\phi(k)(1 + \phi(k)P(k-1)\phi(k))^{-1} \tag{5-13}$$

$$P(k) = (1 - L(k)\phi(k))P(k-1) \tag{5-14}$$

式（5-12）~式（5-14）中，k 表示当前采样时刻、$k-1$ 表示上一采样时刻。通过式（5-12）可以估计各时刻的整车质量，式（5-13）计算的是最小二乘增益 L，式（5-14）是对误差协方差 P 的更新。

5.1.2 对纵向坡度鲁棒的基于轮胎纵向力信息的整车质量估计方法

1. 轮胎纵向力估计

基于车轮动力学模型直接计算轮胎纵向力，车轮动力学模型如图 5-3 所示。车轮动力学模型的微分方程为

$$\dot{\omega}_w = -\frac{R_e}{I_w}F_x + \frac{T_m - T_b - T_f}{I_w} \tag{5-15}$$

其中，滚动阻力矩 $T_f = eF_z = f_r R_e F_z$，f_r 是滚动阻力系数；驱动工况下，制动力矩 $T_b = 0$。

对于轮边驱动电动汽车而言，轮速 ω_w 和电机力矩 T_m 都是已知的，理论上，可以直接对轮速进行微分，再套用式（5-7）计算轮胎纵向力

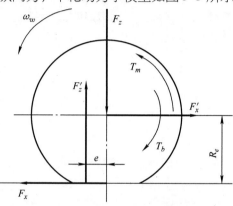

图 5-3 车轮动力学模型

F_x。但是，轮速信号有噪声，因此进行微分之前必须对信号进行滤波。

最直接的选择是用一阶延迟环节 $1/(1+\tau s)$ 对轮速信号进行滤波，但这个过程中带来的延迟可能对结果产生影响。此外，轮边驱动电动汽车的轮速信号的噪声是随轮速发生变化的。如果要在轮速变化时保持一致的滤波效果，一阶延迟环节的时间常数也应该是时变的，但时间常数和滤波效果之间的关系需要依赖大量实验得到。

因此，考虑用卡尔曼滤波器（Kalman Filter，KF）对轮速信号进行滤波。卡尔曼滤波器在滤波过程中也会带来信号的延迟，但是卡尔曼滤波器工作时存在一个"预估"的过程，因此理论上可以通过合理调整滤波器参数，将延迟控制在可接受的范围内。此外，轮速信号噪声随轮速发生变化的问题，可以通过采用时变的量测噪声协方差矩阵来解决。

轮速信号用一个二阶随机游走（Random Walk）过程来建模：

$$\mathbf{x}_k = \mathbf{A}\mathbf{x}_{k-1} + \mathbf{v}_{k-1}, \mathbf{A} = \begin{bmatrix} 1 & T_s \\ 0 & 1 \end{bmatrix} \tag{5-16}$$

$$y_k = \mathbf{C}\mathbf{x}_k + n_k, \mathbf{C} = \begin{bmatrix} 1 & 0 \end{bmatrix}$$

其中 $\mathbf{x} = [\omega_w, \dot{\omega}_w]^T$，$\mathbf{v}_k$ 和 n_k 分别是过程噪声和量测噪声，其协方差矩阵为

$Q = E[\boldsymbol{v}_k \boldsymbol{v}_k^T]$ 和 $R = E[n_k n_k^T]$，对轮速量测信号进行校正。使用卡尔曼滤波器的另一个好处是估计出系统状态后，不必进行微分就可以得到轮加速度 $\dot{\omega}_w$。

卡尔曼滤波器的实现形式如下。

$$\hat{\boldsymbol{x}}_0 = E[\boldsymbol{x}], \boldsymbol{P}_0 = E[(\boldsymbol{x} - \hat{\boldsymbol{x}}_0)(\boldsymbol{x} - \hat{\boldsymbol{x}}_0)^T]$$
$$\hat{\boldsymbol{x}}_k^- = \boldsymbol{A}\hat{\boldsymbol{x}}_{k-1}$$
$$\boldsymbol{P}_k^- = \boldsymbol{A}\boldsymbol{P}_{k-1}\boldsymbol{A}^T + \boldsymbol{Q}$$
$$\boldsymbol{K}_k = \boldsymbol{P}_k^- \boldsymbol{C}^T (\boldsymbol{C}\boldsymbol{P}_k^- \boldsymbol{C}^T + \boldsymbol{R}_k)^{-1} \tag{5-17}$$
$$\hat{\boldsymbol{x}}_k = \hat{\boldsymbol{x}}_k^- + \boldsymbol{K}_k(y_k - \boldsymbol{C}\hat{\boldsymbol{x}}_k^-)$$
$$\boldsymbol{P}_k = (\boldsymbol{I} - \boldsymbol{K}_k \boldsymbol{C})\boldsymbol{P}_k^-$$

其中，量测噪声的统计规律是与轮速信号有关的，因此 R 不是一个定值，而应根据当时的轮速进行设置。根据对实车实验中测得的轮速信号的噪声进行分析的结果，在仿真中，给仿真车辆模型的轮速信号 $\omega_{w,actual}$ 加入标准差为 $0.05\omega_{w,actual}$ 的高斯白噪声，再传递给卡尔曼滤波器作为量测信号；相应地，设置 $R_k = (0.05\hat{x}_{2,k}^-)^2$，其中 $\hat{x}_{2,k}^-$ 指的是向量 $\hat{\boldsymbol{x}}_k^-$ 的第二个元素。设置卡尔曼滤波器中 $Q = diag(1, 50)$，采样时间 $T_s = 0.01s$。

此外，作为对比，用一阶延迟环节 $1/(1+0.35s)$ 对轮速信号进行滤波。在某加速双移线工况下，用两种滤波方法对轮速信号进行滤波，左前轮轮速的滤波结果如图 5-4 所示。图中给出的轮速参考值是加入白噪声之前的值，可以看到卡尔曼滤波器得到的轮速信号的跟随性要优于延迟环节。

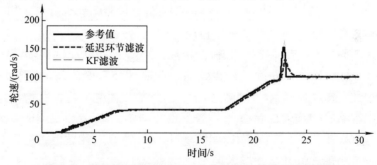

图 5-4 某加速双移线工况下左前轮轮速信号的滤波结果

我们更关心的是如何获得轮加速度信号的跟随性和噪声大小。用一阶延迟环节滤波后的轮速进行微分得到轮加速度，与用卡尔曼滤波器得到的轮加速度进行对比，左前轮的结果如图 5-5 所示。与用延迟环节加微分环节获得的轮加速度相比，卡尔曼滤波器估计出的轮加速度不仅噪声更小，而且跟随性更好。

根据式（5-17），可得轮胎纵向力的计算公式为

$$F_x = \frac{T_m - T_b - f_r R_e F_z - I_w \dot{\omega}_w}{R_e} \tag{5-18}$$

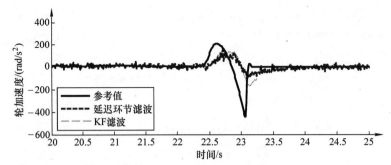

图 5-5 某加速双移线工况下得出的左前轮轮加速度（20~25s）

用下面的公式近似计算各车轮载荷：

$$F_{x,sum} = (F_{x,fl} + F_{x,fr})\cos\delta + F_{x,rl} + F_{x,rr} \tag{5-19}$$

$$\begin{aligned}F_{z,fl} &= \frac{mgb - F_{x,sum}h_g}{2(a+b)} - \frac{k_{rs}}{k_{rs}+1}\frac{ma_y h_g}{B_f} \\ F_{z,fr} &= \frac{mgb - F_{x,sum}h_g}{2(a+b)} + \frac{k_{rs}}{k_{rs}+1}\frac{ma_y h_g}{B_f} \\ F_{z,rl} &= \frac{mga + F_{x,sum}h_g}{2(a+b)} - \frac{1}{k_{rs}+1}\frac{ma_y h_g}{B_r} \\ F_{z,rr} &= \frac{mga + F_{x,sum}h_g}{2(a+b)} + \frac{1}{k_{rs}+1}\frac{ma_y h_g}{B_r}\end{aligned} \tag{5-20}$$

其中，k_{rs} 是前轴与后轴的侧倾角刚度之比。计算纵向轮胎力之和时，忽略了轮胎侧向力在 x 轴方向上的分量。

根据式（5-18）~式（5-20），在已知整车质量时，就可以利用之前得到的轮加速度估计轮胎纵向力。左前轮轮胎纵向力的估计结果如图 5-6 和图 5-7 所示。随着轮速的升高，用延迟环节加微分环节获得轮加速度，再计算出来的轮胎纵向力的噪声有明显的增大；而由于卡尔曼滤波器中的 R 会随轮速的变化自适应调整，用卡尔曼滤波得到的轮加速度的噪声相对稳定，计算得到的轮胎纵向力的噪声也没有随轮速的升高而增大。

根据以上的仿真结果可知，用卡尔曼滤波器更容易处理噪声特征时变的轮速信号，因此本书用卡尔曼滤波器处理轮速信号，并用所得的轮加速度计算轮胎纵向力。

2. 基于轮胎纵向力信息的整车质量估计

忽略横摆角速度和横向车速，则车辆纵向动力学可以表示成

$$\dot{v}_x = \frac{F_{x,sum} - F_{grade} - F_{aero}}{m} = \frac{F_{x,sum} + mg\sin\Theta - \frac{1}{2}C_d\rho A v_x^2}{m} \tag{5-21}$$

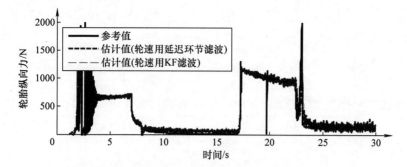

图 5-6 某加速双移线工况下左前轮轮胎纵向力的估计结果

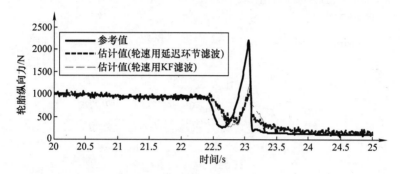

图 5-7 某加速双移线工况下左前轮轮胎纵向力的估计结果（20~25s）

其中，$F_{x,sum}$ 为轮胎纵向力之和；F_{grade} 是坡度阻力；F_{aero} 是空气阻力。而加速度计测得的加速度信号为

$$a_{x,sensor} = \dot{v}_x - g\sin(\Theta + \theta) \tag{5-22}$$

采用小角度近似 $\sin\Theta = \Theta$，合并式（5-21）和式（5-22），消去 $\dot{v}_x$，则

$$a_{x,sensor} = \frac{F_{x,sum} - F_{aero}}{m} - g\theta \tag{5-23}$$

对式（5-23）进行求解即可得到整车质量，且由于式中不含纵坡角 Θ，因此这种计算方法对纵坡角是鲁棒的。实际应用中，考虑到加速度计的量测信号存在噪声，用卡尔曼滤波器对质量进行估计。

采用一阶随机游走模型

$$\begin{aligned} x_k &= Ax_{k-1} + v_{k-1}, \quad A = 1 \\ y_k &= Cx_k + n_k, \quad C = F_{x,sum} - F_{aero} \end{aligned} \tag{5-24}$$

其中，$x = 1/m$；v_k 和 n_k 分别是过程噪声和量测噪声，其方差分别为 Q 和 R；量测量消除了俯仰角对纵向加速度影响。

纵向加速度和俯仰角之间存在如下大致的静态关系。

$$\theta = k_p a_{x,sensor} \tag{5-25}$$

其中，k_p 可以通过实验拟合得到。对于 veDYNA 车辆模型，k_p 约为 $-0.0042\text{rad}\cdot\text{s}^2/\text{m}$。

将式（5-24）代入式（5-25），得到纵向加速度信号的修正公式

$$a_{x,corrected} = (1 + gk_p) a_{x,sensor} \tag{5-26}$$

将修正后的纵向加速度信号用于卡尔曼滤波器，对式（5-26）给出的模型进行滤波，得到本书中的整车质量估计器。对得到的状态变量 x 取倒数即为整车质量。卡尔曼滤波器的实施方案参考式（5-21）。

在下列情况下，不应该更新卡尔曼滤波器中质量的估计值：

1) 车辆的横向运动较为显著时。由于上述估计质量的方法是在不考虑车辆横向运动的前提下，基于纵向动力学导出的，因此当车辆的横向运动较为显著时不再成立。可以用转向盘转角和角速度来判断横向运动的剧烈程度。

2) 纵向力很小时。此时纵向力估计的误差较大，而且纵向加速度的值过小，因此纵向加速度的任何细微变化都会导致质量估计值的波动。

3) 车速很小时。此时轮边电机的驱动力矩容易存在波动，影响估计结果。

此外，在一次航程中，车辆的质量应该是近似不变的，因此不必自始至终对其进行估计。参考文献 [1] 的方法，记录当前时刻之前 50 个得到更新的质量估计值并计算它们的方差。当方差小于一个阈值时，说明质量估计值已经接近实际值，此时停止对质量的估计，质量的最终估计结果取当前时刻的估计值。

3. 纵向力估计器与质量估计器模块的稳定性分析

估计轮胎纵向力时，由于需要计算各车轮载荷，因此需要已知整车质量；估计整车质量时又用到了轮胎纵向力。纵向力和整车质量估计子系统框图如图 5-8 所示。

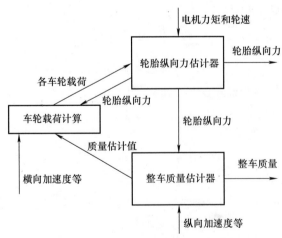

图 5-8 纵向力和整车质量估计子系统

如果整车质量某一时刻被低估，则车轮载荷和滚动阻力矩也会被低估，进而导致轮胎纵向力被高估。高估的纵向力反过来会增大整车质量的估计值，使其向真实值趋近。整车质量被高估的情况也类似。此外，各车轮载荷只用于计算滚动阻力矩，而滚动阻力矩比电机驱动力矩小得多，因此不会对轮胎纵向力的估计结果产生太大的影响。综上，上述系统不会存在闭环不稳定的情况。

5.2 基于多方法融合的坡度估计方法

在车辆运动过程中，如果能够采集到路面坡度信息，将改善整车动力学控制效果，在驾驶辅助控制过程中还可以提高整车的经济性[4]。

由于路面坡度的估计常常与整车质量估计耦合在一起，对坡度的估计一般需要同时估计质量。进行完整车质量和路面坡度的解耦分析后，在去除路面坡度影响的条件下，对整车质量进行了有效估计。因此，本节进行路面坡度估计时认为路面坡度已知。

图5-9 为基于多方法融合的坡度估计算法结构。

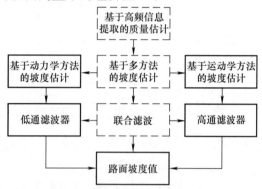

图5-9 基于多方法融合的坡度估计算法结构

5.2.1 基于动力学方法的坡度估计方法

利用动力学方法进行坡度估计所利用的动力学模型也为式（5-1）。式(5-1)中，除坡度 θ 以外的其他数值都可以认为已知或者可以得到。

令 $y = F_x$，$u = m\dot{v}_x + 0.5\rho C_d A v_x^2$，$b = mg(\sin\theta + f\cos\theta)$，则式（5-1）可以转换为

$$y = u + b \tag{5-27}$$

其中，y 为纵向驱动力，可通过分布式驱动电机的反馈信号精确得到；u 为质量和速度的函数，在质量已知的情况下可认为是已知的；b 为质量和坡度的函数，估计得到 b 即相当于估计得到了坡度值。

式（5-27）中，b 值的估计可以采用最小二乘法[3]进行。由于路面坡度是时变的，因此 b 也是时变的，故而采取带有遗忘因子的最小二乘法[5]估计 b。在线性系统中，相当于找到参数 $\hat{b}(k)$，使得函数 $V(\hat{b}(k), k)$ 取得极小值。

$$V(\hat{b}(k), k) = \frac{1}{2} \sum_{i=1}^{k} \lambda^{k-i} (y(i) - u(i) - \hat{b}(k)) \tag{5-28}$$

式（5-28）中，λ 为遗忘因子。遗忘因子越大，辨识精度越高，但是会导致收敛速度变慢。遗忘因子过小，辨识精度降低，但是收敛速度会提高。为了平衡精度和收敛速度的矛盾，需综合考虑 λ 的取值。

当式（5-29）取得极小值时，有

$$\hat{b}(k) = \left(\sum_{i=1}^{k} \lambda^{k-i}\right)^{-1} \left(\sum_{i=1}^{k} \lambda^{k-i}(y(i) - u(i))\right) \tag{5-29}$$

与质量估计类似，为了降低计算量，提高实时性，在实际应用时采取了带有遗忘因子的 RLS 估计方法，如式（5-30）~式（5-32）所示。

$$\hat{b}(k) = \hat{b}(k-1) + L(k)(y(k) - u(k)) \tag{5-30}$$

$$L(k) = P(k-1)/(\lambda + P(k-1)) \tag{5-31}$$

$$P(k) = (1 - L(k))P(k-1)/\lambda \tag{5-32}$$

通过式（5-29）可以估计各时刻的 b 值，进而得到基于动力学方法的路面坡度估计值 θ_d。

$$P(k) = (1 - L(k))P(k-1)/\lambda \tag{5-33}$$

5.2.2 基于运动学方法的坡度估计方法

加速度传感器固结于车身，其量测值 a_x 除了受到车辆本身的行驶加速度影响外，还受到路面坡度的影响。

图 5-10 为路面坡度示意图，其中，a_x 为纵向加速度传感器量测的车辆纵向加速度，$\dot{v}_x$ 为车辆行驶加速度。

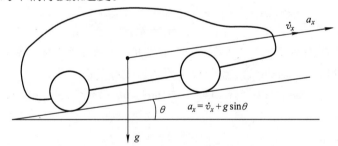

图 5-10　纵向动力学模型示意图

进而利用式（5-34）得到基于运动学方法的坡度估计值 θ_k。

$$\theta_k = \arcsin\left(\frac{a_x - \dot{v}_x}{g}\right) \tag{5-34}$$

5.2.3 基于组合式融合的坡度估计方法

车辆行驶过程中，路面坡度可以认为是由高频信号和低频信号两部分组成的，基于动力学方法的坡度估计精度依赖于车辆模型，而车辆模型中的各参数受高频噪声影响大，因此需要对 θ_d 进行低通滤波以去除高频部分，保留低频部分。基于运动学方法估计坡度的缺点是加速度传感器的量测值 a_x 受静态偏差影响较大，而惯性传感器的静态偏差属于低频噪声，为了保证路面坡度估计结果的准确性，对 θ_k 采用高通滤波以滤除其低频部分，保留高频部分。基于运动学方法和动力学方法融合的坡度估计方法可通过式（5-35）实现。

$$\theta = \frac{1}{\tau s + 1}\theta_d + \frac{\tau s}{\tau s + 1}\theta_k \tag{5-35}$$

其中，τ 为时间常数。在路面坡度变化频率较低时，动力学估计方法的作用较为明显，可以相对准确地估计稳态坡度值。而在路面坡度变化频率较高时，运动学估计方法所起到的作用更为明显，可以迅速地跟随坡度的瞬态变化。

5.3 基于双卡尔曼滤波技术的轮胎侧偏刚度的自适应估计方法

由修正的 Dugoff 轮胎侧偏刚度的表达式：

$$C_\alpha = k_{C\alpha}\sin(2\tan^{-1}(\frac{F_z}{k_{F_z}})) \tag{5-36}$$

可知主要有两个因素影响侧偏刚度的大小：$k_{C\alpha}$ 和 k_{F_z}。为了保证参数估计值收敛的速度，应尽可能减少被估计参数的数量。因此，选取对侧偏刚度影响更强的 $k_{C\alpha}$ 进行估计；对于 k_{F_z} 则在估计器中采用固定值，并检验 k_{F_z} 的误差对 $k_{C\alpha}$ 估计结果的影响。仅在一次航程的初始阶段对 $k_{C\alpha}$ 进行估计；当 $k_{C\alpha}$ 的估计结果满足一定要求后，停止对 $k_{C\alpha}$ 进行实时估计。

在以下三个工况下，根据 DEKF 给出的车辆状态和 $k_{C\alpha}$ 的时间历程，求取可观性矩阵的条件数。

[工况1：转向盘转角阶跃输入（转向盘转动慢）]

在 0.5s 内，转向盘转角从 0°阶跃至 50°，纵向车速为 100km/h。将每个时刻的系统输入、状态和参数代入可观性矩阵公式，可以得到各个时刻的系统可观性矩阵，进而求得其条件数。可观性矩阵条件数的时间历程如图 5-11 所示。在直线行驶时，条件数较大。转向盘开始转动后，条件数立即迅速降低至 1000 以下，并随着车辆状态的波动上下浮动。当车辆在 20s 后进入稳态转向后，条件数保持在 1500 左右。

比较工况 1 中不同阶段的可观性矩阵条件数，可以得出结论：直线行驶时，系统可观性最弱，其次是稳态转向时，而在转向盘转动的过程中系统可观性最好。

[工况2：转向盘转角阶跃输入（转向盘转动快）]

在 0.167s 内，转向盘转角从 0°阶跃至 50°，纵向车速为 100km/h。工况 2 中

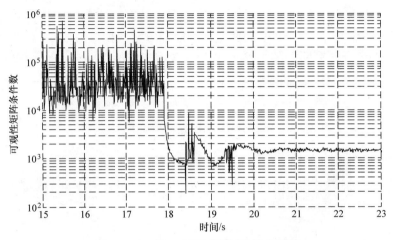

图 5-11　工况 1 下可观性矩阵的条件数

可观性矩阵的条件数如图 5-12 所示，其总体变化趋势和工况 1 类似，但在转向盘开始转动时，条件数在 18s 时达到了 460 左右，低于工况 1 中约为 753 的最低值。达到稳态时的条件数则与工况 1 相近，为 1500 左右。

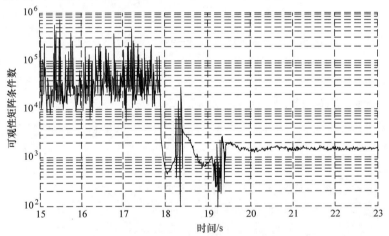

图 5-12　工况 2 下可观性矩阵的条件数

对工况 1 和工况 2 在转向盘转动过程中可观性矩阵的条件数进行比较，可以得到这样一个理论：转向盘转动速度越快，可观性矩阵条件数越低，系统可观性越好。下面通过工况 3 对这个理论进行验证。

［工况 3：S 形绕桩］

车辆进行标准的 S 形绕桩工况实验。

图 5-14 给出了 S 形绕桩工况下系统可观性矩阵的条件数。将图 5-14 和图 5-11 进行比对不难发现：从 8.5s 到 21.5s，条件数曲线上一共出现了 7 个向上的

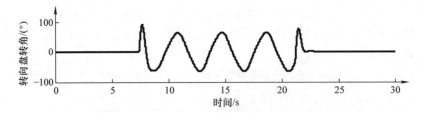

图 5-13　工况 3 下转向盘转角输入的时间历程

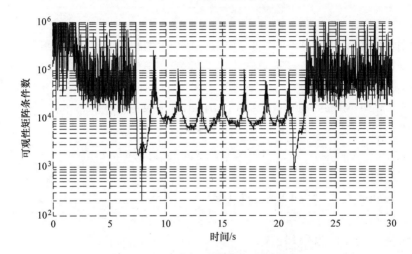

图 5-14　工况 3 下可观性矩阵的条件数

"尖峰",而这些尖峰正好对应转向盘转角达到极值的 7 个时刻,也就是转向盘转动速度为 0 的 7 个时刻。也就是说,在转向盘变更转动方向、转动速度为 0 的那个瞬间,系统的可观性最弱,而在转向盘转动速度不为 0 时,系统的可观性更好。

这一结果直接证明了转向盘转动速度和系统可观性强弱之间的关联;当转向盘转动速度不为 0 时,估计车辆状态和轮胎侧偏刚度的系统的可观性较好。当系统的可观性不好时,估计出的状态和参数的精度是无法保证的,因此当转向盘停止转动或转动非常慢时,最好停止对轮胎侧偏刚度进行估计。

5.3.1　估计轮胎侧偏刚度的时机

$k_{C\alpha}$ 应该在一次航程的起始阶段估计出来,在估计值稳定后关闭轮胎侧偏刚度估计器。但是,在航程的起始阶段,路面附着系数也同时被估计。为了避免路面附着系数的估计结果对 $k_{C\alpha}$ 的估计产生影响,应尽量在轮胎工作在轮胎侧向力曲线的线性区时对 $k_{C\alpha}$ 进行估计,此时轮胎侧向力主要由轮胎侧偏刚度决定,受到路面附着系数的影响较小。因此,规定只有在前后轴的轮胎侧偏角均小于

1°时,才对 $k_{C\alpha}$ 进行更新;另外,根据可观性分析的结果,在直线行驶和稳态转向时,应暂停对 $k_{C\alpha}$ 估计值的更新;车速低于 10km/h 时,车辆的横向运动不显著,也不对 $k_{C\alpha}$ 进行更新。

记录当前时刻之前 500 个得到更新的 $k_{C\alpha}$ 的估计值,并计算它们的方差,当方差小于一个阈值时,说明其估计值已经接近实际值,此时停止对 $k_{C\alpha}$ 的估计,$k_{C\alpha}$ 的最终估计结果取当前时刻的估计值。

5.3.2 侧偏刚度估计结果

利用轮边驱动电动汽车的实验台架,分别在路面附着系数为 1.0 和 0.5 的路面上,进行了较为温柔的日常驾驶,转向盘转动速度不超过 100(°)/s,横向加速度不超过 0.4g。在这两个工况下,同时估计路面附着系数和轮胎侧偏刚度,并在 $k_{C\alpha}$($\times 10^4$N/rad)的方差小于 0.01×10^8(N/rad)^2 时停止对它进行估计。$k_{C\alpha}$ 的实际值在 [7.50, 8.50]$\times 10^4$N/rad 范围内。

当 $k_{C\alpha}$ 的初始值设为 7.5×10^4N/rad 时,其估计结果如图 5-15 和图 5-16 所示,横向车速的估计结果如图 5-17 和图 5-18 所示。在这两个工况下,$k_{C\alpha}$ 的最终估计结果分别为 8.15×10^4N/rad(高附)和 8.20×10^4N/rad(低附)。在低附着系数路面上进行驾驶时,转向盘转动的频率和速度不如在高附着系数路面上驾驶时高,这导致图 5-14 中 $k_{C\alpha}$ 的收敛速度不如图 5-12。

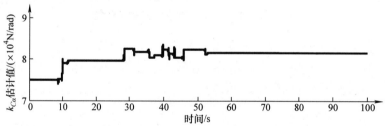

图 5-15 高附着系数路面上 $k_{C\alpha}$ 的估计结果

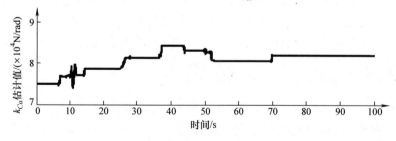

图 5-16 低附着系数路面上 $k_{C\alpha}$ 的估计结果

为了检验 $k_{C\alpha}$ 估计结果的一致性,改用不同的初始值对它进行估计。估计结果如图 5-19 和图 5-20 所示。可以看到,在两个工况下,估计结果的一致性均较

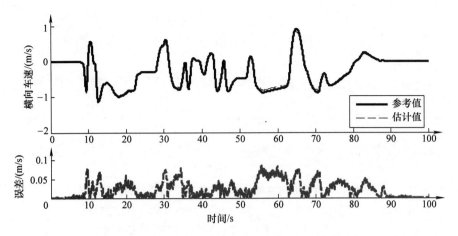

图 5-17 高附着系数路面上横向车速的估计结果

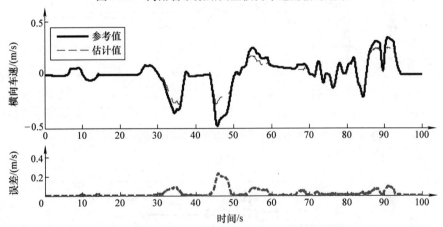

图 5-18 低附着系数路面上横向车速的估计结果

好,即使是在 $k_{C\alpha}$ 的收敛受到影响的低附路面上,$k_{C\alpha}$ 的最终估计值也落在了 $[8.10, 8.30] \times 10^4 \text{N/rad}$ 的较小范围内。这说明 $k_{C\alpha}$ 初始值的误差对最终估计结果的影响不大。

最后考察影响轮胎侧偏刚度的另一个参数 k_{Fz} 的变化对 $k_{C\alpha}$ 估计结果的影响。在之前的仿真中,k_{Fz} 取值为 13kN。现在分别设 k_{Fz} 为 12kN 和 14kN,$k_{C\alpha}$ 的估计结果如图 5-21 和图 5-22 所示。从图中可见,k_{Fz} 的变化对 $k_{C\alpha}$ 的影响不可忽略:在高附着系数路面上,$k_{C\alpha}$ 最终估计值的最大值为 $8.7 \times 10^4 \text{N/rad}$,最小值为 $7.6 \times 10^4 \text{N/rad}$;在低附着系数路面上,$k_{C\alpha}$ 最终估计值的最大值为 $8.6 \times 10^4 \text{N/rad}$,最小值为 $7.8 \times 10^4 \text{N/rad}$。

虽然 $k_{C\alpha}$ 的估计值受到了影响,但横向车速的估计值受到的影响却小得多。在高附着系数路面上,k_{Fz} 取不同值时横向车速估计结果的均方差(RMSE)分

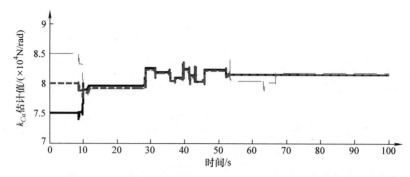

图 5-19 高附着系数路面上 $k_{C\alpha}$ 取不同初始值时的估计结果

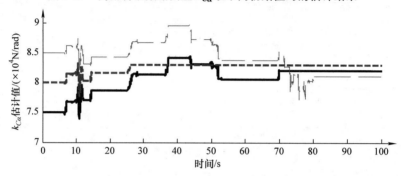

图 5-20 低附着系数路面上 $k_{C\alpha}$ 取不同初始值时的估计结果

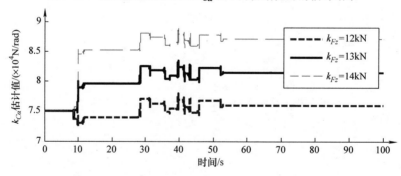

图 5-21 高附着系数路面上 k_{Fz} 取不同值时 $k_{C\alpha}$ 的估计结果

别为 0.029m/s（12kN）、0.031m/s（13kN）和 0.032m/s（14kN）；在低附着系数路面上，均方差则分别为 0.040m/s（12kN）、0.046m/s（13kN）和 0.034m/s（14kN）。这说明 k_{Fz} 的误差在很大程度上被 $k_{C\alpha}$（和路面附着系数）弥补了。因此，如果只把横向车速的估计精度作为考量估计算法性能的指标，那么存在误差的 k_{Fz} 是可以被接受的。

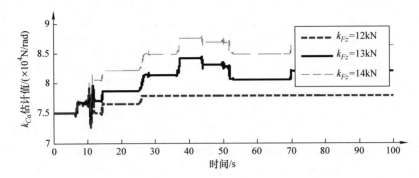

图 5-22 低附着系数路面上 k_{Fz} 取不同值时 $k_{C\alpha}$ 的估计结果

5.4 过程噪声参数估计

在卡尔曼滤波器中,过程噪声方差矩阵 Q 和量测噪声方差矩阵 R 的意义非常重要[6]。在卡尔曼增益计算回路中,参数矩阵 Q 和 R 时刻影响着卡尔曼增益 K_k 的结果。而 K_k 的结果又会直接影响状态观测器的反馈能力,改变观测器的整体特性。其中,过程噪声方差矩阵 Q 代表了估计模型的精度大小,体现了估计过程的统计特征。当 Q 矩阵(对称非负定方差矩阵)对称角上的数值越大时,表明对应的模型公式误差越大;反之亦然。

在以往的文献中,状态估计器中 Q 矩阵的取值难以定夺,一般通过实验猜测[9]甚至是随意拼凑等。有些文献的作者对估计模型(公式)介绍篇幅很大,但对卡尔曼滤波器的过程噪声方差矩阵 Q 以及量测噪声方差矩阵 R 的选取方法却没有提及[6-8]。因此,本书就过程噪声方差矩阵 Q 的估计做出一定研究,参考了文献 [9] 后提出了使用最大似然估计理论来实时估计 Q 矩阵以达到参数匹配的目标,使本书的纵向车速估计器中的卡尔曼滤波过程更加坚实可信。

5.4.1 最大似然估计理论简介

在统计问题中,最大似然估计理论(Maximum Likelihood Theory)是一种广泛使用的求点估计方法。为了说明最大似然法的基本原理,先举个例子:

一个箱子内放着黑、白两种球共 10 只,已知这两种球数目之比为 9∶1,但不知道哪种球多。现在采用有放回抽样的方法随机地摸了两只球,结果发现都是黑球,自然会推理出箱子内有 9 只黑球和 1 只白球。这是因为当有 9 只白球和 1 只黑球时,出现该情况的概率为 $0.1 \times 0.1 = 0.01$,即 1% 的概率;当有 9 只黑球和1只白球时，出现该情况的概率为 $0.9 \times 0.9 = 0.81$，即 81% 的概率。因此这样的猜测结果对上述实验结果的出现较为有利，而这种猜测过程就是体现了最大似然估计的基本思想。下面将从数学上说明最大似然估计方法。

设 $(X_1, \cdots, X_n)$ 是取自总体 X 的一个样本，X 的密度函数（或概率函数）为 $f(x|\theta)$，$\theta \in \Theta$，其中 θ 是总体参数，Θ 是参数空间。称自变量为 θ，定义域为 Θ 的非负函数

$$L(\theta | x_1, \cdots, x_n) = \prod_{i=1}^{n} f(x_i | \theta), \theta \in \Theta \tag{5-37}$$

为似然函数。一般而言，在似然函数中，把 $x_1, \cdots, x_n$ 视作常数。因此，似然函数也可以简单地记作 $L(\theta)$。

当 X 为离散型随机变量时，

$$L(\theta) = \prod_{i=1}^{n} f(x_i | \theta) = P(X_1 = x_1, \cdots, X_n = x_n) \tag{5-38}$$

因此，$L(\theta)$ 的值决定了样本 $(X_1, \cdots, X_n)$ 落在其观测值 $(x_1, \cdots, x_n)$ 的一个区域内的概率大小。换句话说，似然函数 $L(\theta)$ 的值反映了获得样本观测值 $(x_1, \cdots, x_n)$ 的概率。

设 $(X_1, \cdots, X_n)$ 是取自总体 X 的一个样本。如果存在 $\hat{\theta} = \hat{\theta}(x_1, \cdots, x_n)$ 使得

$$L(\hat{\theta}) = \max_{\theta \in \Theta} L(\theta) \tag{5-39}$$

那么，称 $\hat{\theta}(x_1, \cdots, x_n)$ 为 θ 的最大似然估计值，称相应的 $\hat{\theta}(X_1, \cdots, X_n)$ 为 θ 的最大似然估计量。

似然函数的最大值问题常常可以通过求导数来解决。一般为了运算方便，通过解方程

$$\frac{\mathrm{d}}{\mathrm{d}\theta} \ln L(\theta) = 0 \tag{5-40}$$

来得到 θ 的最大似然估计，这是由于 $L(\theta)$ 和 $\ln L(\theta)$ 在同一处达到最大值。

5.4.2 最大似然估计过程噪声

在介绍最大似然估计过程噪声算法之前，先简单介绍过程噪声统计特征估计原理。式（5-39）中存在一项 $Z_k - H_k \hat{X}_{k,k-1}$，它代表的含义是从第 k 次观测值 Z_k 中减去 Z_k 的预测值 $H_k \hat{X}_{k,k-1}$，然后可以得到第 k 次的预测误差，也称为"新息" v_k。"新息"是一个很重要的概念，它包含了卡尔曼滤波之后"残余"信息量。通过对这些残余信息量和卡尔曼滤波过程参数的分析可以估计出卡尔曼滤波器中的参数特征和数理特性。在一些文献中普遍应用了"新息"以及其他一些信息搭建出具有自适应能力的卡尔曼滤波器。这也是最大似然估计能够

估计过程噪声的前提。此外，在估计过程中"新息"的方差矩阵 C_{vk} 也会有所作用。图 5-23 是估计过程噪声的基本原理框图。

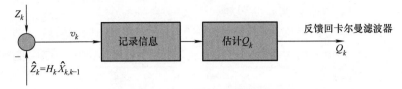

图 5-23　估计过程噪声的基本原理图

1. 最大似然估计噪声过程

最大似然估计算法最早用于 GPS/INS 导航系统的自适应卡尔曼滤波器设计。GPS/INS 系统利用运动学模型来进行位置估计，普遍采用卡尔曼滤波器来滤除噪声。在设计过程中，一般会采用严谨的数学方法来推导公式用以估计过程噪声方差矩阵 Q。在 1999 年，加拿大的 Mohamed 设计了基于最大似然估计算法的自适应卡尔曼滤波器[9]，在导航系统上验证了该设计方法的可靠性和实用性。因此本书采用 Mohamed 的方法来设计 Q 估计器，并将其应用于纵向车速估计器中。

在使用最大似然估计算法之前，先要说明一些假设条件，用以从数学上能满足其估计算法。首先，假设 Q 矩阵是标准的 $n \times n$ 维对称非负定方差矩阵，其表达式为

$$Q = \begin{bmatrix} \alpha_1 & 0 & 0 \\ 0 & \ddots & 0 \\ 0 & 0 & \alpha_n \end{bmatrix} \tag{5-41}$$

式中，$\alpha_i(i=1,\cdots,n)$ 是矩阵 Q 对角线上的数值，此处被认为是变量，即所需要估计的量。

其次，若卡尔曼滤波估计的状态量是 x，则需满足以下假定才能设计出基于最大似然估计方法的 Q 估计器：

1) 卡尔曼滤波器状态量 x 与自适应变量 α 无关，即 $\partial x/\partial \alpha = 0$。

2) 卡尔曼滤波器的状态转移矩阵 Φ 与量测矩阵 H 是时不变矩阵，并且与 α 无关。

3) 观测序列在被用以估计的时间窗口内是各态历经的序列。

4) "新息" v_k 的方差矩阵 C_{vk} 是一个关键矩阵，它是与 α 有一定关联的参数。

此外，由于使用的是卡尔曼滤波器，所有的过程噪声和量测噪声假定为标准的高斯白噪声。通过简单的分析即可知道，本书所设计的纵向车速估计器满足以上所有的假设。

于是，基于最大似然估计法的 Q 估计器并结合卡尔曼滤波过程，具体计算步骤可以总结为（其步骤过程可以参见图 5-24）如下几条：

① 初步假设过程噪声误差方差矩阵 Q 的初始值为 Q_0。

② 设定一个固定长度的时间窗口，在此窗口内采集所需的信息。

③ 当时间长度足够，将采集到的信息整体送入最大似然估计器中估计 Q_k。

④ 将 Q 的估计结果用于下一时间窗口内的卡尔曼滤波过程，与此同时采集时间窗口内的信息。

⑤ 反复进行第②~④步直至卡尔曼滤波过程停止。

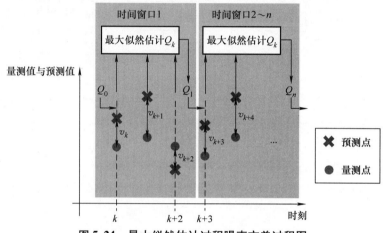

图 5-24　最大似然估计过程噪声方差过程图

2. 最大似然估计噪声算法

本节将结合第 5.1.1 章节的最大似然估计基本理论，详细地介绍 Q 估计器的内部结构和算式。首先定义"新息" v_k 及其方差 C_{vk}：

$$v_k = Z_k - \hat{Z}_k = Z_k - H_k \hat{X}_{k,k-1} \tag{5-42}$$

$$C_{vk} = \frac{1}{N} \sum_{j=j_0}^{k} v_j v_j^{\mathrm{T}} \tag{5-43}$$

式中，$j_0 = k - N + 1$ 是观测序列 N 中的第 1 个时刻点。有了时间窗口中观测序列的一些信息之后，那么特定的 k 时刻关于变量参数 α 的观测概率密度函数（The probability density function of the measurements）为

$$P_{(z|\alpha)_k} = \frac{1}{\sqrt{(2\pi)^m |C_{vk}|}} e^{-\frac{1}{2} v_k^{\mathrm{T}} C_{vk}^{-1} v_k} \tag{5-44}$$

式中，m 为观测序列数目；$|\cdot|$ 为行列式计算表达式；e 是指数。式(5-44)表达了随着变量参数 α 的变化，即 Q 矩阵的变化，在某时间窗口内观测序列出现的概率是如何变化的。换句话说，假设在某时间窗口内有一段观测序列 $Z_n \sim Z_m$ 已经出现，通过概率密度函数式（5-44）能够表现不同的变量参数 α 会造成不同

的概率出现这一段已知的观测序列 $Z_n \sim Z_m$。理论上而言，当出现已知观测序列的概率最大时，所得到的变量参数 α 及其组成的 Q 矩阵代表了此次估计结果。形象的解释方法可以参见图 5-25 表达的含义。

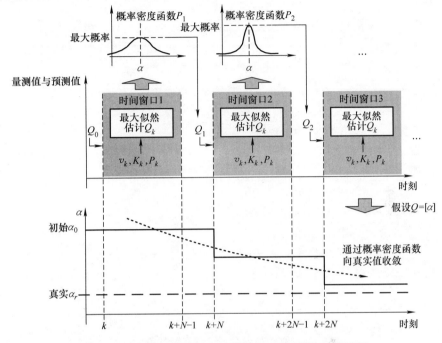

图 5-25 最大似然估计过程噪声方差算法原理说明图

因此，根据最大似然估计理论来求解似然函数，具体如下：

$$\ln(P_{(z|\alpha)_k}) = -\frac{1}{2}\{m\ln(2\pi) + \ln(|C_{vk}|) + v_k^T C_{vk}^{-1} v_k\} \quad (5\text{-}45)$$

式中，ln（·）为自然对数函数。将式（5-45）的左右两边同时乘以 -2，则概率函数 P 的求最大值问题变成了等式右边方程式求最小值问题。忽略常数项后进一步得到最大似然估计条件。

$$\sum_{j=j_0}^{k} \ln|C_{vj}| + \sum_{j=j_0}^{k} v_j^T C_{vj}^{-1} v_j = \min \quad (5\text{-}46)$$

将式（5-4）的计算方法用于式（5-10）得到其偏微分方程，然后将其等于零求得最小值，即 $\partial P/\partial \alpha = 0$。结果得到

$$\sum_{j=j_0}^{k} \left[tr\left\{ C_{vj}^{-1} \frac{\partial C_{vj}}{\partial \alpha_k} \right\} - v_j^T C_{vj}^{-1} \frac{\partial C_{vj}}{\partial \alpha_k} C_{vj}^{-1} v_j \right] = 0 \quad (5\text{-}47)$$

式中，tr 是矩阵求迹运算符。为了计算得到式（5-47）需要用到以下 2 个矩阵关系式（5-48）和式（5-49），由于篇幅有限本书就不再证明这 2 个关系式。

$$\frac{\partial \ln |A|}{\partial x} = \frac{1}{|A|} \frac{\partial |A|}{\partial x} = tr\left\{ A^{-1} \frac{\partial A}{\partial x} \right\} \tag{5-48}$$

$$\frac{\partial A^{-1}}{\partial x} = -A^{-1} \frac{\partial A}{\partial x} A^{-1} \tag{5-49}$$

可以从式（5-47）看到，现在的问题已经变成求解 $\partial C_{vj}/\partial \alpha_k$，但是为了与 Q 矩阵关系起来又需要引入一些卡尔曼滤波方程。由卡尔曼滤波理论可以得知，某个时刻 k 的"新息"方差 C_{vk} 可以用另一种方程来表达，即

$$\begin{aligned} C_{vk} &= E[v_k v_k^{\mathrm{T}}] = E[(Z_k - H_k X_{k,k-1})(Z_k - H_k X_{k,k-1})^{\mathrm{T}}] \\ &= E[(H_k \widetilde{X}_{k,k-1} + V_k)(H_k \widetilde{X}_{k,k-1} + V_k)^{\mathrm{T}}] \\ &= H_k P_{k,k-1} H_k^{\mathrm{T}} + R_k \end{aligned} \tag{5-50}$$

式中，$\widetilde{X}_{k,k-1}$ 是状态量的估计误差。

将式（5-50）的结果对参数 α 求偏导。

$$\frac{\partial C_{vk}}{\partial \alpha_k} = \frac{\partial R_k}{\partial \alpha_k} + H_k \frac{\partial P_{k,k-1}}{\partial \alpha_k} H_k^{\mathrm{T}} \tag{5-51}$$

卡尔曼滤波过程中有，

$$P_{k,k-1} = \Phi_{k,k-1} P_{k-1} \Phi_{k,k-1}^{\mathrm{T}} + Q_k \tag{5-52}$$

式（5-53）对参数 α 求偏导。

$$\frac{\partial P_{k,k-1}}{\partial \alpha_k} = \Phi_{k,k-1} \frac{\partial P_{k-1}}{\partial \alpha_k} \Phi_{k,k-1}^{\mathrm{T}} + \frac{\partial Q_k}{\partial \alpha_k} \tag{5-53}$$

将式（5-52）和式（5-53）插入式（5-51）中，即可得到最大似然估计函数，由于计算过程繁复，本书隐去了详细的计算过程，直接给出了结果。

$$\sum_{j=j_0}^{k} tr\left\{ \left[C_{vj}^{-1} - C_{vj}^{-1} v_j v_j^{\mathrm{T}} C_{vj}^{-1} \right] \left[\frac{\partial R_j}{\partial \alpha_k} + H_j \frac{\partial Q_{j-1}}{\partial \alpha_k} H_j^{\mathrm{T}} \right] \right\} = 0 \tag{5-54}$$

式（5-54）表现出 R 和 Q 是可以基于参数变量 α 计算出来。在本书中，假设 R 矩阵已知并与 Q 无关，即 $\partial R_j/\partial \alpha_k = 0$（本书利用小波变换得到 R），即可得到 Q 估计的计算式（5-54）。同样，本书隐去了繁琐的计算过程，直接给出了 Q 估计结果。

$$Q_k = \frac{1}{N} \sum_{j=j_0}^{k} \left[\Delta x_j \Delta x_j^{\mathrm{T}} + P_j - \Phi P_{j-1} \Phi^{\mathrm{T}} \right] \tag{5-55}$$

式中，N 为估计窗口宽度；Δx_k 是状态量校正前和校正后的误差值，即

$$\Delta x_k = K_k v_k \tag{5-56}$$

式中，K_k 是卡尔曼增益矩阵。至此，整个过程噪声估计器设计完毕。整体计算流程如图 5-26 所示。

5.4.3 过程噪声估计器估计结果

本章节基于一个标准的卡尔曼滤波器并通过简单的仿真实验来体现过程噪声

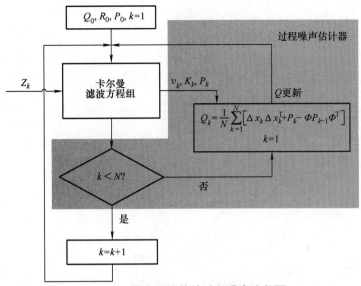

图 5-26 最大似然估计过程噪声流程图

Q 估计器的有效性。在 MATLAB/Simulink 软件中搭建出一个标准卡尔曼滤波过程以及基于最大似然估计的 Q 估计器模块，其中卡尔曼滤波器采用 M – function 函数模块来编写，Q 估计器通过 Stateflow 模块来编写，整体结构如图 5-27 所示。设定输入观测信号为一组带噪声及变频率的偏置正弦信号，见式（5-57）。

$$Z_k = 50\sin\left(\frac{t^2}{50}\right) + 200 + v_k \tag{5-57}$$

式中，t 为仿真时间；v_k 是量测噪声，此处认为是已知值，设为噪声方差为 5 的高斯白噪声。

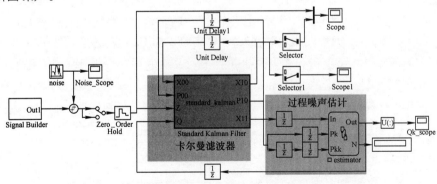

图 5-27 卡尔曼滤波器以及过程噪声估计器 Simulink 图

可以简单地认为该卡尔曼滤波器就是针对轮边速度的自适应卡尔曼滤波器，Q 矩阵与变量参数 α 的关系为

$$Q = \begin{bmatrix} \alpha_1 & 0 \\ 0 & \alpha_2 \end{bmatrix} \tag{5-58}$$

式中，α_1 和 α_2 为最大似然估计对象。窗口宽度 $N=100$ 使用了文献的推荐值，仿真步长为 $0.01\mathrm{s}$，即时间窗口为 $1\mathrm{s}$。在卡尔曼滤波的同时，自适应地估计出过程噪声方差矩阵并反馈回卡尔曼滤波过程中，结果如图 5-28 所示。由于在初始阶段，过程噪声方差矩阵的初始矩阵是随意设置的值，需要一定时间收敛该估计矩阵，因此，图 5-28 中 $0\sim5\mathrm{s}$ 左右的时间段滤波效果并不理想。随着时间推移，过程噪声估计结果渐渐收敛，因而自适应卡尔曼滤波效果提高，并且能自适应估计 Q。

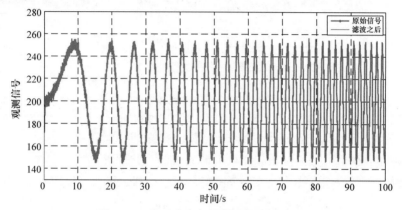

图 5-28 自适应卡尔曼滤波器滤波结果

图 5-28 所示是 Q 矩阵的估计结果。在初始阶段，α_1 和 α_2 的估计受初始值设置影响无法估计准确，尤其是 α_1 出现了较大幅度的阶跃。随着时间长度满足估计条件，α_1 和 α_2 的估计效果渐渐稳定并能随着观测信号的变化趋势而估计。当观测信号变化幅度增大时，运动学模型通过泰勒展开的余项式就会变大，因而从理论上而言过程噪声也会相应增加。图 5-29 的估计结果也印证了这一点，α_1 和 α_2 随着信号频率的增加而变大，尤其是 α_2 在后半段时间域内出现激增。从仿真结果来看，最大似然估计过程噪声结果基本体现了过程噪声的变化趋势。

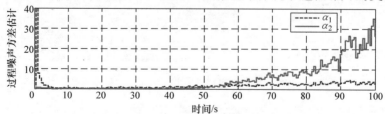

图 5-29 自适应卡尔曼滤波器的过程噪声估计结果

为了体现对比效果，本书添加了非自适应卡尔曼滤波器的估计结果。该卡尔曼滤波器没有 Q 估计器，通过固定设置一个较小的 Q 矩阵来进行卡尔曼滤波过程，其滤波结果如图 5-30 所示。

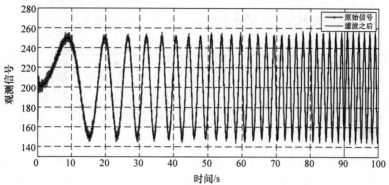

图 5-30 非自适应卡尔曼滤波器的过程噪声估计结果

分析图 5-30 可以看到，通过设置一个固定的 Q 矩阵进行卡尔曼滤波只能在部分条件下得到满意的滤波效果。当观测信号的波动剧烈，即观测模型的过程噪声变化时，固定的 Q 矩阵无法表现实际的过程噪声统计特性趋势。例如，本书设置了的 Q 矩阵较小，因此在信号变化不强时滤波效果仍较好；当信号变化趋于激烈、频率激增时，显然设置的 Q 矩阵无法表现真实的过程噪声方差而使滤波器趋于失效。

图 5-31 是图 5-28 和图 5-30 的局部放大图。图 5-31 中，图 a 是非自适应卡尔曼滤波结果，图 b 是自适应卡尔曼滤波结果，时间段均是 95~100s。从图 5-31 可以看到，非自适应卡尔曼滤波器在该时间段已经无法体现滤波作用，呈现严重的滞后现象，这主要是由于其 Q 矩阵没有自适应变化而造成的；自适应

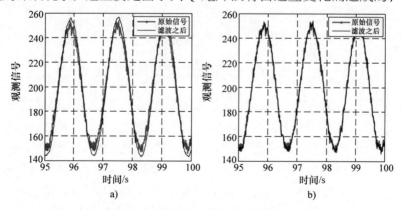

图 5-31 非自适应与自适应卡尔曼滤波器的估计结果对比图

卡尔曼滤波器则在全范围内表现良好,并且能实时给出相应的 Q 矩阵估计值,避免并解决了以往仅通过猜测或试凑法来选择 Q 矩阵的尴尬局面。

5.5 量测噪声参数估计

本章节主要探讨的是量测噪声误差方差矩阵 R 的估计算法。R 矩阵主要代表了观测序列中所带有的量测噪声统计特征,因此需要分别针对纵向车速估计器中的 5 个子滤波器观测序列进行分析得到 R_1、R_2、R_3、R_4 和 R_5。5 个观测序列为四个轮边速度和一个校正后的纵向加速度信号。一般认为,纵向加速度信号的噪声统计特征是一个稳定的白噪声源[10],因此可以使用比较简单的数理统计方法来得到其噪声方差 R_5;而轮边速度信号则主要是受轮速信号影响,因此必须事先分析下轮速信号的噪声特点。

本书的研究平台配置一台 dSPACE 公司的快速原型控制器 MicroAutoBox,用以采集记录四个轮子的轮速信号。图 5-32 是某分布式驱动电动汽车实际测得的某个车轮轮速信号,采集工况是中高速下轻踏制动踏板制动。信号采集时间间隔为 0.01s。

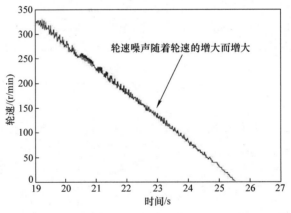

图 5-32 实验用某分布式驱动电动汽车的某车轮轮速信号

可以发现,当轮速增大时,轮速信号中所带有的噪声强度也随之增加,而不准确的观测噪声特性描述会对卡尔曼滤波性能产生极大的影响[25]。因此,若纵向车速估计器中的子卡尔曼滤波器 1~4 使用固定的量测噪声误差方差矩阵将使其难以在全轮速范围内进行有效的滤波,甚至发散失效等。但是传统的数理统计方法无法求得与轮速大小有关的 R_1、R_2、R_3、R_4 变化规律和趋势,因此需要利用更加强有力的信号分析工具来进行量测噪声参数估计工作。最终对子滤波器 1~4 中的观测噪声方差进行自适应调整。

小波变换（Wavelet Transform）是近年来被广泛用于信号处理和信号分析的工具之一。它具有在时频两域都具有表征信号局部特征的能力，很适合分析正常信号中夹带的噪声变化特征或瞬态反常现象，并且可以分离信号和噪声，并估计出含噪声信号中的噪声信号统计特征。因此本书使用小波变换来估计轮边速度观测序列中的量测噪声统计特征。

5.5.1 小波变换简介

在小波分析理论中，小波变换是其基础的变换方式，它利用平移和展缩巧妙地构造了小波函数，并同时具有了时间平移和多尺度分辨率的概念，可用来同时处理时频分析。小波可对高频采取逐渐精细的时域步长，从而可以聚焦到分析对象的细节部分，因而被称为"数学显微镜"。所以，它比传统的傅里叶变换分析（Fourier Transform）更适宜于处理信号非平稳问题。此外，小波变换分为连续小波变换和离散小波变换。而本书中所有的小波变换均指的是连续小波变换（Continuous Wavelet Transform，CWT）。

像傅里叶变换一样，小波变换使用内积（Inner Products）原理来检测一个信号与检测函数之间的相似度。在傅里叶变换中，分析函数是复数指数函数 $e^{j\omega t}$；在短时傅里叶变换（Short-time Fourier Transform，STFT）中，分析函数是带有时间窗口的复数指数函数 $\omega(t)e^{j\omega t}$。在小波变换中，分析函数仅是一个小波函数 φ。相比于传统的傅里叶变换和短时傅里叶变换，小波函数分析有如下优势：

1）传统的傅里叶变换无法俘获信号在时域上的信息，因此难以从时频双域上同时对信号进行评估。

2）短时傅里叶变换通过引入一个时间窗口弥补了传统傅里叶变换的缺点，但由于其时间窗口是固定值，因此无法充分平衡时域和频域上对信号分析的要求。

3）小波变换则可以通过尺度因子来收缩小波基，从而得到不同尺度（类似于不同时间窗口宽度）下的小波函数，以此来充分满足时频双域的分析特点。

因此，小波变换现在已经基本代替了传统的傅里叶变换，被广泛用于信号的分析与处理。下面简单介绍下小波变换的计算过程。

首先定义一个小波基函数 $\varphi(t)$，通常称之为"母小波函数"（Mother Wavelet）或"母波"。母波函数是经过精确计算所获得的固定波形，能满足所有小波分析的基本要求。现今使用较多的母波例如简单的 Haar 波、比较实用的 Daubechies 波等等。运用尺度因子 a 来缩放母波，能得到形状类似于母波但时间长度不同的小波函数 $\varphi_a(t)$，即

$$\varphi_a(t) = \frac{1}{\sqrt{a}} \varphi\left(\frac{t-b}{a}\right) \tag{5-59}$$

式中，a 为尺度因子；b 为时间偏移量。

最后将小波函数内积叠加到所需分析的信号上即可得到小波变换后的结果，用以进一步地分析和检测信号，一般称之为小波系数 C

$$C(a,b,f(t),\varphi(t)) = \int_{-\infty}^{\infty} f(t) \frac{1}{\sqrt{a}} \varphi\left(\frac{t-b}{a}\right) \mathrm{d}t \tag{5-60}$$

式中，$f(t)$ 是所需分析信号在时域上的函数。小波系数越大，则认为该小波与所测信号段相关程度越高。每次小波变换完毕后，改变时间偏移量的值，以此来移动小波函数，直至扫过所有信号序列为止。也可以根据不同的信号分析需求定义多个尺度因子来构建系列小波函数。

5.5.2 小波变换估计量测噪声

由于小波函数有强大的检测信号变化的能力，因而小波变换能够在某段时间窗口内将噪声从正常信号中剥离出来并以小波系数的形式来表达，然后估计出窗口中的噪声统计规律。正是利用了这一点，使小波变换估计非平稳信号的噪声方差成为可能。基本的作用原理可以参考图 5-33 所示。

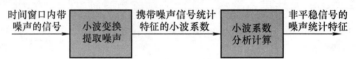

图 5-33 小波变换估计量测噪声的基本作用原理

小波变换估计量测噪声主要有 2 个关键点，即：

① 利用母波设计出尺度适当的小波函数去处理带噪声的信号，抑制正常信号，提取出足够的噪声特征。

② 计算分析带有噪声信号的信号小波系数，得到其噪声的统计特征值（标准差或方差）。

1. 小波变换估计量测噪声过程

本书的小波变换估计量测噪声方法主要参考了文献［27］。在 2004 年，天津大学的徐立军等人基于 1994 年 D. Donodo 和 I. Johnstone 等人的研究成果发表了一种关于小波变换估计噪声标准差的方法，并在传感器融合领域验证了该方法的有效性。在接下来的几年中，该方法继续被复旦大学的张建秋等人以及其他研究人员在不同领域研究和使用[11-12]。但将该估计算法使用在基于联邦卡尔曼滤波的纵向车速估计器上并使量测噪声方差矩阵 R 自适应变化仍鲜有文献提及。

该估计算法首先需要采集相关的信号数据,然后进行离线数据分析。分析方法可分为如下几个步骤:

1)在采集到的有效数据信号中建立时间长度适宜的估计窗口,并确定其移动方向。

2)将估计窗口中的数据信息送入小波变换提取噪声统计特征模块,利用小波变换将噪声与正常信号剥离。

3)将信号剥离后的噪声信号小波系数进行分析计算,估计出该窗口内信号的噪声统计特征(标准差)。

4)将估计结果与相关参数进行关联,形成估计结果点。

5)移动估计窗口,重复2)~4)步,直至遍历所有数据为止。

在完成小波分析后,就可以利用系列估计结果点来拟合出一条带有噪声统计特征规律的曲线,利用这条曲线就可以根据情况或相关参数自适应地调整 R 矩阵来进行自适应卡尔曼滤波过程,有效地避免了错误的量测噪声误差方差矩阵所可能带来的滤波失效或发散等问题。整个小波变换估计量测噪声过程示意图如图5-34所示。

需要注意的是,时间估计窗口的移动距离可以根据需要进行调整,不一定等于估计窗口本身的长度。理论上而言,每进行一步小波变换时,窗口移动距离越小则会使估计的结果点越多,其估计精度也就越高,拟合出的规律曲线也越具有可靠性。除此之外,在其最后估计结果中,相关联的参数也可以不是时间(噪声的变化规律是随着时间增加而变大),可以设定为其他参数。例如在本书中将使用轮边速度信号本身来关联出轮边速度信号中的噪声统计特征规律。

2. 小波变换估计量测噪声算法

本章节将详细介绍小波变换提取噪声统计特征和小波系数分析计算的具体算式和算法结构。

根据 Stone – Weierstrass 理论可知,任一有界闭区间的连续函数都可以由该区间内的多项式以任意精度一致逼近[27]。任意输出信号关于时间 t 的函数 $u(t)$ 可以表示为

$$u(t) = \gamma_0 + \gamma_1 t + \cdots + \gamma_L t^L \tag{5-61}$$

式中,$\gamma_i (i = 1, 2, \cdots, L)$ 为多项式系数。

则估计窗口内含噪声的观测序列信号 $z(t)$ 可以表示为

$$z(t) = \gamma_0 + \gamma_1 t + \cdots + \gamma_L t^L + \delta(t) \tag{5-62}$$

式中,$\delta(t)$ 是一个噪声信号。

设 $\varphi_a(t)$ 是一个小波函数,忽略时间偏移量,有

$$\varphi_a(t) = \frac{1}{\sqrt{a}} \varphi\left(\frac{t}{a}\right) \tag{5-63}$$

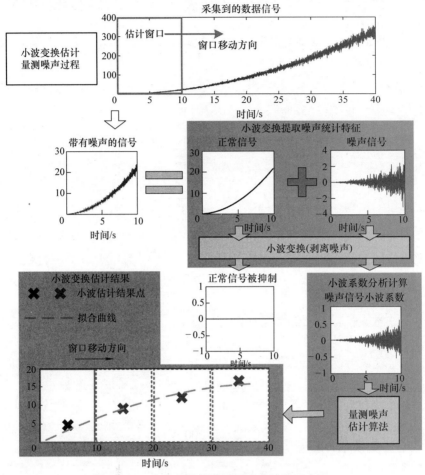

图 5-34 小波变换估计量测噪声过程示意图

式中，a 是尺度因子；$\varphi(t)$ 是该小波函数的母波函数。

对 $z(t)$ 的小波变换可被表示为

$$W_z(a,t) = z(t) * \varphi_a(t) = u(t) * \varphi_a(t) + \delta(t) * \varphi_a(t) \tag{5-64}$$

式中，$*$ 为卷积运算。

可以证明[13]，如果母波函数 $\varphi(t)$ 具有 M 消失矩（Vanishing Moment），且有一个正整数 k，满足 $k<M$，则

$$\int_{-\infty}^{\infty} t^k \varphi(t) \mathrm{d}t = 0 \tag{5-65}$$

因此，当选择有 $K(K>L)$ 消失矩的小波母函数 $\varphi(t)$ 时，则 $z(t)$ 的小波变换就抑制了信号而保留了噪声分量，则

$$W_z(a,t) = z(t) * \varphi_a(t) = \delta(t) * \varphi_a(t) = W_\delta(a,t) \tag{5-66}$$

式中，$W_\delta(a, t)$ 是小波变换后噪声分量变换所得的小波系数，即完成了小波变换提取噪声统计特征部分。

在剥离了正常信号、保留噪声分量信息后即可对小波变换后的结果进行估计，完成小波系数分析计算部分。使用式（5-66）对小波变换后的结果进行计算处理，得到该估计窗口内的噪声统计标准差估计值

$$\hat{\sigma}_t = \frac{1}{0.6745} Med(|W_z(a,t)|) \tag{5-67}$$

式中，尺度因子 a 取 0.5；$Med(\cdot)$ 是中值函数。由于量测噪声误差方差矩阵 R 使用的是方差来代表量测噪声强度，因此需要把式（5-67）得到的估计结果进行平方运算。这样就得到了在某估计窗口内的估计结果，形成了一个估计结果点。通过估计窗口的移动，在遍历观测点后即可得到系列的估计结果点，利用这些点来拟合出噪声变化规律即可达到增强自适应性的目的。

5.5.3 量测噪声估计结果

利用研究平台中的 MicroAutoBox 采集了四个轮子的轮速信号，进而利用式（5-67）计算出轮边速度用以离线分析噪声统计特征，其采集工况同图 5-35 一样，即在中高速度直线行驶的工况下，驾驶人轻轻踏下制动踏板直至车辆静止，如图 5-35 所示。

从图 5-35 中可以看到，四个轮边速度值受轮速信号影响，量测噪声的大小随着速度增加而改变。因此使用小波变换来估计出量测噪声的变化规律，为此需要设定以下估计条件：

1）设定时间窗口为 2s，即窗口内有 200 个序列点（采集频率为 100Hz）。

2）每估计完一次，将估计窗口右移 0.2s 并继续观测和估计窗口内的信息。

3）观测小波使用消失矩为 7 的经典 Daubechies 小波（尺度因子默认为 0.5）。

4）关联参数选择估计窗口中的轮边速度中间值。

5）使用 2 次曲线拟合估计结果点，得到噪声变化规律特征。

图 5-36 所示为小波变换估计量测噪声的计算结果。可以看到，轮边速度观测序列中的观测噪声确实会随着轮边速度的增加而基本呈现 2 次曲线形式的增大。

拟合曲线的公式如表 5-1 所示，$\hat{\sigma}$ 为估计的量测噪声标准差。从表 5-1 中可知有些曲线计算结果在轮边速度较小时会出现负值，因此使用一个饱和限制来解决这个问题，即当计算结果为负值时，认为标准差为零。同时从图 5-36 和表 5-1 也可以看出四个车轮的轮边速度信号中噪声的大小是有区别的，右侧车轮轮边速度中的噪声信号普遍比左侧要大一些，这与直观感觉一致。

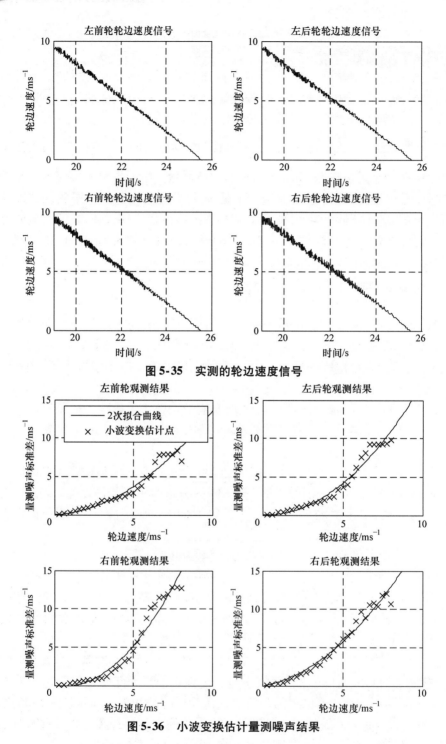

图 5-35 实测的轮边速度信号

图 5-36 小波变换估计量测噪声结果

表 5-1　小波变换拟合曲线表达式

拟合曲线名称	标准差估计表达式 $\hat{\sigma}=a_2x^2+a_1x+a_0$（$x$ 为轮边速度值）
左前轮估计结果拟合曲线	$\hat{\sigma}=0.1256x^2+0.1004x+0.0069$
左后轮估计结果拟合曲线	$\hat{\sigma}=0.1790x^2-0.0598x+0.0062$
右前轮估计结果拟合曲线	$\hat{\sigma}=0.2755x^2-0.3508x+0.0048$
右后轮估计结果拟合曲线	$\hat{\sigma}=0.1562x^2+0.3737x-0.0414$

图 5-37 所示为量测噪声估计器与纵向车速估计器中的子卡尔曼滤波器结合使用的示意图。各个轮边速度信号一方面会送入子卡尔曼滤波器进行计算，另一方面会送入各个不同的量测噪声估计器估计计算相应轮边速度下的量测噪声误差方差矩阵 $R_i(i=1, 2, 3, 4)$（即 $R=\hat{\sigma}^2$）并送入子卡尔曼滤波器中。这样就能保证当轮边速度发生变化时，卡尔曼滤波过程中所使用的 R 矩阵能够跟随着噪声变化特点进行相应的改变，保证纵向车速估计器的估计结果具有自适应性。

本书利用该小波变换量测噪声的方法还构建了自适应的轮速信号卡尔曼滤波器。实验证明基于小波变换的自适应卡尔曼滤波器比非自适应卡尔曼滤波器要更稳定可靠，在全范围内避免了滤波失效的问题。

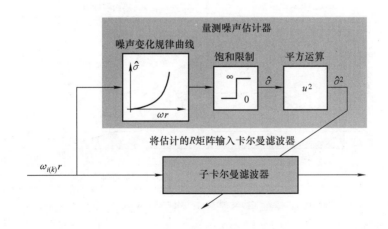

图 5-37　量测噪声估计器与卡尔曼滤波器结合使用

5.6 俯仰角和路面坡度角估计算法

纵向加速度传感器的输出信号并不能直接用于纵向车速估计，需要一个加速度校正模块来弥补车身俯仰角以及路面坡度角对加速度计产生的偏差影响。

当车辆处于加速或减速过程中，车身会由于悬架存在的弹性导致产生一个车身俯仰角（Pitch Angle），而重力加速度会通过此俯仰角对纵向加速度信号产生影响，导致其出现一定的信号偏差；同样，路面坡度角（Slope Angle）也会帮助重力加速度去改变纵向加速度信号。重要的是当纵向加速度信号出现偏差时，直接积分（Direct Integration）法会使得这个偏差所得到的累计误差趋向无穷，这是极度危险的。

文献 [14-16] 普遍使用增加传感器信息的方法来得到精确有效的俯仰角或路面角度估计值；但事实上此类角度对加速度偏置效应很有限。在一般 3% 坡度的道路上，加速度计受路面坡度角所带来的重力影响最大为 0.3m/s^2 左右，因此在短时间内影响有限，只有长时间制动时（超过 2s）才会愈发受累积误差的影响，并且增加传感器的方法意味着估计成本的上升，所以本书选择了简单有效的加速度计补偿算法。这个算法不需要增加传感器，利用简单的方法得到俯仰角和路面坡度对加速度信号的影响值，并将其补偿到纵向加速度信号中去，增强估计算法对车身姿态和路面角度的自适应性。

当车辆在坡道上进行行驶时，几何学构造如图 5-38 所示，其中 α 是路面坡度角、θ 是车身俯仰角、g 是重力加速度、a_{xm} 是纵向加速度传感器所测得的纵向加速度、a_x 是实际纵向加速度。

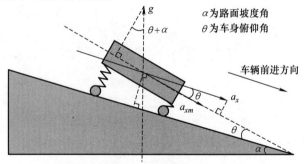

图 5-38　车辆在坡道上的几何学结构

显然，当纵向加速度受车身俯仰角和路面坡度角双重影响时，处于车身平面质心处的纵向加速度计的输出值会变为

$$a_{xm} = a_x \cos\theta - g\sin(\theta + \alpha) \tag{5-68}$$

假设坡道角和车身俯仰角都很小，即 $\theta \leq 5°$，$\alpha \leq 5°$。

$$a_{xm} = a_x - g(\theta + \alpha) \tag{5-69}$$

式（5-69）中有 2 个未知量，即车身俯仰角和路面坡度角。首先计算车身俯仰角。在直线急加速或急减速的情况下，在车辆的前后轮支撑点处列出力矩平衡方程。

$$\begin{cases} -F_{zf}L + Ma_xh + MgL_r = 0 \\ F_{zr}L + Ma_xh - MgL_f = 0 \end{cases} \quad (5\text{-}70)$$

式中，M 为车辆质量；L_f 为车辆质心到前轴的距离；L_r 为车辆质心到后轴的距离；L 为轴距；h 为质心离地高度；F_{zf} 为前轮法向力；F_{zr} 为后轮法向力。

考虑到载荷转移，则有

$$\begin{cases} F_{zf} = \Delta F_{zf} + F_{zfb} \\ F_{zr} = \Delta F_{zr} + F_{zrb} \end{cases} \quad (5\text{-}71)$$

式中，F_{zfb} 和 F_{zrb} 是指力平衡的状态下前后轮的法向力；ΔF_{zf} 和 ΔF_{zr} 为载荷转移造成的前后轮法向力变化量。

假设前悬架刚度为 K_f，后悬架刚度为 K_r，利用胡克定理可以得到

$$\begin{cases} \Delta X_{zf} = -\dfrac{\Delta F_{zf}}{K_f} = -\dfrac{Ma_xh}{K_fL} \\ \Delta X_{zr} = -\dfrac{\Delta F_{zr}}{K_r} = -\dfrac{Ma_xh}{K_rL} \end{cases} \quad (5\text{-}72)$$

式中，ΔX_{zf} 和 ΔX_{zr} 为载荷转移造成的前后轮悬架位移量。

由于 $\theta \leqslant 5°$，则 $\tan\theta \approx \theta$，通过前后轮悬架位移的几何关系可以得到

$$\theta \approx \tan\theta = \frac{\Delta X_{zr} - \Delta X_{zf}}{L} = -\frac{Ma_xh}{L^2}\left(\frac{K_f + K_r}{K_fK_r}\right) \quad (5\text{-}73)$$

因此，通过一些车辆参数即可得到实际纵向加速度值与车身俯仰角之间的关系。

接着计算路面坡度角部分。当车辆加速度很小时，车身俯仰角几乎为零，可以忽略不计。并且由于此时主要利用轮边速度来估计车速，因此实际车辆加速度可以由纵向估计车速的求导来代替，则式（5-69）变为

$$a_{xm} = \frac{1}{\tau s + 1}a_{xest} - g\alpha \quad (5\text{-}74)$$

式中，a_{xest} 为纵向估计车速值的求导，即纵向加速度估计值。$1/(\tau s + 1)$ 表示为低通滤波器。假设车辆在进入紧急工况至恢复正常行驶期间路面坡度角是不变的，即 $\partial \alpha/\partial t = 0$，那么当 k 时刻车辆进入紧急状态（紧急制动或加速），即将要产生较大的车身俯仰角时，将受路面坡度角影响的部分提取出并锁定，然后将其差值补偿到纵向加速度信号校正模块，直至车辆解除紧急状态为止。因此有

$$g\alpha_{fix} = \frac{1}{\tau s + 1}a_{xest}(k - delay) - a_{xm}(k - delay) \quad (5\text{-}75)$$

式中，α_{fix} 为紧急工况时不变的路面坡度角；$delay$ 为一个时间延迟，这也就意味锁定的值为 k 时刻之前的一个差值，而不是在进入紧急工况的 k 时刻处。

将式（5-75）插入式（5-74）即可得到在紧急工况下，传感器测得的纵向

加速度值与实际纵向加速度值之间的关系式，

$$a_{xm} = a_x + a_x \frac{Mgh}{L^2}\left(\frac{K_f + K_r}{K_f K_r}\right) - g\alpha_{fix} \tag{5-76}$$

假设 k 时刻为紧急状态的开始时刻并结合式（5-76）和式（5-77），则实际的纵向加速度值为

$$a_x = \frac{1}{1 + \frac{Mgh}{L^2}\left(\frac{K_f + K_r}{K_f K_r}\right)}\left\{a_{xm} + \left[\frac{1}{\tau s + 1}a_{xest}(k - delay) - a_{xm}(k - delay)\right]\right\}$$

$$\tag{5-77}$$

其中，"紧急工况"的定义参考了分配系数 β 的设定阈值，选择了 $2m/s^2$ 作为切换点。本书的纵向加速度校正流程见图5-39。

从图5-39可以看出，纵向加速度校正其实分为路面坡度角补偿和车身俯仰角校正两个部分。车身俯仰角校正部分一直存在，而路面坡度角补偿部分则会在紧急工况下介入并补偿坡度角所带来的加速度偏差值。

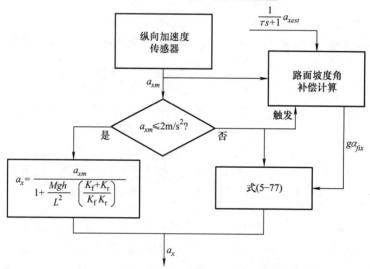

图5-39 纵向加速度补偿和校正部分流程图

5.7 参数自适应估计方法应用实例

5.7.1 基于高频信息提取的质量估计算法

1. 仿真实例

在对"基于高频信息提取的质量估计算法"进行仿真时，需要考虑整车质

量在不同工况下可能会有变化，但是在同一次行驶过程中应该保持稳定。同时，路面坡度对质量估计是否有影响也需要验证。据此，分别设计了常载平路、装载平路、常载坡道和装载坡道 4 种仿真工况，如表 5-3 所示。表 5-2 展示了各种工况下的整车实际质量、质量估计初值及路面情况。

表 5-2 质量估计工况

序号	整车质量/t	质量估计初值/t	路况
1	2.10	1.80	平路
2	2.60	1.50	平路
3	2.10	1.80	坡道
4	2.60	1.50	坡道

为了对 4 组仿真工况进行对比验证，需要对不同的仿真工况采用相同的纵向驱动力控制方式。因此，驱动操作中采用驾驶人开环操作。轮边驱动力合力如图 5-40 所示。由于采用了分布式电驱动轮，仿真过程中，认为各驱动轮的纵向驱动合力 F_x 已知。同时，假设可以实时获得行驶加速度 $\dot{v}_x$ 信息，行驶加速度噪声的标准差为 $5 \times 10^{-2} \mathrm{m/s^2}$。仿真过程中，各变量的采样频率均为 100Hz。

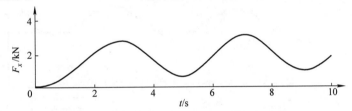

图 5-40 质量估计仿真：纵向驱动力工况

工况 1 主要用于分析车辆在常载工况下的质量估计情况，考虑为平路行驶工况，所采集得到的纵向加速度信息和估计得到的质量如图 5-41 所示。工况 2 主要用于分析车辆在装载工况下的质量估计情况，考虑为平路行驶工况，所采集得到的纵向加速度信息和估计得到的质量如图 5-42 所示。图 5-41 和图 5-42 自上而下分别展示了质量估计仿真过程中的行驶加速度、质量估计值和真实值。其中，工况 1 的质量估计初值为 1.8t，真实值为 2.1t。在开始估计后逐步收敛，1.8s 后，估计值达到 2.16t，估计误差为 2.9%。工况 2 的质量估计初值为 1.5t，真实值为 2.6t。1.4s 后，估计值达到 2.66t，估计误差为 2.3%（受到滤波器过渡带的影响，不可避免地也滤除了小部分的高频信息，导致无法完全收敛到真实值，但是估计精度已经较好）。对比工况 1 和工况 2 可知，在平路行驶过程中，质量估计算法对不同的质量估计初值不敏感，且在质量真值不同的情况下，都可以快速收敛到真实值附近。

工况 3 主要用于分析车辆在常载工况下的质量估计情况，考虑为坡道行驶工况，所采集得到的路面坡度、纵向加速度信息和估计得到的质量如图 5-43 所

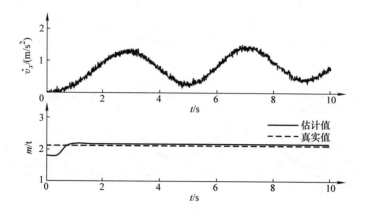

图 5-41 质量估计仿真：平路，真实值 2.10t

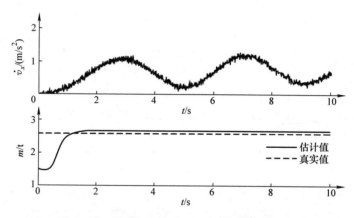

图 5-42 质量估计仿真：平路，真实值 2.60t

示。工况 4 主要用于分析车辆在装载工况下的质量估计情况，考虑为坡道行驶工况，所采集得到的路面坡度、纵向加速度信息和估计得到的质量如图 5-44 所示。

图 5-43 和图 5-44 自上而下分别展示了质量估计过程中的路面坡度、行驶加速度、质量估计值和真实值，而路面坡度在估计过程中设计为未知。其中，工况 3 的质量估计初值为 1.8t，真实值为 2.1t；1.2s 后，估计值达到 2.13t，估计误差为 1.4%。工况 4 的质量估计初值为 1.5t，真实值为 2.6t；1.3s 后，估计值达到 2.65t，估计误差为 1.9%。对比工况 3 和工况 4 可知，在坡道行驶过程中，质量估计算法对不同的质量估计初值不敏感，且在质量真值不同的情况下，依然快速收敛到真实值附近。

分别对比工况 1 和工况 3、工况 2 和工况 4 可知，质量估计算法没有受到路

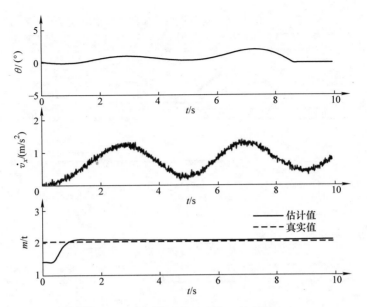

图 5-43　质量估计仿真：坡道，真实值 2.10t

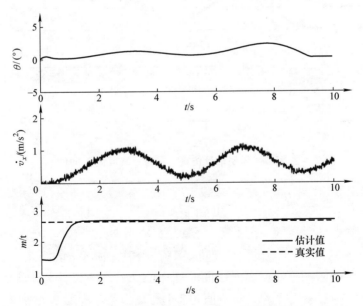

图 5-44　质量估计仿真：坡道，真实值 2.60t

面坡度的影响，在坡道和平路都可以准确地估计整车质量。质量估计的仿真结果总结为表 5-3。在各种工况下，整车质量估计误差都小于 2.5%，收敛时间小于 2s。在不同坡度、不同的质量估计初始值的影响下，估计值总能够很快收敛到真实值附近，质量估计算法对质量估计初值和路面坡度的鲁棒性良好。

表 5-3　基于高频信息提取的质量估计仿真结果

序号	路况	真实值/t	估计值/t	误差（%）	收敛时间/s
1	平路	2.10	2.16	2.9	1.8
2	平路	2.60	2.66	2.3	1.4
3	坡道	2.10	2.13	1.4	1.2
4	坡道	2.60	2.65	1.9	1.3

2. 实验实例

在对"基于高频信息提取的质量估计"算法进行实验验证时，既需要考虑不同质量情况下的质量估计结果，也需要验证路面坡度是否对质量估计的结果有影响，同时需要考虑不同的质量估计初值对估计结果的影响。据此设计了3组实验工况，如表5-4所示。

表 5-4　基于高频信息提取的质量估计实验工况

序号	路况	整车质量/t	质量估计初值/t
1	平路	2.20	1.00
2	平路	2.12	3.00
3	坡道	2.20	1.00

图 5-45 为平路质量估计实验结果，质量估计初值为 1t，实际质量为 2.20t。该图自上而下分别展示了质量估计过程中的纵向驱动合力、行驶加速度、质量估计值和真实值。在开始估计后逐步收敛，16.1s 后，估计误差收敛至真实值的 3% 以内，统计 15~20s 的质量估计平均值为 2.23t。

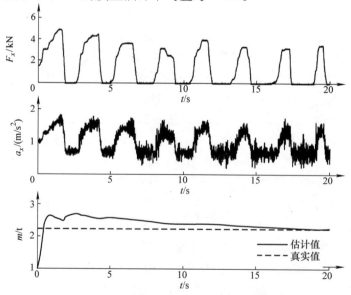

图 5-45　质量估计实验：平路，2.20t

图 5-46 为平路质量估计实验结果，质量估计初值为 3t，实际质量为 2.12t。该图自上而下分别展示了质量估计过程中的纵向驱动合力、行驶加速度、质量估计值和真实值。在开始估计后逐步收敛，17.1s 后，估计误差收敛至真实值的 3% 以内，统计 15~20s 的质量估计平均值为 2.17t。

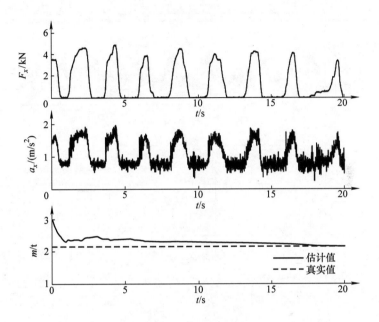

图 5-46　质量估计实验：平路，2.12t

图 5-47 为坡道质量估计实验结果，质量估计初值为 1t，实际质量为 2.20t。该图自上而下分别展示了质量估计过程中的纵向驱动合力、行驶加速度、路面坡度、质量估计值和真实值。在开始估计后逐步收敛，13.8s 后，估计误差收敛至真实值的 3% 以内，统计 15~20s 的质量估计平均值为 2.24t。

质量估计的结果可总结为表 5-5。由表 5-5 可知，所提出的质量估计算法可以在短时间内（约 20s）有效估计整车质量，并将误差收敛至 3% 以内。实验 1 和实验 2 的对比表明，在整车质量发生小幅度变化时（80kg），所提出的估计算法依然可以有效估计整车质量。实验 1 和实验 3 的对比表明，在路面有坡度的情况下，所提出的质量估计算法依然不受坡度的影响，在较短时间内得到了较为准确的质量估计值。实验 1 和实验 3 的质量估计初值为 1t，而实验 2 的质量估计初值为 3t，质量初值距离真实值差距都较大。但是所提出的算法依然能够在较短时间内回归真值，并且几乎不受初值影响，这说明了质量估计算法对质量估计初值不敏感，鲁棒性较好。

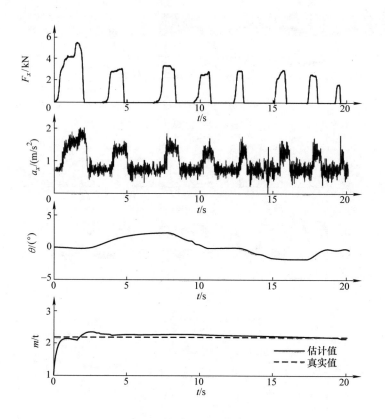

图 5-47 质量估计实验：坡道，2.20t

表 5-5 基于高频信息提取的质量估计实验结果

序号	路况	真实值/t	估计值/t	误差（%）	收敛时间/s
1	平路	2.20	2.23	1.4	16.1
2	平路	2.12	2.17	2.4	17.2
3	坡道	2.20	2.24	1.8	13.8

5.7.2 基于多方法融合的纵向坡度估计算法

1. 仿真实例

在对"基于多方法融合的坡度估计算法"进行仿真时，需要考虑坡度时变的特性。据此，设计两种不同的坡度变化情况，分别为路面坡度阶跃变化和路面坡度连续变化的情况。两种情况下，车辆均保持直线加速行驶，初速度为20km/h。仿真工况如表5-6所示。

表 5-6 基于多方法融合的坡度估计仿真工况

序号	坡度形状	纵向控制	横向控制	初始车速/（km/h）
1	阶跃变化	加速	闭环，直线行驶	20
2	连续变化	加速	闭环，直线行驶	20

仿真过程中，认为各驱动轮的纵向驱动合力 F_x 和整车质量 m 已知。同时，认为可以通过纵向加速度传感器实时获得纵向加速度信息的量测值 $a_{x,m}$，纵向加速度传感器噪声的标准差为 5×10^{-2}。仿真过程中，各变量的采样频率均为 100Hz。

图 5-48 所示为坡度阶跃变化情况下进行坡度估计的仿真结果，该图自上而下分别展示了坡度估计仿真过程中的纵向驱动力、纵向车速、纵向加速度传感器量测值、路面坡度（包括动力学方法估计值、运动学方法估计值、多方法融合估计值、真实值）。由图 5-48 可知，由于运动学方法依赖纵向加速度传感器的精度，很小的纵向加速度传感器静态偏差就可以导致较大的坡度估计误差，因此运动学方法所估计的坡度与真实坡度值一直存在着静态误差，在 0~13s 表现得尤其明显。而在 16s 时，坡度发生阶跃变化，由于动力学方法运用了最小二

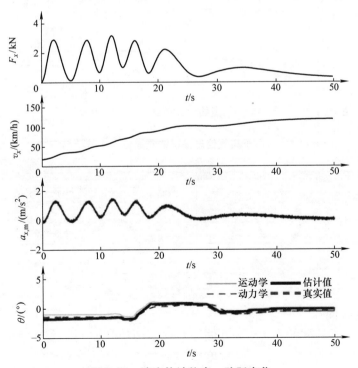

图 5-48 坡度估计仿真：阶跃变化

乘法进行坡度估计,不可避免地受到之前坡度估计值的影响,因此无法很快地收敛到真实值附近。多方法融合的坡度估计方法结合了运动学方法和动力学方法的优势,去除了坡度估计的静态误差,提高了坡度阶跃变化时的跟踪速度,取得了良好的估计效果。

图 5-49 所示为坡度连续变化情况下进行坡度估计的仿真结果,该图的曲线定义与图 5-48 一致。由图 5-49 可知,由于运动学方法依赖纵向加速度传感器的精度,很小的纵向加速度传感器静态偏差就可以导致较大的坡度估计误差,因此运动学方法所估计的坡度与真实坡度值一直存在着静态误差。而在坡度变化较为剧烈的时候,如在 20~21s,动力学方法估计结果受之前坡度估计结果影响较大,收敛较慢。而在 33~40s,由于驱动力较小,整车所受到纵向激励较小,动力学方法估计效果变差。同样,多方法融合的坡度估计方法结合了两种方法的优势,去除了各自的缺点,在坡度连续变化过程中也取得了良好的估计效果。

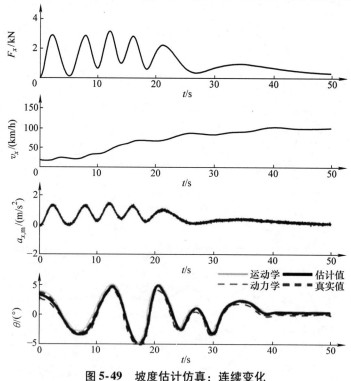

图 5-49 坡度估计仿真:连续变化

仿真结果统计如表 5-7 所示,其中,θ_d 为基于动力学方法的坡度估计结果,θ_k 为基于运动学方法的坡度估计结果,θ 为基于多方法融合的坡度估计结果。由表 5-7 可知,基于多方法融合的路面坡度的观测精度可以达到 0.4° 以内,与单独使用动力学方法或者运动学方法相比,融合两种方法后的精度有明显提高。

表 5-7 基于多方法融合的坡度估计仿真结果

序号	坡度形状	方均根误差/(°)			最大误差/(°)		
		θ	θ_d	θ_k	θ	θ_d	θ_k
1	阶跃变化	0.32	0.88	0.88	0.75	2.65	1.97
2	连续变化	0.27	0.84	0.86	0.64	1.94	1.87

2. 实验实例

坡度估计实验是在质量已知的基础之上进行的。实验过程中，采用了一段上坡路段来进行实验，在车速达到约 5km/h 时，进入上坡工况，同时车辆开始加速，实验结束时，车辆纵向速度达到约 20km/h。实验结果如图 5-50 所示。该图自上而下分别展示了坡度估计过程中的纵向驱动合力、行驶速度、纵向加速度、路面坡度估计值和真实值。其中，坡度的真实值是通过 RT3100 量测得到的。

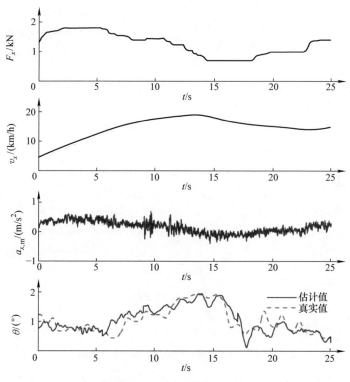

图 5-50 路面坡度估计结果

从图 5-50 中可以得到，在 0~5s，坡度基本不变，此时估计算法能够很好地估计当前坡度，并且逐渐收敛。在 15~17s，路面坡度阶跃下降，此时坡度估计值能较好地跟随真实值快速变化,响应速度较快,精度较好。全估计过程中,最大坡度误差为 0.65°,方均根误差为 0.11°。实验验证了所提出的估计算法的有效性,坡度估计误差基本满足了实车的实际需要。

5.7.3 横向坡度估计

当车辆在有横向坡度的坡道上时,整个几何学构造如图 5-51 所示。

当车辆具有横向坡度角和车身侧倾角的双重影响时,处于质心处的横向加速度计会受其影响变为

$$a_{ym} = a_y \cos\phi + g\sin(\phi + \psi)$$
(5-78)

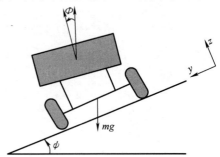

图 5-51 当车辆在有横向坡度的坡道上时的几何学分析

式中,a_{ym} 为加速度计量测值;ϕ 为车身侧倾角;ψ 为横向坡度角;a_y 为车辆实际横向加速度值;g 为重力加速度。

假设车身侧倾角和横向坡度角都很小,即

$\psi \leq 6°$,$\phi \leq 4°$,$(\phi + \psi) \leq 10°$

则方程(5-78)可以近似为

$$a_y = a_{ym} - g(\phi + \psi)$$
(5-79)

当车辆处于平稳状态时,车身侧倾角为零,则式(5-79)变为

$$a_y = a_{ym} - g\psi$$
(5-80)

此时横向加速度计测得的值 a_{ym} 也等于由轮胎横向力产生的横向加速度 a_{yr}。因此,考虑横向坡度角和车身侧倾角存在时,实际的横向加速度 a_y、横向力产生的横向加速度 a_{yr} 和传感器测得的加速度 a_{ym} 是不一致的,三者之间的关系如下:

$$a_y = a_{yr} - g\psi$$
(5-81)

$$a_{yr} = a_{ym} - g\phi$$
(5-82)

$$a_y = a_{ym} - g\phi - g\psi$$
(5-83)

对这三个横向加速度之间的关系,可以进行如下简单的理解,式(5-81)假设车辆静止地处于一有横向坡度角的路面上,即横向坡度角不为零,而车身侧倾角为零的情况。这种情况下,a_{yr} 即传感器测得的值 a_{ym},此时实际的横向加速度 a_y 为零,根据加速度计的原理,传感器测得的横向加速度为 $g\psi$。式(5-82)假设车辆处于平坦路面上,静止,车厢有侧倾,即为横向坡度角为零,车身侧倾角不为零的情况。这种情况下,a_{yr} 即传感器测得的值 a_y,此时实际的横向加速度 a_y 为零,传感器测得的横向加速度为 $g\phi$。根据式(5-81)和式(5-82),

可推导得到式（5-83）。

本书采用一种动力学和运动学结合的方法来估计横向坡度角和车身侧倾角，即状态方程是基于运动学建立的，而量测方程是基于动力学建立的。考虑横向坡度角和车身侧倾角对横向运动的影响，选取一种双轨三自由度模型。如图5-52所示，三个自由度分别为横向、横摆和侧倾，分别建立所需的运动学和动力学模型。

式（5-84）即为所建运动学模型：

$$\dot{v}_y = -v_x w + a_y \tag{5-84}$$

式中，$a_y = a_{ym} - g\psi - g\phi$。

式（5-85）即为所建动力学模型：

$$a_{ym} = a_{yr} + g\phi \tag{5-85}$$

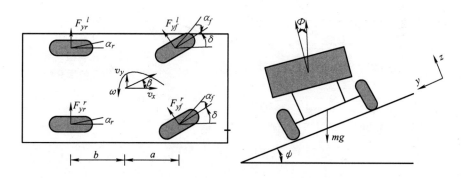

图 5-52　双轨三自由度模型

本书基于 veDYNA 进行了仿真实验。veDYNA 是德国 TESIS 公司基于 MATLAB/Simulink 开发的车辆动力学仿真软件，可以精确重现真实车辆的动力学行为。图 5-53 ~ 图 5-56 展示了所设计的考虑横向坡度角和车身侧倾角的质心侧偏角估计算法的效果，图 5-53 和图 5-54 为双移线和 S 形绕桩在平坦路面上的仿真结果，此时存在车身侧倾。图 5-55 和图 5-56 为双移线和 S 形绕桩在横向坡度角为 6°的路面上的仿真结果。实验过程中，纵向坡度角设置为 0°，路面附着系数设置为 1。质心侧偏角的估计效果评价指标为质心侧偏角估计值的最大绝对误差、最大相对误差和均方误差（估计误差平方的平均值）。需要注意的是，本研究中的最大相对误差是指最大绝对误差除以参考值的最大值。表 5-8 中的最大误差指标的单位为度（°），表格中用 deg 表示，而 $\deg^2$ 即代表度的平方。图中的"r"代表 veDYNA 给出的真实值，"e"代表算法的估计值。

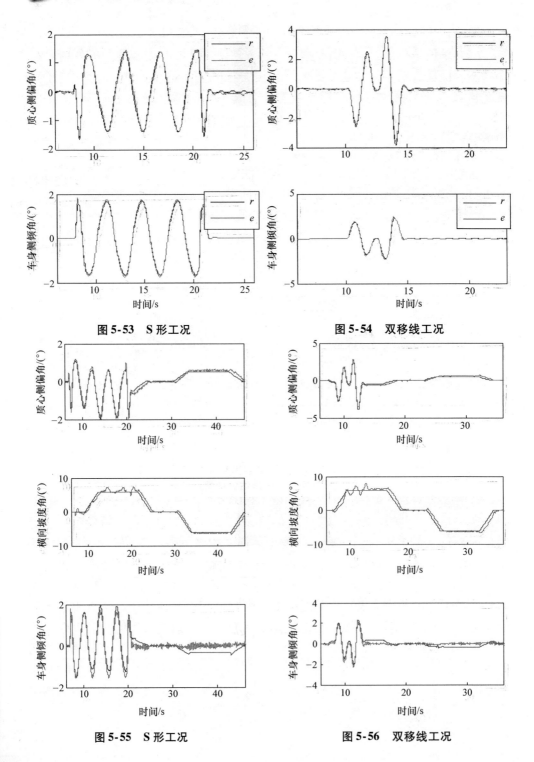

图 5-53　S 形工况　　　　　　　图 5-54　双移线工况

图 5-55　S 形工况　　　　　　　图 5-56　双移线工况

表5-8 平坦路面上的质心侧偏角估计结果比较

	未考虑侧倾			对侧倾进行了自适应估计		
	均方误差 /deg²	最大误差 /deg	最大相对误差（%）	均方误差 /deg²	最大误差 /deg	最大相对误差（%）
S形	0.0420	0.4156	25.0787	0.0066	0.2142	12.9242
双移线	0.0141	0.4280	11.0922	0.0060	0.3180	8.2434

通过仿真结果可知，本章所设计的算法能很好地估计出车身侧倾角，通过估计出的车身侧倾角反馈给质心侧偏角估计算法，提高了质心侧偏角估计算法的估计精度。S形工况下，考虑侧倾的质心侧偏角估计算法的最大相对误差比不考虑侧倾的算法减小了一半，均方误差更是比原有的不考虑侧倾的算法少了一个数量级，本文中的均方误差是指估计误差平方的平均值。双移线工况下，考虑侧倾的质心侧偏角最大绝对误差比不考虑侧倾的算法减小了1°，均方误差也比原有的不考虑侧倾的算法少了一个数量级。图中绿色线代表veDYNA给出的真实值，红色线代表算法的估计值。

仿真结果显示提出的估计算法能很好地估计出质心侧偏角、横向坡度角、车身侧倾角。车身侧倾角的仿真图显示在33～43s，估计有一定误差，这是因为本书没有考虑由于横向坡度角的存在而引起的车身侧倾，由对应质心侧偏角的估计结果（表5-9）可知，这对质心侧偏角的估计结果影响不大。

将本书提出的算法的估计结果与未考虑横向坡度角和车身侧倾角的算法进行比较，通过表5-9可知，通过对横向坡度角和车身侧倾角进行自适应估计，不仅能获得横向坡度角和车身侧倾角，而且提高了质心侧偏角的估计精度。

表5-9 质心侧偏角估计结果比较

	未考虑横坡和侧倾			对横坡和侧倾进行了自适应估计		
	均方误差 /deg²	最大误差 /deg	最大相对误差（%）	均方误差 /deg²	最大误差 /deg	最大相对误差（%）
S形	2.9779	2.9536	134.7524	0.0240	0.3969	18.1075
双移线	1.3279	2.5350	56.2584	0.0218	0.4424	9.8180

对侧倾进行动力学建模，考虑侧倾角刚度和侧倾阻尼：

$$\ddot{\phi} = \frac{1}{J_{sx}}(m_s h_s a_y + \phi(m_s g h_s - K) + B_\phi \dot{\phi}) \quad (5\text{-}86)$$

式（5-86）中的参数，通过利用参数拟合和veDYNA本身提供的参数值来确定。

横向坡度角在实际行驶环境中，是无法预测的一个量，因此假设横向坡度角是一个缓慢变化的量，采用随机游走模型对其进行建模：

$$\dot{\psi} = 0 \quad (5\text{-}87)$$

采用卡尔曼滤波器对横向车速、横向坡度角和车身侧倾角进行估计,输入为转向盘转角、横摆角加速度(传感器测得)和横向加速度(传感器测得)。传统的基于动力学的卡尔曼观测器是利用动力学方程来建立状态方程,但是由于本书是将横向坡度角看做一个缓慢变化的量,通过动力学建模无法反映横向坡度角对横向车速的影响,因此这里采用一种运动学和动力学相结合的方法建立了卡尔曼观测器,即基于运动学模型建立观测器的状态方程,基于动力学方程建立了该观测器的量测方程。

利用欧拉公式,将状态方程和量测方程转换成如下的离散形式:

$$x_k = x_{k-1} + Ts * \dot{x}_{k-1} + w_{k-1} = f(x_{k-1}) + m_{k-1} \quad (5\text{-}88)$$

$$y_k = h(x_k, u_k) + n_k \quad (5\text{-}89)$$

其中 $x = \begin{bmatrix} v_y \\ \psi \\ \phi \\ \dot{\phi} \end{bmatrix}$, $\dot{x} = \begin{bmatrix} -v_x w + a_{ym} - g\psi - g\phi \\ 0 \\ \dot{\phi} \\ \dfrac{m_s h_s}{J_{sx}} a_y + \dfrac{(m_s g h_s - K)}{J_{sx}} \phi + \dfrac{B_\phi}{J_{sx}} \dot{\phi} \end{bmatrix}$,

$y = [a_{ym}]$, $h(x_k, u_k) = [a_{yr} + g\phi] = \left[\dfrac{F_{yf}\cos\delta + F_{yr}}{m} + g\phi \right]$。

5.7.4 过程噪声估计算法

过程噪声估计器能够自适应地估计出 Q 矩阵并反馈回卡尔曼滤波过程。若没有过程噪声估计器,Q 矩阵只能设置成固定矩阵,且无法确定其矩阵值。图 5-57 为不使用过程噪声估计器的估计结果(低附路面),其 Q 矩阵固定为

$$Q_1 = \begin{bmatrix} 0.1 & 0 \\ 0 & 0.1 \end{bmatrix} \quad (5\text{-}90)$$

Q_1 矩阵的设定要比过程噪声估计器的估计结果大许多,因而在纵向车速估计期间,错误的 Q 矩阵造成卡尔曼滤波过程失效,无法起到滤波除噪的基本功能,估计结果的最大绝对误差甚至达到 0.8m/s。

与此相反,设定一个比过程噪声估计器的估计结果要小的 Q_2 矩阵时,其结果如图 5-58 所示。可以看到,当 Q 矩阵设定过小时,卡尔曼滤波过程呈现出极强的滤波特性,导致当车速信号变化时,估计结果无法跟上其变化趋势。此时,最大的绝对误差也要达到 0.74m/s。因此可以证明过程噪声估计器起到了增强纵向车速估计器自适应性的效果。Q_2 矩阵的设定为

$$Q_2 = \begin{bmatrix} 1 \times 10^{-5} & 0 \\ 0 & 1 \times 10^{-5} \end{bmatrix} \quad (5\text{-}91)$$

第 5 章 复杂行驶环境下参数自适应辨识方法

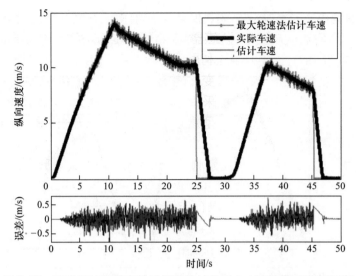

图 5-57　不使用过程噪声估计器的估计结果 1（低附路面仿真实验）

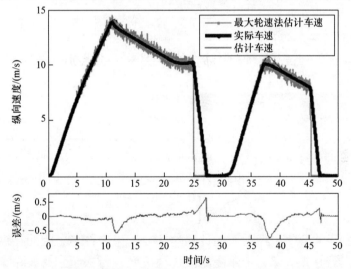

图 5-58　不使用过程噪声估计器的估计结果 2（低附路面仿真实验）

5.7.5　量测噪声估计方法

同样的，量测噪声估计器能够根据轮边速度大小实时调整子滤波器 1～4 的量测噪声方差矩阵 R，使其能够自适应变化满足估计需求。若不使用量测噪声估计器，则只能人为设定一个 R 矩阵值

$$R_1 = [64] \tag{5-92}$$

即认为量测噪声标准差为 8（方差为 64）。该 R_1 矩阵同时作用于子滤波器 1～4 的卡尔曼滤波过程且固定不变。图 5-59 所示为其估计结果。可以看到，随

着轮边速度的增加,理论上实际量测噪声方差值应该增大,但由于 R_1 矩阵固定不变且偏小,所以造成高轮边速度工况下的估计车速明显带有噪声,卡尔曼滤波器失效。最大的绝对误差升至 $0.62\mathrm{m/s}$。

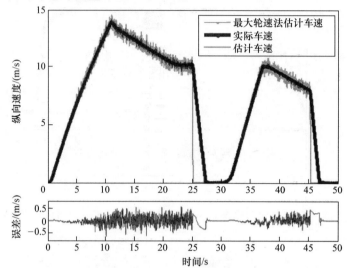

图 5-59　不使用量测噪声估计器的估计结果 1（低附路面仿真实验）

而当设定的 R 矩阵过大时,

$$R_2 = [900] \tag{5-93}$$

即认为量测误差标准差为 30（方差为 900），远超过实际量测噪声方差范围,这导致卡尔曼反馈增益变小,估计结果呈现严重滞后现象并致使精度降低。其最大的绝对误差约为 $0.41\mathrm{m/s}$,如图 5-60 所示。

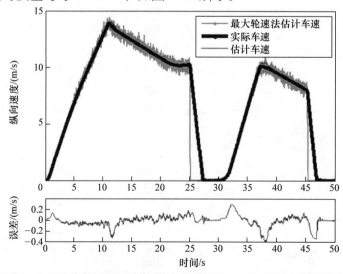

图 5-60　不使用量测噪声估计器的估计结果 2（低附路面仿真实验）

因此可以确信,若没有量测噪声估计器在全范围内实时计算出可信的量测噪声误差方差,卡尔曼滤波过程将会发散甚至失效。因此量测噪声估计器使本书所设计的纵向车速估计器在一定程度上富有了自适应能力。

5.7.6 俯仰角校正和坡度角补偿方法

为了验证俯仰角校正及坡度角补偿算法的有效性,本书分别针对有或没有校正和补偿算法进行了离线仿真,得到如图 5-61 所示的结果。在图中,由于估

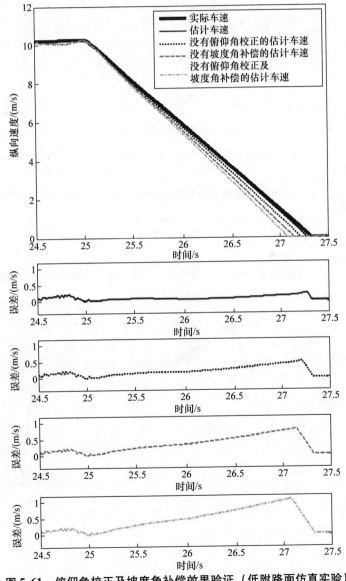

图 5-61 俯仰角校正及坡度角补偿效果验证(低附路面仿真实验)

计车速曲线非常接近，因此只放大展现了仿真工况中 24.5~27.5s 处的估计结果。可以看到，当没有俯仰角校正时，车辆在强制动的工况下会由于悬架变形产生一定俯仰角，影响加速度计的输出信号，其信号偏置会造成估计结果有一定的累积误差；当没有坡度角补偿时，一旦车辆在坡道上进行紧急操作，路面存在的坡度会使加速度传感器产生带有偏置的加速度信号，其结果会造成相当大的累积误差；当既没有俯仰角校正又没有坡度角补偿算法时，车辆在坡道上进行车速估计会获得非常大的累积误差。各个工况下的误差表见表 5-10。

表 5-10 校正或补偿算法对纵向车速估计器的估计误差影响

估计算法	最大绝对误差（24.5~27.5s）	最大绝对误差增幅比
有俯仰角校正、有坡度角补偿	0.2158m/s	—
无俯仰角校正、有坡度角补偿	0.5086m/s	135.68%
有俯仰角校正、无坡度角补偿	0.8079m/s	274.37%
无俯仰角校正、无坡度角补偿	1.0855m/s	403.01%

因此可以证明本书所采取的校正和补偿算法对纵向车速估计器的估计结果起到了至关重要的作用，基本消除了俯仰角和坡度角对加速度信号形成的偏置效应，尽量减少了累积误差的产生。

5.7.7 过程噪声估计器、量测噪声估计器以及坡度角补偿模块的自适应估计方法

本书仅展现实验环境为低附路面有坡度道路的自适应模块估计结果，即过程噪声估计器、量测噪声估计器以及坡度角补偿模块的估计结果。图 5-62 为过程噪声估计器的估计结果，从中可以看到，类似于仿真得到的过程噪声估计结果，当车速发生剧烈变化时，过程噪声估计结果会有一定程度地增大（见子滤波器 1 的过程噪声估计结果 α_1），体现出运动学模型在此时的估计误差变大，无法精确预测车速的基本原理。

图 5-63 是量测噪声估计器的估计结果。根据轮速大小不同，量测噪声估计器 1~4 能够为子滤波器 1~4 估计出实时的量测噪声，从而增强了自适应性。

图 5-64 是坡度角补偿结果，其补偿值为 0.9364m/s^2。可以看到，当车辆在坡道上进行制动时，补偿加速度将帮助加速度计补偿重力影响，消除加速度信号的偏置误差。从图 5-64 可以看到，当车辆停止在坡道上时，加速度计输出偏置约为 1m/s^2，基本与补偿值一致。

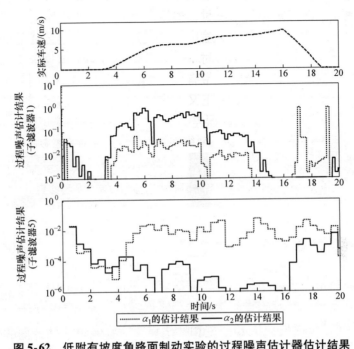

图 5-62 低附有坡度角路面制动实验的过程噪声估计器估计结果

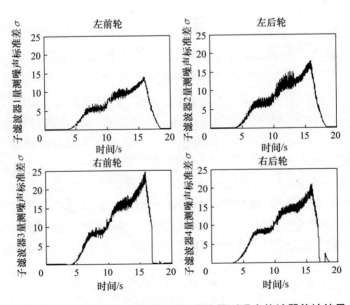

图 5-63 低附有坡度角路面制动实验的量测噪声估计器估计结果

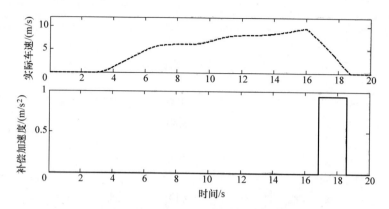

图 5-64 低附有坡度角路面制动实验的坡度角补偿结果

5.8 本章小结

本章首先对整车质量的状态观测方法进行了探讨，提出了基于高频信息提取的质量估计方法，该方法将质量估计与路面坡度解耦，有效解决了质量估计受路面坡度影响较大的问题。最终，利用 RLS 得到较好的质量估计结果。在获得比较准确的质量估计结果后，采用了运动学和动力学方法对路面坡度进行了多方法联合观测。动力学方法考虑了坡度的时变特性，利用带有遗忘因子的 RLS 对坡度进行估计，运动学方法则利用了坡度与传感器静态偏差强相关的特点，直接得到当前坡度。通过运动学方法和动力学方法的协调互补，解决了坡度估计严重依赖于车辆模型精度、受加速度传感器静态误差影响较大的缺点，在多种工况下能够对坡度做出迅速有效的估计。

本章还对状态和参数联合估计系统的可观性进行了分析。在直线行驶和稳态转向工况下，应停止估计轮胎侧偏刚度。当轮胎工作在轮胎侧向力曲线的线性区时，对路面附着系数的估计会受到影响。进一步提出卡尔曼滤波器参数的必要性和之前研究的缺失性。以此为出发点并结合前人的研究成果，将小波分析和最大似然估计理论融入到纵向车速估计器设计中，自适应估计了卡尔曼滤波器最重要的两个参数——量测噪声误差方差矩阵 R 和过程噪声误差方差矩阵 Q。随后提出了纵向加速度信号的修正算法，将车身俯仰角和路面坡度角对加速度计的影响剔除，最终提高了纵向车速估计精度。

参 考 文 献

[1] 陈国迎. 四轮独立线控电动汽车实验平台搭建与集成控制策略研究 [D]. 长春：吉林大学，2012.

第 5 章　复杂行驶环境下参数自适应辨识方法

[2] 戴金伟,陈增禄,毛惠丰,等. Butterworth 带通滤波器设计[J]. 西安工程科技学院学报,2007,21(3):367-370.

[3] 闫蓓,王斌,李媛. 基于最小二乘法的椭圆拟合改进算法[J]. 北京航空航天大学学报,2008,34(3):295-298.

[4] 张华玉. 自主驾驶车辆速度及道路坡度估计研究[D]. 长春:吉林大学,2013.

[5] 侯晓秋. 非线性随机系统具有遗忘因子的递推最小二乘法[J]. 黑龙江科技学院学报,2008,18(4):306-309.

[6] 李文军,陈涛. 基于卡尔曼滤波器的等效复合控制技术研究[J]. 光学精密工程,2006,14(2):279-284.

[7] 万琴,王耀南. 基于卡尔曼滤波器的运动目标检测与跟踪[J]. 湖南大学学报(自然科学版),2007,34(3):36-40.

[8] 邹凌,孙玉强,孙琦. 基于卡尔曼滤波器的 PID 控制仿真研究[J]. 微计算机信息,2007,23(16):79-81.

[9] 张淼. 视频稳像技术研究[D]. 上海:上海交通大学,2011.

[10] 查代奉. 基于稳定分布白噪声的信号处理新方法研究[D]. 大连:大连理工大学,2006.

[11] 高羽,张建秋. 小波变换域估计观测噪声方差的 Kalman 滤波算法及其在数据融合中的应用[J]. 电子学报,2007,35(1):108-111.

[12] 陶淑苹,金光. 基于小波变换的自适应噪声估计[C]. 2009 中国空间科学学会空间机电与空间光学专业委员会,空间材料专业委员会联合学术交流会,2009.

[13] 张广军,李丽娜,李庆波,等. 基于小波变换的噪声及背景同时去除方法在血糖近红外无创检测中的应用[J]. 红外与毫米波学报,2009,28(2):107-110.

[14] 王彩玲,赵春霞. 基于掩模和俯仰角补偿的视觉自运动估计[J]. 系统仿真学报,2012,24(11):2319-2323.

[15] 张小龙,陈彬,宋健,等. 基于支持向量机的道路坡度实时预测方法实验[J]. 农业机械学报,2014,45(11).

[16] 吕韶昱,占荣辉,万建伟. 雷达低空目标俯仰角量测提取的最大似然估计算法应用[J]. 兵工学报,2008,29(9):1059-1062.